日治時期
雲林縣的古典詩家
續 編

鄭定國　陳南榮
蔡政宏　　莫秀蓮
黃銘鈺　吳叔馨　謝錦味
合　著

臺灣近百年研究叢刊
文史哲出版社印行

國家圖書館出版品預行編目資料

日治時期雲林縣的古典詩家續編 / 鄭定國等
著. -- 初版. -- 臺北市: 文史哲, 民94
　　面:　公分 -（臺灣近百年研究叢刊;13）
參考書目：面
ISBN 957-549-618-3　（平裝）

1. 中國詩 – 歷史 – 現代（1900–）2. 中
國詩 – 評論
820.9108　　　　　　　　　94015961

臺灣近百年研究叢刊　13

日治時期雲林縣的古典詩家續編

著　　者：鄭　　定　　國等
出 版 者：文　史　哲　出　版　社
http://www.lapen.com.tw
登記證字號：行政院新聞局版臺業字五三三七號
發 行 人：彭　　　正　　　雄
發 行 所：文　史　哲　出　版　社
印 刷 者：文　史　哲　出　版　社
臺北市羅斯福路一段七十二巷四號
郵政劃撥帳號：一六一八〇一七五
電話 886-2-23511028・傳真 886-2-23965656
實價新臺幣四〇〇元
中華民國九十四年（2005）九月初版

序　言

　　雲林古典文學的園圃逐漸被開發出來，大量葵社、褒忠吟社和鄉勵吟社的新資料出土，伴隨而來《雲林古典文學史》的腳步漸行漸近，相信到了一定程度，我們就會快馬加鞭地完成它。

　　《日治時期雲林縣的古典詩家》首編我們已經出版，緊接著，我們編輯了續編。這次我帶領著雲林科大漢學所修習「雲林古典文學家專題」課程的研究生又做了許多的田野調查和研究。我寫了二篇，包含張立卿和陳錫津的研究，研究生蔡政宏、莫秀蓮、謝錦味、黃銘鈺、吳叔馨五位分別研究江擎甫、李維喬、廖學昆、王君華、蕭登壽、黃傳心、林維朝、曾人杰等詩人，加上附錄雲林小說家蔡秋桐和雲林縣原住民文學初探和雲林淵源深厚的嘉義詩人朱芾亭的研究，共十三篇。

　　蔡秋桐固然是雲林小說家，但他學習古典詩的歷程我們早已知道，只是缺乏作品佐証，今已出土若干首他的古典詩作，將附錄於他的小說研究卷後，作為其他研究者的參考資料。雲林縣原住民的文學素來無人研究，許多早期雲林平埔族的文獻資料散佚各地，是故力邀陳南榮先生作初探，陳氏斗六高中教師退休，有史才有史識，此篇自有可觀處。

　　總之，雲林古典文學史編輯的工作，雲林縣的文史教授和研究生都不能推辭，我們只有戮力向前，做個辛勤的過河卒子，來棒喝喚醒大家對雲林本土文化文學的關心。我們的努力行政院國科會沒有任何的關懷，雖然得不到經費補助，我們依舊堅持理念，擁抱台灣文化文學。

鄭定國　謹記
2005.01.31

日治時期雲林縣的古典詩家續編

目　次

張立卿漢詩的特色

鄭 定 國[*]

摘　要

　　張卓先生為斗六斗山吟社、雲峰吟社、六鰲詩社的成員。他業醫濟世，雅好敲詩，所作《張立卿詩文集》[1]豐富了日治時期雲林的騷壇。本文介紹他漢詩的特色：其一，作品閒適、樂觀而有生命力；其二，是隱士生活的紀錄詩歌；其三，有基督聖教的情懷，作虔誠的禪修實修。他純淨的人格自然形成了他漢詩最重要的風格。

---

[*] 曾任國立雲林科技大學漢學資料整理研究所所長，現任明道管理學院中文系教授兼通識教育中心主任。
1　《張立卿詩文集》：並無整冊手稿存世，目前由本人集佚編集中。

一、前言：張卓（立卿先生）的生平概述

　　張卓先生字立卿，號冠英，又號墨禪，祖籍福建漳州南靖縣，那是離漳州不遠的縣城，地鄰廣東。清朝康熙年間第十世的張一唯公（張暢）率族人遷台，在斗六門墾田務農。傳至 15 世張傳寶（作汝）開始習醫成名。第 16 世張淮公（浴沂），繼承父業，懸壺濟世，仁心仁術，鄉人尊稱「淮仙」。張淮先生育三男三女。長男早逝，次男張卓，戶籍誤書張棹，字立卿，號冠英，是位儒醫，在斗六街設藥舖，一方面業醫濟世，一方面結交文友，平日賦詩吟哦，嚮往自然的生活。三男張乃賡，完成醫學博士，為嘉義婦產科名醫。

張立卿六十歲時

1923 年 1 月 5 日立卿先生婚禮
全家福包含父母和弟妹

　　立卿先生，光緒 24 年（西元 1898 年）11 月 23 日出生於斗六街。自幼接受漢學教育，親近姑丈黃紹謨秀才，黃氏深研漢詩，因此學得做詩的本領。立卿先生的尊翁張淮公於 1921 年在斗六創設斗山吟社，應是斗六最早的詩社；而他的妹婿黃文陶醫學博士，早年也在雲林行醫，曾是雲林詩社的大將。

　　立卿先生的中學、大學是在日本受教育，也在日本接受基督教聖公會校牧的洗禮，正式成為虔誠的基督徒，因此往後也成為盡職的基督教長老。1923 年 1 月 5 日，立卿先生 25 歲時，與台南望族的女兒

蔡鏗治氏結婚，婚後立卿先生獨自返日本繼續就讀東京立教大學商學部的課程，但是東京發生大地震，於是他再度回台，並奉准攜同新婚的妻子去日本，據立卿先生自述這段時光是他一生中最快樂的歲月。直到 1925 年 4 月他的父親張淮公病逝，立卿先生立刻返台奔喪，並繼承家業。後來 1926 年，他在斗六大街（今太平路上）重新改建雙店面二層樓的新宅，擴大營業，取名為「品芳堂西漢大藥房」，既賣漢藥，也售西藥。

今日的斗六太平路　　　　　　大藥房（照片由張厚基先生提供）
日治時期新整修後的品芳堂（一九三八年）

　　品芳堂藥房有二位漢醫駐診，有三位配藥店員兼學徒；立卿先生並未親自看診。據立卿先生嗣子張厚基先生所作〈張立卿先生小傳〉敘述：「他每天清晨騎著富士霸王牌自行車巡視二所果園和出租的田地。下午常與詩友會聚，吟詩或奏樂，其樂融融。……過著文人優遊林下的生活。」

　　1950 年，立卿先生以祖傳藥方的心得和脈理知識，參加南京中醫特考及格，並成為雲林第一位有照中醫師。

　　立卿先生育有三男一女，長子張厚基，次子張焗炘，三子張英堯，長女張真真，子女們各各有成就。立卿先生的教育方式是重啟發，讓子女自由發展。立卿先生一生都是規律的生活，晚年仍要每日清晨到

斗六公園慢跑並打太極拳養生。平素身體硬朗，少有病痛。但在 1974 年 12 月底，不慎滑倒，頭部遭到重擊而引發輕微腦溢血。拖延近月後，他又併發肺炎，高燒不退，終於在 1975 年 1 月 4 日蒙主寵召，去世家中。

　　綜觀立卿先生一生，學問方面精通中、日語文，又懂得漢醫；品德方面爲人誠懇篤實，且淡泊名利，謙沖有禮。總歸一句話，堪爲儒醫典範。立卿的詩歌，並沒有一本《張立卿詩草》的全集，我們也沒有從他的子嗣處得到詩草的資料，只好將《中華詩苑》、《詩文之友》、《古今詩粹》、《中華詩典》、《台灣擊鉢吟》等書中剪貼彙編，加上從他的好友吳景箕先生、林友笛先生…等作品中尋找，彙編成近 526 首詩的《張立卿詩草》，希望能接近立卿先生原著的風貌。其中七律最多 278 首，七絕其次 191 首。五律五絕相對的稀少，分別有 37 首和 20 首。至於詩鐘數量也不少，共有 169 組。所以總計張立卿先生的作品，達到詩 526 首，若加上詩鐘 169 組共 700 篇左右，而部份雜文尚未列計，觀其詩文我們強烈的感受他的豐富創作力和堅持走向藝文的毅力。立卿先生生活在台灣傳統詩刊發表率極低的台灣詩壇，屢屢看到他曾經投稿，但作品被擠搞而未能刊出，屢投屢不中，仍然奮力堅持，尤其在晚年，台灣古典詩壇雜誌受到新文學的影響，縮減刊出場域和雜誌篇幅時，依稀可見文壇孤獨老將詩心不懈的披荊斬棘，劍及履及的奮鬥身影，他爲寂寂的雲林詩壇默默綻放出夕陽的光輝。

（P.S.）

　　張立卿正名「卓」，意卓才卓卓。
出生後，在戶籍單位申報登記時，因
戶籍人員之筆誤，寫成「棹」字，不知何故
當時未更正，將錯就錯一直沿用下來；
但，父家中都用「卓」。

　　張立卿自幼邘東父親文黃秀才細讀
先生受四書，教人做習詩書。老師認為
以徒「卓」，皆卓立，中益出異於拔萃，
將為國邦卿不相，他以取「立卿」二字
去其「字」。之後師徒都用「立卿」，
自家及友人，讚友亦稱：「立卿」。
至於「棹」字僅在戶籍、學籍，與土地
登記筆誤合併用。

　　自日本回鄉，在北平大街開設品茗齋
大書房之後，在若干年書道大會比賽時
自取「冠軍」揚名，以後都喜歡用
「冠軍張立卿」之字後。

(p.5.)

張禎祥於1919年四月轉學入東京立教中學三年級。
1921年五年級畢業而升入立教大學商學部(後)
預科年。1923年(大正十二年)奉命回鄉成婚。
婚後隻身回東京繼續學業。

1923年九月一日東京發生空前大震災,學校
嚴重受損。同年十月由校方安排轉至
京都,在同志社大學借讀一年。

1924年春節過後,家父一進新他的可能同
形婚妻子到京都。這一年可說是大兒子
張禎祥一生書中春風得意,最幸福以
快樂的一年。1924年九月2回到東京
的立教大學,於1925年(大正十四年)三月
畢業而順利升入大學部。

不料,當正要啟生新里程引第,忽接
家父急逝之訃報,即時回鄉。
之後,不再回東京,就在家鄉繼承家業。

參考資料之二(生手稿2)

參考資料之三（張厚基先生手稿3）

二、張立卿漢詩的特色

不可否認，立卿先生作品中有一部份是參加詩會擊鉢的吟作，因作品限於命題多半是為賦新詞強說愁的應酬所為，偶有缺乏性靈的應付之作。雖然，也有題目與自身的感受膚合的好作品。最重要的，立卿先生也寫了許多抒發性情的詩歌，紀錄生活和師友往來的佳作，如此說來這些生機盎然、妙趣有味，而情真意郁的作品自然感人，當可為雲林騷壇灌注一股源頭活水，成為爾後台灣新舊文學的滾滾源泉，盈科而前進。

本文羅列立卿詩的特色而略述之，至於全面之研析自當編妥《張立卿詩文全集》而後進行，這些恐怕要俟諸來日。

（一）作品閒適、樂觀、有生命力

日治時期台灣人民都有難熬的日子要過。即使有些從政的人，一時的如意，換來不確定的假性權位，到頭來還被人指指點點，立卿先

生並沒有這方面的經驗。而做一個平民小老百姓，營商業農，不但受剝削，也鬱卒的無法反擊，賴和的小說〈一桿稱仔〉就反應了這些事實，且賴和的古典詩也有如此的表達。立卿先生留學日本大學商學部，歸國經營漢醫藥舖，小有田產，過著逸士般的生活，自云「忘機」、「避世」、「繼巢由」²。因此對應在作品上，他有許多閒適的作品，但作品中另有一股仰望旭日東昇的希望，也帶著樂觀心情結交騷壇鷗鷺詞友，並細膩溫和地指導子女，培育他們能夠擁有自己的天地，飛翔在自由的鄉土。

> 送申迎酉慶新年，桃李爭春萬象妍。
> 錦繡江山宜鑑賞，閒來賦讀坐窗前。
> 〈步林友笛新春試作原玉〉1957.3 中華詩苑 5 卷 3 期

> 細雨蕭蕭韻繞梁，南風滿樹覺清涼。
> 晝眠夢醒人來訪，品茗談詩到夕陽。
> 〈次吳景箕旁午小睡韻〉1957.4 中華詩苑 5 卷 4 期

> 亭號洗心氣益清，遊春雅客聽雞鳴。
> 百千梅樹經霜翠，渲染江山無限情。
> 〈次林友笛梅山韻〉1957.4 中華詩苑 5 卷 4 期

> 庭梧葉落趁風飛，滿徑黃花色正肥。
> 一卷易經明哲理，三更燈火悟禪機。
> 浮雲啟曙雞聲急，流水伊人雁信稀。
> 月影當樓深夜靜，螢光明滅過窗扉。
> 〈秋燈夜讀〉1961.1.1 詩文之友 13 卷 6 期

立卿先生閒適的心情，表面似乎是從自然景緻中呈現，實際上自是心境上的流露。如「閒來賦讀坐窗前」、「品茗談詩到夕陽」尚有「我」的存在，而「渲染江山無限情」、「螢光明滅過窗扉」已是闡釋「無我」的閒適境界。

> 不為功名釣渭濱，半生行樂養吟身。
> 古今多少趨炎輩，奚及煙簑雨笠人。

---

2 參見張立卿作〈謹次吳景箕癸卯二月初五日馬味仲、楊嘯天兩詩友過訪賦呈原玉之一〉：「...同是忘機共避世，行踪踏破繼巢由。」，1963.11.中華藝苑 18 卷 5 期。

〈漁趣〉1953.10.1 詩文之友 1 卷 6 期

世居斗邑養餘生，好友光臨倒屣迎。

種菊三盆供雅賞，栽松滿架博新評。

花紅葉綠盈庭秀，燕語鶯聲繞樹鳴。

取次兒孫皆長大，琴書座右樂昇平。

〈六十書懷之二〉1960.3 中華詩苑 11 卷 6 期

榕邊同促膝，談笑值晴天。信主宜行道，為人莫重錢。

爭名非敢望，養性學逃禪。墨客親師友，相交願著鞭。

〈謹步林友笛先生重遊三秀園樹下閒談原韻〉1965.6 中華藝苑 21 卷 6 期

車擊肩摩人攘攘，平生知足覺粗安。

欲期晚境回春訣，座有琴詩不厭單。

〈謹步吳景箕先生冬至前日遊善修堂原玉〉1957.2 中華詩苑 5 卷 2 期

更新萬象落花紅，金菊霜開傲曉風。

鶴髮添莖經歲異，蒼松戴雪與時同。

存仁守德心常靜，慕義修身志不窮。

六四春秋如夢過，詩書補讀繼勤功。

〈謹次吳景箕先生壬寅元日書懷原玉之一〉1962.2 中華藝苑 15 卷 2 期

澹泊生涯意自如，吟軀強健且安舒。

休貪勢利心常足，好玩雲山興有餘。

雅友頻臨同品茗，良朋輒坐共談書。

齊眉七秩開春宴，且喜兒孫侍草廬。

〈丁未七十雙壽書懷之二〉1966.6 中華藝苑 23 卷 6 期

詩人說「行樂養吟身」，又說：「琴書座右樂昇平」、「墨客親師友，相交願著鞭」、「詩書補讀繼勤功」、「澹泊生涯意自如」，都見樂觀的生命力和喜悅的感受。閒適的心境許多詩人皆有，但閒適中透露出無限的樂觀和生命力，卻非人人都有，此可能詩人得力於基督教和儒教的感召，有以致之。

過庭有語訓兒孫，不學無言定義存。

可怨可群風雅在，千秋景仰孔門尊。

〈詩教〉1958.8.1 詩文之友 9 卷 5 期

一庭涼月思悠悠，共玩西窗細語柔。

萬里蟾光同上巳，滿階桐葉又中秋。

霜催冷氣侵紗幌，鴨溢香煙裊畫樓。

憶起春前曾負約，如鉤空掛柳梢頭。

〈秋窗坐月〉1962.1.1 詩文之友 15 卷 4 期

醫業相承志未酬，揚名後世莫深籌。

耶穌信奉經年久，聖道追隨幾十秋。

祖德遺風惟儉樸，傳家教子盡溫柔。

遊春踏破梅山路，數朵香花點白頭。

〈謹次吳景箕先生壬寅元日書懷原玉之二〉1962.2 中華藝苑 15 卷 2 期

馬齒徒增七十春，往來鷗鷺見情真。

耶穌信奉能修己，聖教尊崇博愛人。

花架菊籬時共賞，榕齋筆硯日相親。

清閒老境無他事，煆煉身心趁早晨。

〈丁未七十雙壽書懷之一〉1966.6 中華藝苑 23 卷 6 期

細讀上列諸詩，一方面緬懷詩人的半生喜愛接近自然，平素養菊、移竹、尋梅、遊山、探雲的生活豐富了詩人敲詩的心靈環境，另方面則有利於他詩思的揮灑。尤其他晚年的清閒多半來自修身慕義的修養，他的一生無怨無悔，雖然生活在日治末期卻沒有太多苦痛的牽掛。我曾拜訪斗六太平老街昔日立卿先生品芳堂藥舖長工的後代，他說立卿先生不事生產，毫無營業手段，也許就事業而言是缺點，豈知這正是立卿先生寬厚而無機心的快樂源泉。我還發現立卿先生的詩語諄諄善柔，寓含無盡的敦厚，恐怕這也是他教導子孫的方式吧。他說：「千秋景仰孔門尊」、「存仁守德心常靜、慕義修身志不窮」，又說：「為人莫重錢」、「聖教尊崇博愛人」、「祖德遺風惟儉樸，傳家教子盡溫柔」，相信詩人從詩教中深深體悟出閒適的柔軟和真諦。

（二）是隱士生活的紀錄詩歌

敲詩、品茗、攜酒、歌謠、長嘯、奕棋、鼓琴、泛舟、清遊、賞梅、洗蘭、移竹、種菊等等逸事，表達出真正隱士生活的全貌。立卿先生自始就能放棄四代相承的品芳堂藥舖的營生，而退居幕後的幫

忙，在市集中維持藥舖一個表象的存在，而他自身呈現在世人面前的
演出盡是優遊自在，堪娛目，可潤腸的生活。他認為自己過著：「山
中隱士臥雲身，雅事逍遙日日新」的歲月。

　　偷得浮生半日閒，攜琴邀友上湖山。

　　敲詩奏樂添餘興，緩步歸來展笑顏。

　　　　　　〈乙亥重陽漫遊湖山巖雅集之一〉1959.12 中華詩苑 10 卷 6 期

　　慈雲湖上泛輕舟，一葉飄風逐水流。

　　勝景天然真似畫，重陽節日好悠遊。

　　　　　　〈乙亥重陽漫遊湖山巖雅集之二〉1959.12 中華詩苑 10 卷 6 期

　　雲林靄靄斗山蒼，四代相承號品芳。

　　勝日徘徊花塢外，閒時漫步柳橋長。

　　洗蘭移竹堪娛目，煮茗敲詩可潤腸。

　　許我中天增歲月，蓬萊島上探春光。

　　　　　　　　　　　〈六十一書懷之一〉1959.3 鯤南詩苑 5 卷 2 期

　　山中隱士臥雲身，雅事逍遙日日新。

　　對坐圍棋心自逸，分枰決鬥勇兼仁。

　　交攻運智臨強敵，守陣待機破暴秦。

　　一擲乾坤收局後，梅花窗外有長春。

　　　　　　　　　　　〈山齋對奕〉1960.3 中華藝苑 13 卷 2 期

　　清歌一曲播晴天，滿座高朋興欲燃。

　　風雅南腔資鼓舞，堂皇北調樂怡然。

　　東西名譜兼磋切，今古管絃合究研。

　　縣社組成開演奏，餘音嫋嫋爽心田。

　　　　　〈雲林縣南樂研究社成立演奏會感作〉1958.9 中華詩苑 8 卷 3 期

〈夏窗坐雨〉詩將靜坐與尋幽、動靜結合，又將外境景物龍眼、鳳梨
的富饒和心中的寂寞映照成對比，最後烘托出「對酒復歌謠」詩人的
實際作為。從「靜坐」到「對酒歌謠」，刻畫出夏雨和詩心同時穿梭
於動靜場景之中的變化，值得回味，至於「適情吟嘯作清遊」、「養
菊」、「探梅」、「憶梅」、「退隱草廬」避暑、「竹窗茶話」、「山
堂讀書」皆紀錄了詩人生活的軌迹，閱詩如閱人，至今尚聞詩人久違

的謦欬，令人思慕不已。

　　靜坐西窗下，瀟瀟景寂寥。薰風涼竹榻，細雨滴芭蕉。

　　龍眼累累結，鳳梨處處饒。尋幽無限感，對酒復歌謠。

　　　　　　〈夏窗坐雨〉1973.10 詩文之友 40 卷 5 期，又《金湖春秋 1987 年》

　　壽山屹立幾春秋，秀播雲霄別樣幽。

　　月映中天懸玉鏡，波翻外海滾金球。

　　長空不斷機聲響，曲岸依稀艦影浮。

　　此日登高寬眼界，適情吟嘯作清遊。

　　　　　　　　　〈遊高雄港感懷〉　《台灣詩選 1953 年 189 頁》

　　栽花養性好吟詩，最愛清香葉滿枝。

　　異種傳來陶令宅，風飄艷吐正秋時。

　　　　　　　　　　〈養菊〉1957.10.1 詩文之友 8 卷 2 期

　　疏影橫斜瑞氣融，暗香浮動鄭祠中。

　　蒼苔滿地多奇篆，古幹凌空羨老叢。

　　紅萼搖蜂呈赤膽，芳魂引蝶動春風。

　　延平遺愛傳今日，三百年來一例崇。

　　　　　　　　　　〈鄭祠探梅〉1960.8.1 詩文之友 13 卷 1 期

　　回首開山樹影斜，疏枝猶愛鄭王家。

　　清香風送傳春早，玉骨堪稱國姓花。

　　　　　　　　　　〈憶梅〉1961.8.1 詩文之友 14 卷 6 期

　　山林退隱草廬中，長嘯幽篁萬慮空。

　　我已詩心清似水，納涼無復待南風。

　　　　　　　　　　〈避暑〉1957.8 鯤南詩苑 3 卷 1 期

　　扶疏个个影窺人，嘯傲南窗寄此身。

　　蝶夢乍醒猶栩栩，龍團細味自津津。

　　瓶笙雅奏風前樂，竹簟涼生枕畔春。

　　遯跡好偕君子隱，輪蹄早已倦黃塵。

　　　　　　　　　　〈竹窗茶話〉1959.8 中華詩苑 10 卷 2 期

　　莊嚴寶剎罩輕煙，百八鐘敲破曉天。

　　塔傍幽堂松竹翠，徑通道院草花妍。

題詩句好紗籠壁，念佛聲喧舌吐蓮。

自笑奔波塵世客，幾時歸隱學參禪。

〈煙寺題壁〉1960.8 中華詩苑 12 卷 2 期

山居栽五柳，靜隱養微軀。觀畫琴書潤，敲詩筆墨蘇。

彩分濃淡翠，色間淺深朱。吾輩稱風雅，評談九老圖。

〈山堂讀書〉1966.9 中華藝苑 23 卷 3 期

立卿先生何時就有念頭邀跡山林，享受林下的生涯？我以爲詩人見機甚早，祇是家有祖業，勉力經營，今觀〈避暑〉、〈竹窗茶話〉、〈煙寺題壁〉、〈山堂讀書〉諸詩可知立卿先生歸隱山林之志似乎早在五十歲之前已決心如此。五十三歲，立卿先生的長子張厚基掌理家業後，他更是可以笑傲清遊，賦詩肆志，盡情逍遙餘生。

嘉肴美酒喜筵開，樂友吟朋接踵來。

品茗和絃添雅興，春風入座看花回。

〈恭賀新年元旦〉1961.2 中華藝苑 13 卷 2 期

虎山岩上瞰春暉，秀巘丹崖遍四圍。

瘦影分枝修竹茂，清風拂面白雲飛。

禽聲喜聽涼亭美，草色遙看翠黛微。

結伴尋僧遊古寺，行歌互答倦而歸。

〈虎巖聽竹〉1962.4.1 詩文之友 16 卷 1 期

縱心物外是立卿先生夙志，連他的詞友晚輩皆作如是觀。立卿先生 61歲生朝詞友郭茂松和詩云：「雲山供養情偏逸，杖履優遊興更長。」[3]又同宗晚輩鄉勵詩社的張清輝和詩云：「爽懷喜賞陶潛菊，逸興時吟杜甫詩。」[4]他們對立卿先生的逸情遊興知之甚稔。

蘇東坡〈超然臺記〉云：「…人之所欲無窮，而物之可以足吾欲者有盡，…以見予之無所往而不樂者，蓋遊於物之外者也。」的確，

---

3 郭茂松〈張立卿先生索和六一書懷瑤韻謹次奉和〉：「百忍堂前韻老蒼，淡梅瘦菊鬪芬芳。雲山供養情偏逸，杖履優遊興更長。春滿萊堦開笑眼，觴飛花徑醉撐腸。羨君種德饒清福，鴻案相莊有孟光。」1959.4.1 詩文之友 10 卷 6 期。

4 張清輝〈謹步張立卿宗叔六一書懷原玉四首之二〉：「不爲良相作良醫，世代施仁固礎基。壽酒芬芳傾北海，文星朗耀映南箕。爽懷喜賞陶潛菊，逸興時吟杜甫詩。此日杖鄉榮晉一，更添卅九頌期頤。」1959.3.1 詩文之友 10 卷 5 期。

遊於物外，物不論小大久暫，而在內心愜意則無分軒輊，於是立卿先生以煮茗敲詩、攜琴奏樂、長嘯歌謠、奕棋鼓琴、泛舟清遊、賞梅洗蘭、移竹種菊種種心曠神怡的隱士行迹，來紀錄他的生活。立卿先生不追求外物的享樂而暢懷於園林逸趣，自然是真隱士作超然物外開懷笑顏的閒遊了。

（三）有基督聖教的情懷，作虔誠的禪修實修

19 歲時，立卿先生受洗為聖公會基督徒。27 歲，他回台承繼祖業。此後，他一直參加斗六基督教長老教會的活動並擔任長老，可見他是虔誠的教徒，有實務服務的情懷。禪家常說生活即是禪，對立卿先生而言，持身端正守教規，完全沒有困難，而且總是以博愛救世推廣福音聖教，他劍及履及實修的精神，透過他的作品，我們感受到他的虔誠，莊嚴和喜悅。

> 東西菡會議員齊，辯論縱橫立案題。
> 牧長關心陳意見，山中設教救群黎。
>
> 〈赴淡中禮堂臺灣總會〉1959.4 中華藝苑 9 卷 4 期
>
> 臺灣學院為傳神，啟發耶穌博愛人。
> 聖殿堂皇十字架，慇懃佈道救黎民。
>
> 〈參觀嶺頭臺灣神學院〉1959.4 中華藝苑 9 卷 4 期
>
> 增開設教賴諸賢，卻羨二崙獨占先。
> 聖所完工酬夙願，高臺講道盡誠虔。
> 東西會使齊臨席，邐迤良賓列綺筵。
> 盛典今朝堪慶祝，福音廣播樂無邊。
>
> 〈慶祝二崙佈道所開設獻堂典禮〉1961.7 中華藝苑 14 卷 1 期
>
> 參觀建殿似皇宮，藝術精微造化工。
> 聖教昭彰彌寶島，莊嚴神像燭搖紅。
>
> 〈參觀板橋新建天主堂〉1962.12 中華藝苑 16 卷 6 期
>
> 清虛靜舍佛家煙，水月晶明萬里天。
> 慾念皆空消色相，功名俱廢比青蓮。
> 紅塵脫淨心常潔，富貴休貪意學禪。
> 不染真元修正道，神燈照耀志彌堅。

〈僧舍談禪〉1966.2 中華藝苑 21 卷 6 期

教堂聚聽福音聲，回首東京學課程。

荏冉光陰三十載，重溫友誼倍怡情。

〈在教會堂重逢舊友林平祥先生〉1956.8.1 詩文之友 6 卷 1 期

立卿先生在詩鐘〈元日〉寫下：「日久攻詩能見志，年高養性自歸元。」[5]他把詩能見志的啓發傳達給世人，把養性修真的歷練自我實踐。不論儒家詩教也好，基督聖教也好，佛家禪教也好，都是條條通往修真養性的道路，且實踐了台灣人心性良善、族群和諧的一面，讓他和朋友、親人、子女、僧侶、騷壇晚輩，甚或農樵漁夫，都能殷殷慰問致候。立卿先生信仰耶穌的堅貞情懷一如虔誠禪修者同証福地，無二無別。他心靈純淨，所以透過他的生花詩筆，透過他的靈秀眼界，彷彿看到一切景物鮮活，滿地芳草，和青山遠處一聲鐘的爽朗清明，傳達出人間良善一面的訊息。

三、結語：隨身妙諦動蒼溟，空靈志節傳後代

寫這篇論文時，適逢清明細雨紛紛的節令，讓我想到立卿先生有首〈挂墓紙〉：「兒孫掃墓孝心關，掛紙清明例未刪。奠酒焚香陳俎豆，虔誠追遠示人間。」詩中對傳統習俗的期待，並不會因爲宗教信仰的關係而改變，足見傳統文化仍然是他根生的觀念。他一生愛雲林，也詩寫雲林，如〈螺橋步月〉、〈虎溪煙雨〉、〈秋日北港大橋遠眺〉、〈遊梅林感作〉、〈草嶺晚霞〉、〈金湖帆影〉……等等作品不勝枚舉。最後將以立卿先生所作〈春日湖山岩聽經〉[6]作爲他一生行誼空谷跫音的迴響。

拾級湖岩禮佛庭，巍巍宮闕仰神形。

樓懸郭外鐘聲響，宇笮林邊鉢韻聆。

側耳清音傳遠近，隨身妙諦動蒼溟。

---

5 張立卿〈元日〉：這首詩鐘作於 1969.5.1，刊登於詩文之友 30 卷 1 期。

6 這是「雲林縣詩人庚戌春季聯吟會」的擊鉢吟首唱題目：於 1960.5.1 刊登在《詩文之友》32 卷 1 期刊物上。

　　　　風光青日添明媚，寡慾虔心聽講經。

詩人立卿先生於 1975 年元月過逝，騷壇詞友紛紛作詩追悼。鄉勵吟社社長邱水謨說：「尊儒信教德稱揚」，莿桐林萬舉詞友說：「崇聖信耶志益堅」，虎尾蘇平祥說：「篤信耶穌品格長」，斗六陳錫津說：「詩人愛國有餘馨」，虎尾伍期陶說：「教子遺孫成重器」，斗六游永隆說：「志節高標不俗流」，斗六吳景箕說：「死生有命知難免」，莿桐林木全說：「從此音容無復見」[7]，俱是他的知音友，均為一代逸人隱士張卓先生留下註腳，也符合立卿生前為自己所作的註解：「每聽雞聲報曉間，公園漫步覺心嫺。健康軀幹誠堪慰，富貴功名總不關。墨客交遊同玩水，騷朋聚會共遊山。安貧樂道常知足，勤學聖賢世慮刪。」[8]也許這種心靈純淨的作品就是他的主要詩風。

7　諸作詩題同為〈追悼張立卿先生〉：1975.9.1，刊登於詩文之友 42 卷 3 期。
8　張立卿〈放浪吟〉：1960.11 詩文之友 33 卷 1 期。

附錄一：張厚基撰〈張立卿先生小傳〉

張立卿　先生小傳

　　張家來台開基祖一唯公（暢，第十世）於康熙年間自福建漳州南靖縣率領族人遷台至雲林縣斗六門，代代務農。至嘉永年間，第十五世張傳寶（作汝），在年輕時習醫，因治好地方士紳某氏長年瘡癧，一舉成名。後來，以領到的高額獎賞金新設藥舖，開始行醫。第十六世張淮（浴沂）繼承父業在斗六大街上開設品芳堂藥舖，懸壺濟世。張淮精通脈理，仁心仁術；每天抽空巡回病家，也代客煎藥，並施藥貧寒，活人無脾。鄉人尊稱：「淮仙」，慕名前來就醫者絡繹不絕。

　　張淮公育有三男三女；長子早逝，次子卓（立卿）生於一八九八年（民前十四年）十一月二十三日。三子乃賡為醫學博士，嘉義婦產科名醫。二女婿黃文陶也是醫學博士，嘉義外科著名醫生。一九二五年（民國十四年）四月，張淮公因看診延誤治牙瘡時間引起併發症，急救無效而辭世，享年五十三。當時留學日本尚在東京立教大學商學部（院）就讀的張立卿即時回鄉，不久便繼承家業。於民國十五年在斗六大街（今太平路）上興建雙店面，二樓新房，並擴大營業開幕品芳堂西漢大藥房，以漢藥（中藥）為主兼售西藥。

　　日據時代，在台灣並無「中醫師」制度，卻設置「漢方醫」亦稱「漢醫」，可在政府認可下看診。品芳堂也聘請兩位「漢醫」診察，其中一位是客家籍；但，張立卿並未親自看門診。店裡有三位店員配藥，另有兩位學徒負責洗藥剪藥、曬藥等工作。張立卿每天清晨騎著富士霸王牌自行車巡視兩所果園，和出租的田地。下午，常與詩友會聚，吟詩或奏樂，其樂融融。在樓上陽台培植了近百株榕樹盆景；黃昏時候，就上樓剪枝、修型，澆水並欣賞。

　　張立卿號冠英，也喜愛書法，有空便勤於練字，其作品曾多次入選日本書道（書法）大賽。雖然經商，卻過著文人優游林下的生活。在一九三〇年代，張立卿享任斗六郡藥種商組合（公會）組合長（理

事長）。也任台南州方面委員（社會服務性質），負責斗六地區的社會救濟事業，熱心公益，曾受台南州知事表揚多次。

　　光復後，張立卿著手整理祖傳藥方，並致力鑽研脈理。於民國三十九年赴南京參加特考及格，成為雲林縣第一位中醫師。張立卿自幼師事姨丈黃紹謨秀才，學習經書詩學。雖然接受了日本教育，漢學基礎十分穩固，加上濃厚詩興，又經常與詩友同好吟詠，自然會留下不少佳作。

　　張立卿早年，在東京立教中學就讀時期，深受該校宗教教育感化，畢業前就接受校牧聖公會馬欽牧師洗禮正式入教會。之後，勤讀聖經，參加禮拜，從未間斷。回鄉後在斗六基督長老教會任書記清書會議記錄。亦任教會長老長達五十年，晚年推為名譽長老。

　　一九七三年（民國六十二年），二月張立卿先生、蔡麗彬女士夫婦，在斗六基督長老教會舉行金婚典禮，由公學校老同學吳天賜牧師主持感恩禮拜，是日親朋好友、各地詩友、教會會友、兒女子孫參加，賀客滿堂，詩友多位朗讀祝詩，教會聖歌隊合唱，兩位內外孫女鋼琴、小提琴合奏蕭邦圓舞曲象徵琴瑟和鳴。全場充滿溫馨、喜氣洋洋。

　　張立卿精通中日語文，卻為人篤實謙遜、待人誠懇，持身節儉，且樂善好施，確為難得的仁人君子。他育有三男一女，對子女教育重視啟發，從未打罵管束，一向讓子女自由發展。民國四十五年，其長子厚基自斗六後學轉至台南市長榮中學任教時，他親手寫一首詩勉勵，詩曰：「為愛鳥聲多種樹，欲留花氣不開簾。」文人啟示兒子師道真諦，親情流露於字行之間。

　　張立卿一生生活極有規律，至晚年時期仍每日清晨至斗六公園慢跑，也打太極拳　他一向身體硬朗，很少生病。不料，一九七四年（民國六十三年）十二月底，因不慎滑倒重擊頭頭部造成輕微腦溢血，養病週餘後併發肺炎，發燒不退。終於翌年一月四日，在長子厚基緊握其手當中呼出最後一口氣安祥長眠，享年七十有七。一代君子其子女在側隨侍之下，蒙主恩召永歸天國。

　　張公立卿終生篤信耶穌基督，喜好詩文，謙沖有禮，仁慈厚道。其名字如家業名號：「品芳堂」，也如他留下的對聯：「品德傳千里，

芳名播古成」── 其品德必萬世流芳。

二〇〇四年十月二十七日

長子　厚基謹記

附錄二：鄭定國撰〈張卓先生年表暨作品繫年〉

張卓（張立卿、張冠英）先生年表暨作品繫年

鄭　定　國

1898　光緒 24 年　戊戌　1 歲

　　生活：張卓，字立卿，號冠英又號墨禪，誕生於 11 月 23 日，斗
　　　　　六人。

1919　大正 8 年　己未　19 歲

　　生活：立卿先生轉學日本東京立教中學三年級。

1921　大正 10 年　辛酉　23 歲

　　生活：今年二月立卿先生在立教中學畢業之前接受校牧聖公會馬
　　　　　欽牧師洗禮正式入教。其父張淮先生邀集地方人士創設斗
　　　　　六斗山吟社。

1923　1 月 5 日　大正 12 年　癸亥　25 歲

　　生活：立卿先生與台南望族之女蔡鏗治氏（蔡麗彬）結婚。婚後，
　　　　　立卿先生立刻回學校繼續學業。9 月 1 日東京大地震，立
　　　　　卿先生就讀的立教大學暫移京都借他校上課。

1924　大正 13 年　甲子　26 歲

　　生活：立卿先生春節回台，獲雙親同意，攜妻去日本京都同居，
　　　　　這是張立卿先生一生最快樂的歲月。

1925　大正 14 年　乙丑　27 歲

　　生活：立卿先生尊翁張淮先生牙瘡併發他症而去世，享年 53 歲。
　　　　　立卿先生自東京立教大學商學部回台承繼家業。

1926　大正 15 年、昭和元年　丙寅　28 歲

　　生活：立卿先生在斗六大街（今太平路）興建擴大的雙店面二層
　　　　　樓的新居，於是品芳堂西漢大藥房開幕。長子張厚基今年

　　　出生。

1930　**昭和** 5 **年　庚午　** 32 **歲**
　　　生活：立卿先生任斗六郡藥種商組合會組合長。並兼台南州方面
　　　　　　委員，負責斗六區社會救濟事業。

1932　**昭和** 7 **年　壬申　** 34 **歲**
　　　生活：長子張厚基進入斗六尋常高等小學校就讀。

1938　**昭和** 13 **年　戊寅　** 40 **歲**
　　　生活：長子張厚基斗六尋常高等小學校畢業。並進入台南長老教
　　　　　　中學的預科生（1939 年改名長榮中學校）。

1940　**昭和** 15 **年　庚辰　** 42 **歲**
　　　作品：〈弔屈原〉七律一首（詩報 228 號）

1941　**昭和** 16 **年　辛巳　** 43 **歲**
　　　作品：〈雨金〉七律一首（詩報 249 號）

1944　**昭和** 19 **年　甲申　** 46 **歲**
　　　生活：長子張厚基從長榮中學畢業。

1946　**民國** 35 **年　丙戌　** 48 **歲**
　　　生活：1 月長子張厚基從日本回台灣，今年 8 月赴香港求學。

1950　**民國** 39 **年　庚寅　** 52 **歲**
　　　生活：立卿先生赴南京參加中醫師特考及格，爲雲林縣第一位中
　　　　　　醫師。

1951　**民國** 40 **年　辛卯　** 53 **歲**
　　　生活：7 月長子張厚基從香港回台，協助祖業。

1952　**民國** 41 **年　壬辰　** 54 **歲**
　　　生活：8 月長子張厚基受聘爲縣立斗六中學英語教師。
　　　作品：〈慶祝雲林縣長吳景徽先生就任周年紀念〉七律一首、〈慶
　　　　　　祝吳景徽先生當選首屆雲林縣長〉七律二首（雲林文獻創
　　　　　　刊號）
　　　　　　〈祝雲林文獻創刊〉七律一首（雲林文獻創刊號）
　　　　　　〈六鰲詩社擊鉢錄—待春〉七絕一首、〈西螺大橋〉七律
　　　　　　一首（雲林文獻創刊號）

〈謹步李維喬先生賦呈鳴皋居士原玉贈李先生〉七律一首、〈謹步李維喬先生賦呈鳴皋居士原玉贈吳先生〉七律一首（雲林文獻創刊號）

〈斗六門懷古〉七律一首（雲林文獻創刊號）

〈菊花杯〉七絕一首、〈太平洋汎月〉七律一首

1953　民國42年　癸巳　55歲

作品：〈西螺大橋〉七律一首（雲林文獻創刊號）

〈慶祝雲林文獻季刊周年〉七律一首、〈敬步陳逢源先生六十初度書懷原玉〉七律四首（雲林文獻第二卷）

〈待春〉七絕一首（雲林文獻2卷1期）

〈詠懷似李維喬先生原玉〉（雲林文獻創刊號）

〈漁趣〉七絕一首（詩文之友1卷5期）

〈遊高雄港感懷〉七律一首、〈日月潭〉七律一首（台灣詩選）

〈慶祝雲林文獻季刊創刊周年〉七律一首（雲林文獻2卷4期）

〈謹少鄭品聰先生五十自訟原玉〉七律一首（雲林文獻2卷4期）

〈敬步陳逢源先生六十初度書懷原玉〉七律四首（雲林文獻2卷4期）

〈大仙巖覽勝〉七律一首、〈慶祝兒雄先生開張外科醫院〉七律一首（雲林文獻2卷4期）

詩鐘〈枕戈〉三組（詩文之友1卷5期）

詩鐘〈稻花〉一組（詩文之友2卷2期）

1954　民國43年　甲午　56歲

生活：元旦暢遊北台灣，漫遊碧潭吊橋、北投溫泉、烏來觀瀑及新竹獅頭山廣照寺。春天拜訪陳錫津先生。

作品：〈步李維喬惠贈原玉〉七律一首、又見〈五月五日〉七律一首（台灣詩海）

〈墨牡丹〉七絕一首（詩文之友2卷5期）

〈南縣早春〉五律一首（詩文之友 2 卷 5 期）

〈義士〉七律一首（詩文之友 2 卷 6 期）

〈敬次五十有感玉韻〉七律二首（詩文之友 20 卷 4 期）

詩鐘〈求安已負蒼生望〉一組（詩文之友 20 卷 6 期）

詩鐘〈筆花四唱〉二組（詩文之友 3 卷 3 期）

1955　民國 44 年　乙未　57 歲

生活：長子張厚基轉任斗六農校教師。

作品：〈春晴〉五律一首（詩文之友 4 卷 1 期）

〈春朝〉一組（詩文之友 4 卷 1 期）

〈謹次李步雲先生新居感懷原玉〉七律二首（中華詩苑 1 卷 6 期）

〈南縣早春〉五律一首（中華詩苑 2 卷 1 期）

〈端午凱歌〉五律一首（詩文之友 4 卷 3 期）

〈謹次一霞室近稿原玉〉七律二首（中華詩苑 2 卷 3 期）

詩鐘〈筆生花〉一組、〈中秋皓月無私照〉一組（中華詩苑創刊號）

詩鐘〈元日一唱〉一組（詩文之友 3 卷 6 期）

詩鐘〈寒食〉一組（詩文之友 4 卷 1 期）

詩鐘〈送春〉一組（詩文之友 4 卷 2 期）

詩鐘〈牛角〉三組（詩文之友 11 卷 4 期）

詩鐘〈浪淘沙〉（中華詩苑 2 卷 4 期）

1956　民國 45 年　丙申　58 歲

生活：初秋立卿先生與曾丁興、陳錫津三位同訪何如璋府上，何氏招待美食，又贈以水果。八月中秋，與林友笛先生共賞待月，惜烏雲遮月，醉眼坐等至五更月始露明，登床已雞鳴。九月長子張厚基返母校長榮中學參加 70 周年校慶，遇見當年的戴明福校長。

作品：〈謹步黃傳心先生六一初步書懷暨令長郎新婚誌喜〉七律二首（中華詩苑 2 卷 6 期）

〈光復節〉五律一首（詩文之友 5 卷 1 期）

〈次吳景箕先生真一堂雅集韻〉七絕二首、〈又次詠陸放翁原玉〉七絕二首（中華詩苑 11 卷 1 期）

〈次鄭雲從誕辰書懷原玉〉七律一首、〈謹步鄭雲從令堂七秩壽辰獻詞原玉〉七律一首（中華詩苑 3 卷 1 期）

〈祝鍾幹郎先生七旬晉一壽誕〉七律一首（中華詩苑 3 卷 4 期）

〈謹次盧業高先生有感原玉〉七律一首（中華詩苑 3 卷 5 期）

〈慶于右老獲詩歌獎〉七律一首（詩文之友 5 卷 4 期）

〈謹步林淵先生惠詩原玉〉七絕一首、〈敬呈林淵先生笑正〉七絕一首、〈謹謝惠贈《詩詞合鈔》呈賴柏舟先生〉（詩文之友 5 卷 5 期）

〈養雞〉七律一首（詩文之友 5 卷 5 期）

〈鄭成功焚儒服〉七律一首（中華詩苑 4 卷 1 期）

〈遊元長傅蔴先生處偶處〉七絕一首（中華詩苑 4 卷 1 期）

〈曾丁興先生別墅萃芳園八景〉（中華詩苑 4 卷 2 期）

〈日月潭初泛〉七律一首（中華詩苑 4 卷 2 期）

〈遊木柵仙公廟感作〉七絕一首、〈華銀股東大會席上遇故知林恭平先生〉七絕二首、〈在教會堂重逢舊友林平祥先生〉七絕一首（詩文之友 6 卷 1 期）

〈遊大湖訪劉傳枝〉七律二首（詩文之友 6 卷 1 期）

〈植物節〉七律一首（詩文之友 6 卷 1 期）

〈謹次曾丁興先生致謝何如璋先生感作原玉〉七律一首（詩文之友 6 卷 2 期）

〈避債〉七律一首（詩文之友 6 卷 2 期）

〈秋郊覓句〉五律一首（中華詩苑 4 卷 4 期）

〈陳錫津先生令三郎煐源君吉席誌喜〉七律一首（中華詩苑 4 卷 5 期）

〈同題次陳錫津先生韻〉七律二首（中華詩苑 4 卷 4 期）

〈擬曾丁興颱風原玉〉五律一首（鯤南詩苑 1 卷 5 期）

〈原子彈〉七絕一首（鯤南詩苑 1 卷 5 期）

〈瀟湘月〉七絕一首（中華詩苑 4 卷 5 期）

〈似原玉〉五律一首（鯤南詩苑 1 卷 5 期）

〈慶祝雲林縣議會新築落成典禮〉七律一首（鯤南詩苑 1 卷 6 期）

〈和林友笛大貝湖即景〉七絕二首（鯤南詩苑 1 卷 6 期）

〈拜訪葉清河先生感作〉七絕一首

〈謹步陳錫津詞兄視葉清河先生古稀華誕原玉〉七絕一首

〈謹步葉清河先生原玉〉七律一首（中華詩苑 4 卷 6 期）

詩鐘〈報歲蘭〉一組（中華詩苑 2 卷 6 期）

詩鐘〈蒲珠〉一組（詩文之友 5 卷 1 期）

詩鐘〈朝野〉（中華詩苑 4 卷 5 期）

詩鐘〈樂山〉二組（鯤南詩苑 1 卷 5 期）

詩鐘〈重陽〉二組（鯤南詩苑 1 卷 6 期）

1957　民國 46 年　丁酉　59 歲

生活：立卿先生曾贈詩長子勉勵，詩曰：「為愛鳥事多種樹，欲留花氣不開簾」。

長子張厚基攜妻與 3 歲大的女兒，周歲大的兒子，至台南長榮中學任教，從此一任近十年。

作品：〈次林友笛先生丙申中秋待月韻〉七絕四首（中華詩苑 5 卷 1 期）

〈簾波〉五絕一首（中華詩苑 5 卷 1 期）

〈紀念國父九十誕辰〉七律一首（鯤南詩苑 2 卷 1 期）

〈元旦試筆〉七絕一首（鯤南詩苑 2 卷 1 期）

〈謹步吳景箕先生冬至前日遊善修堂原玉〉七絕四首、〈祝吳文財兄令郎坤彥君與張禎祥宗兄令媛碧馨小姐吉席〉七律一首（中華詩苑 5 卷 2 期）

〈恭輓黃純青先生八十有二仙逝〉七律一首（中華詩苑 6 卷 6 期）

〈恭弔林獻堂先生〉七律一首（詩文之友 6 卷 6 期）

〈蘆筆〉七絕一首（詩文之友 6 卷 6 期）

〈謹步林友笛先生次周鴻濤先生七十書懷原玉〉五律一首、〈步友笛先生新春試作原玉〉七絕一首、〈祝土地銀行斗六分行落成〉七律一首（中華詩苑 5 卷 3 期）

〈憶梅〉七絕一首（鯤南詩苑 2 卷 2 期）

〈謹次周澄秋先生迎年菊原玉〉七律一首（鯤南詩苑 2 卷 1 期）

〈春耕〉七絕二首（鯤南詩苑 2 卷 3 期）

〈吳景箕旁午小睡韻〉七絕一首、〈次林友笛遊梅山韻〉七絕三首（中華詩苑 5 卷 4 期）

〈日本鹽谷節山文學博士八十壽誕賀詩〉七律四首（中華詩苑 5 卷 5 期）

〈祝台南神學院八十周年院慶暨新禮拜堂獻堂典禮〉七律二首（鯤南詩苑 2 卷 4 期）

〈悼陳含老〉七絕一首（鯤南詩苑 2 卷 4 期）

〈次劉孟梁先生丁酉浴佛節五十感懷原玉〉七律二首、〈謹次盧榮高先生述感原玉〉七律一首（中華詩苑 5 卷 6 期）

〈聞蛙〉五律一首（中華詩苑 5 卷 6 期）

〈弔陳江巒女士千古〉七絕二首（鯤南詩苑 2 卷 5 期）

〈鯤南詩苑周年紀念〉七絕一首（鯤南詩苑 2 卷 5 期）

〈慶祝盧業高先生蔡玉蘭小姐吉席誌喜〉七律一首（中華詩苑 6 卷 11 期）

〈謹次周鴻濤先生七十書懷原玉〉五律一首、〈謹次林友笛先生新春漫遊梅山感作原玉〉七律一首（詩文之友 7 卷 4 期）

〈避暑〉七絕二首（鯤南詩苑 3 卷 1 期）

〈秋雨〉七絕一首（鯤南詩苑 3 卷 2 期）

〈江楓〉五絕一首（中華詩苑 6 卷 3 期）

〈慶祝詹益丕先生李慈玉小姐新婚詩喜〉七律一首、〈慶祝許森其君黃淑貞小姐吉席誌喜〉七律一首（中華詩苑 6

卷 3 期）

〈養菊〉七絕一首（詩文之友 8 卷 2 期）

〈悼林茂源〉七絕二首（中華藝苑 3 卷 3 期）

〈觀潮〉七絕一首（中華藝苑 3 卷 3 期）

〈閏中秋〉七絕一首（中華藝苑 3 卷 4 期）

詩鐘〈翠濤〉一組（中華詩苑 5 卷 3 期）

詩鐘〈飛夢〉一組（鯤南詩苑 2 卷 2 期）

詩鐘〈春節〉一組（中華藝苑 2 卷 3 期）

詩鐘〈詩苑〉一組（中華藝苑 2 卷 4 期）

詩鐘〈端午〉一組（鯤南詩苑 2 卷 5 期）

詩鐘〈白鷺洲〉一組（中華詩苑 6 卷 1 期）

詩鐘〈夏雲〉一組（中華藝苑 3 卷 1 期）

詩鐘〈友情〉二組（詩文之友 7 卷 6 期）

詩鐘〈達風〉一組（鯤南詩苑 3 卷 2 期）

詩鐘〈端午〉一組（詩文之友 8 卷 1 期）

詩鐘〈戰雲〉一組（中華詩苑 6 卷 5 期）

詩鐘〈秋水〉一組（鯤南詩苑 3 卷 3 期）

詩鐘〈籬菊〉二組（中華藝苑 3 卷 4 期）

1958　民國 47 年　戊戌　60 歲

作品：〈輓雲林縣國藥商公會理事長兼虎尾鎮消防隊副隊長張既
　　　成先生〉七絕一首、〈輓雲林縣國藥商公會會員兼虎尾鎮
　　　消防隊班長簡榮華先生〉七絕一首（中華詩苑 7 卷 1 期）

〈杏雨〉五絕一首（中華詩苑 7 卷 1 期）

〈遊梅林感作〉七絕四首（中華詩苑 7 卷 3 期）

〈不倒翁〉七絕一首（鯤南詩苑 4 卷 1 期）

〈迎春曲〉七絕二首（鯤南詩苑 4 卷 2 期）

〈謹步林友笛先生春日漫遊三秀園原玉〉七絕四首（中華
詩苑 8 卷 1 期）

〈次韻戊戌詩人節感賦〉七絕二首（中華詩苑 8 卷 2 期）

〈詩教〉七絕一首（詩文之友 9 卷 5 期）

〈次陳錫津先生贈吳景箕學士原玉〉七律一首、〈雲林縣
南樂研究社成立演奏會感作〉（中華詩苑 8 卷 3 期）

〈斷雁〉五絕一首（中華詩苑 8 卷 3 期）

〈謹次林清池先生惜別原玉〉七律一首、七絕二首（中華
詩苑 8 卷 4 期）

〈慶祝施軍爌先生大廈落成〉七絕一首、〈慶祝李承運里
長令郎天昭君與黃玉秋小姐吉席誌喜〉七律一首（詩文之
友 10 卷 2 期）

〈秋扇〉七絕一首（鯤南詩苑 4 卷 5 期）

詩鐘〈風簾月檻〉一組（中華詩苑 7 卷 1 期）

詩鐘〈秋水〉一組（詩文之友 8 卷 5 期）

詩鐘〈曉星〉一組（鯤南詩苑 3 卷 5 期）

詩鐘〈元夜〉一組（鯤南詩苑 4 卷 2 期）

詩鐘〈霧斷山橫〉一組（中華詩苑 8 卷 1 期）

詩鐘〈荷露〉二組（詩文之友 9 卷 5 期）

詩鐘〈文石〉二組（詩文之友 9 卷 6 期）

詩鐘〈竹、漁父〉（中華詩苑 8 卷 6 期）

詩鐘〈海天〉一組（鯤南詩苑 4 卷 5 期）

1959　民國 48 年　己亥　61 歲

生活：今年重陽攜琴邀友上斗六湖山巖敲詩作樂。

作品：〈曉星〉五絕一首（中華詩苑 9 卷 1 期）

〈夕烽〉七絕一首（鯤南詩苑 5 卷 1 期）

〈六十一書懷〉七律四首（中華詩苑 9 卷 1 期）

〈謹次林金標先生六五書懷原玉〉七律二首（中華詩苑 9
卷 3 期）

〈六十一書懷〉七律二首（中華藝苑 5 卷 2 期）

〈凱歌〉七絕一首（鯤南詩苑 5 卷 2 期）

〈北上快車〉七絕一首、〈赴淡中禮堂台灣總會〉七絕一
首、〈陽明山看花〉七絕一首、〈參觀嶺頭台灣神學院〉
七絕一首（中華詩苑 9 卷 4 期）

〈飛行雲〉七絕一首（鯤南詩苑 5 卷 3 期）

〈敬和文樵學兄六十書懷瑤韻〉七律四首（中華詩苑 9 卷 5 期）

〈謹次霞鶩先生戊戌年新元日訪陳錫津詞兄原玉〉、〈羅山曉市〉七律一首（詩文之友 11 卷 2 期）

〈竹窗茶話〉七律一首（中華詩苑 10 卷 2 期）

〈陳季雙老先生暨德配王太夫人八十雙慶壽言特輯〉七律一首（中華詩苑 10 卷 2 期）

〈紅白梅〉七絕一首（鯤南詩苑 5 卷 5 期）

〈聽鵑〉七絕一首（鯤南詩苑 6 卷 1 期）

〈台灣旅思〉七律一首、〈己亥重陽漫遊湖山巖雅集〉七絕四首（中華詩苑 10 卷 6 期）

〈登高〉七絕一首（鯤南詩苑 6 卷 2 期）

詩鐘〈杜甫〉一組（中華詩苑 9 卷 1 期）

詩鐘〈攻戰〉一組（詩文之友 10 卷 4 期）

詩鐘〈金馬〉一組（鯤南詩苑 5 卷 2 期）

詩鐘〈李白〉一組（中華詩苑 9 卷 4 期）

詩鐘〈新春〉一組（中華藝苑 5 卷 3 期）

詩鐘〈剪波〉二組（中華詩苑 10 卷 2 期）

詩鐘〈梅竹〉一組（鯤南詩苑 5 卷 5 期）

詩鐘〈歸去〉一組（鯤南詩苑 6 卷 1 期）

詩鐘〈靜奔〉一組（中華詩苑 10 卷 5 期）

詩鐘〈牛角〉三組（詩文之友 11 卷 4 期）

詩鐘〈風雨〉一組（鯤南詩苑 6 卷 2 期）

1960　民國 49 年　庚子　62 歲

生活：今年重陽攜酒登高，與吳景箕等樂友吟朋以洋琴、簫管作管絃合奏。

作品：〈次吳景箕先生真一堂雅集韻〉七絕二首（中華詩苑 11 卷 1 期）

〈鄭亦華老先生九十壽慶〉七律一首（中華詩苑 11 卷 2

期）

〈謹次吳景箕先生詠陸放翁原玉〉七律一首（中華詩苑 11
卷 2 期）

〈冬菊〉七絕一首（鯤南詩苑 6 卷 3 期）

〈六十書懷〉七律二首（中華詩苑 11 卷 3 期）

〈山齋對奕〉七律一首（中華藝苑 11 卷 3 期）

〈六一書懷〉七律二首（中華詩苑 11 卷 4 期）

〈謹次劉毅父先生六十書感原玉〉七律二首（中華詩苑 11
卷 4 期）

〈謹次林清池先生元旦書懷原玉〉七律一首（中華藝苑 19
卷 4 期）

〈種桃〉七絕一首（詩文之友 12 卷 4 期）

〈春日與吳景箕詞長訪劉崇崑先生感作〉七絕三首（中華
詩苑 11 卷 5 期）

〈明星〉七絕一首（鯤南詩苑 6 卷 5 期）

〈謹次吳景箕先生贈黃端如廠長原玉〉七絕一首、〈謹次
吳景箕先生題斗六糖廠俱樂部原玉〉七絕二首（中華詩苑
12 卷 1 期）

〈謹次吳景箕先生圓通寺原玉〉七律一首、〈謹次吳景箕
先生贈劉逸峯先生原玉〉七律一首（中華詩苑 12 卷 1 期）

〈鄭祠探梅〉七律一首（中華詩苑 12 卷 1 期）

〈煙寺題壁〉七律一首（中華詩苑 12 卷 2 期）

〈苔磯〉五絕一首（中華藝苑 12 卷 3 期）

〈觀畫〉七絕一首（鯤南詩苑 7 卷 1 期）

〈杜博士聰明先生執教四十周年紀念〉七絕三首（中華藝
苑 12 卷 4 期）

〈謹次林臥雲先生八十書懷原玉〉七律四首、〈慶祝林玉
書先生八十壽誕〉七律一首、〈博仁醫院高樓落成誌慶〉
七律一首（中華藝苑 12 卷 4 期）

〈沙蟲〉七絕一組（中華藝苑 12 卷 5 期）

〈謹次宗希舜先生卜居北投感作原玉〉七絕四首（中華藝苑 12 卷 5 期）

〈古琴〉七絕一首（鯤南詩苑 7 卷 2 期）

〈台灣旅思〉七律一首（中華詩苑 10 卷 6 期）

〈慶祝旗峰詩社三十年〉七律一首（詩文之友 13 卷 5 期）

〈謹次竹庵先生（林金標）庚子六七生朝書懷原玉〉七律五首（詩文之友 13 卷 5 期）

〈颱風警報〉七律一首（詩文之友 13 卷 5 期）

詩鐘〈搖落〉一組（中華詩苑 11 卷 1 期）

詩鐘〈燈劍〉一組（鯤南詩苑 6 卷 3 期）

詩鐘〈夜屏〉二組（中華詩苑 11 卷 3 期）

詩鐘〈簫筆〉一組（鯤南詩苑 6 卷 4 期）

詩鐘〈建專〉一組（中華詩苑 11 卷 4 期）

詩鐘〈萬花〉一組（鯤南詩苑 7 卷 4 期）

詩鐘〈火箭〉一組（詩文之友 12 卷 3 期）

詩鐘〈竹美人〉一組（中華藝苑 6 卷 5 期）

詩鐘〈天地〉一組（詩文之友 12 卷 5 期）

詩鐘〈獨微〉一組（中華詩苑 12 卷 1 期）

詩鐘〈蘇東坡、竹〉一組（中華詩苑 12 卷 2 期）

詩鐘〈早菊〉二組（中華藝苑 12 卷 3 期）

詩鐘〈黃金桃花〉一組（鯤南詩苑 7 卷 1 期）

詩鐘〈艾旗〉二組（詩文之友 13 卷 3 期）

詩鐘〈詩茶〉一組（鯤南詩苑 7 卷 2 期）

1961　民國 50 年　辛丑　63 歲

作品：〈謹弔李維喬先生〉七律二首（中華藝苑 13 卷 1 期）

〈秋燈夜讀〉七律一首（詩文之友 13 卷 6 期）

〈玉山秋色〉七律一首（詩文之友 13 卷 6 期）

〈謹次吳景箕先生庚子重陽節雅集原玉〉七絕六首（中華藝苑 13 卷 1 期）

〈恭賀新年元旦〉七絕一首、〈過橫貫公路〉七絕一首、

〈彰化八卦山大佛〉七絕一首、〈過臨海道路〉七絕一首、〈花蓮郊外遇雨〉七絕一首（中華藝苑 13 卷 2 期）

〈謹弔李維喬先生〉七律一首（中華藝苑 13 卷 1 期）

〈十月先開嶺上梅〉七律一首、〈風簾〉七絕一首（詩文之友 14 卷 1 期）

〈慶祝林玉書先生八十壽誕〉七律一首、〈博仁醫院高樓落成誌慶〉七律一首（中華藝苑 13 卷 3 期）

〈客中餞歲〉七律一首（詩文之友 14 卷 2 期）

〈椰月〉五絕一首（中華藝苑 13 卷 5 期）

〈謹和吳景箕先生贈駱香林詞長原玉〉七律一首（中華藝苑 13 卷 5 期）

〈鐵線橋〉七絕一首（鯤南詩苑 7 卷 4 期）

〈春日訪仰山先生〉七絕二首、〈春日訪希舜詞兄〉七絕二首（中華藝苑 13 卷 4 期）

〈午夜聞簫〉七律二首（中華藝苑 13 卷 4 期）

〈謹和景箕先生贈駱香林詞長原玉〉七律一首（中華藝苑 13 卷 5 期）

〈雨牆蝸篆〉五律一首（中華藝苑 13 卷 6 期）

〈題吳景箕先生杖履春風詩集〉七絕二首（中華藝苑 13 卷 6 期）

〈杏花雨〉七絕一組（鯤南詩苑 7 卷 5 期）

〈陳祥康先生幸獲二男誌慶〉七律二首（中華藝苑 14 卷 1 期）

〈慶祝二崙佈道所開設獻堂典禮〉七律一首（中華藝苑 14 卷 1 期）

〈北園冬〉七律一首（詩文之友 14 卷 5 期）

〈次景箕先生贈倉石武四郎〉七律一首又〈次景箕先生贈高田韜軒原玉〉七律一首（中華藝苑 14 卷 2 期）

〈憶梅〉七絕一首（詩文之友 14 卷 6 期）

〈謹次劉孟梁先生五五壽辰原玉〉七律一首、〈蔡北崙先

生八秩榮慶〉七律一首（中華藝苑 14 卷 3 期）

〈江聲〉五絕一首（中華藝苑 14 卷 3 期）

〈謹次竹庵先生六八生朝述懷原玉〉七絕六首（中華藝苑 14 卷 4 期）

〈團扇〉七絕一首（鯤南詩苑 8 卷 1 期）

〈林長老令次郎東熙君與陳鴻章先生令長女淑姿小姐吉席〉七律一首（中華藝苑 14 卷 5 期）

〈荷邊晚步〉七律一首（詩文之友 15 卷 2 期）

〈中山公園八景錄二〉七律二首（中華藝苑 14 卷 6 期）

〈電魚〉七律一首（詩文之友 15 卷 3 期）

詩鐘〈螢窗〉二組（詩文之友 13 卷 6 期）

詩鐘〈樹深、花近〉一組（中華藝苑 13 卷 4 期）

詩鐘〈萬花〉一組（鯤南詩苑 7 卷 4 期）

詩鐘〈棋酒〉一組（鯤南詩苑 7 卷 5 期）

詩鐘〈桐花〉一組（中華藝苑 14 卷 5 期）

詩鐘〈採蓮舟〉二組（詩文之友 15 卷 2 期）

1962　**民國 51 年　壬寅　64 歲**

作品：〈中山公園八景鳳山飛花、華蓋烘雲〉七律二首（中華詩苑 15 卷 1 期）

〈中山公園八景續前〉七律二首（中華藝苑 15 卷 1 期）

〈秋窗坐月〉七律一首、〈玉山瑞雪〉七律一首（詩文之友 15 卷 4 期）

〈虞美人草〉五律一首（中華藝苑 15 卷 2 期）

〈謹次吳景箕先生壬寅元日書懷原玉〉七律二首（中華藝苑 15 卷 2 期）

〈煙簑〉七絕一首（中華藝苑 15 卷 3 期）

〈敬步魏清德先生元日書懷原玉〉七律一首（中華藝苑 15 卷 3 期）

〈姑息養奸〉七律一首（詩文之友 15 卷 6 期）

〈謹次林友笛先生贈吳景箕詞兄原玉〉七絕四首（中華藝

苑 15 卷 4 期）

〈虎巖聽竹〉七律一首（詩文之友 16 卷 1 期）

〈題雪中三友圖〉七律一首（詩文之友 16 卷 2 期）

謹次吳君光瑞贈斗山隱士原玉〉七絕四首（中華藝苑 15
卷 4 期）

〈謹次林友笛先生七十書懷原玉〉七律二首（中華藝苑 15
卷 4 期）

〈謹次吳君光瑞夏日閒居懷東山重斯詞長原玉贈吳景箕先
生〉七絕四首（中華藝苑 16 卷 2 期）

〈于右任八四華誕〉七律一首（詩文之友 16 卷 5 期）

〈屐痕〉七律一首（詩文之友 16 卷 5 期）

〈曉枕聞雨〉七律一首（中華藝苑 16 卷 3 期）

〈林金標先生六九感懷次韻〉七律四首（中華藝苑 16 卷 3
期）

〈謹步吳景箕先生關子嶺記遊〉七絕二首、〈又次水火同
源原玉〉七絕二首（中華藝苑 16 卷 4 期）

〈謹次吳景箕先生東皇旅社原玉〉七絕二首、〈又次大仙
巖原玉〉七絕二首（中華藝苑 16 卷 5 期）

〈謹次吳景箕先生好漢陂原玉〉七絕一首、〈又次關嶺橋
原玉〉七絕一首、〈又次坐湯原玉〉七絕一首（中華藝苑
16 卷 5 期）

〈儒將〉七律一首（詩文之友 17 卷 2 期）

〈謹次施緝亭先生八秩自壽原玉〉七律三首（中華藝苑 17
卷 2 期）

〈謹次吳景箕先生山館坐夕於關子嶺東皇旅社兼示聽雨山
房主人原玉〉七律一首（中華藝苑 16 卷 6 期）

〈鬥雀〉七絕一首（中華藝苑 17 卷 2 期）

〈訪吳景箕先生於林頂立先生公館〉七絕一首、〈訪陳逢
源先生〉七絕一首、〈訪希舜宗先生〉七絕二首（中華藝
苑 16 卷 6 期）

〈謹次吳景箕先生贈東皇旅社主人原玉〉七絕三首（中華詩苑 17 卷 1 期）

〈參觀板橋新建天主堂〉七絕一首（中華藝苑 16 卷 6 期）

詩鐘〈秋興〉二組（詩文之友 15 卷 4 期）

詩鐘〈梅桂爭芬〉（詩文之友 15 卷 5 期）

詩鐘〈瑞雪〉一組（詩文之友 16 卷 2 期）

詩鐘〈疏簾〉一組（中華藝苑 15 卷 6 期）

詩鐘〈江流天地外〉（詩文之友 16 卷 6 期）

詩鐘〈碧草、黃沙〉二組（中華藝苑 16 卷 4 期）

詩鐘〈流水有情空蘸影〉（詩文之友 17 卷 1 期）

詩鐘〈家住畫橋西〉一組（中華藝苑 16 卷 5 期）

詩鐘〈中秋月〉一組（詩文之友 17 卷 3 期）

1963　民國 53 年　癸卯　65 歲

作品：〈謹次吳景箕先生贈東皇旅社主人原玉〉七絕三首（中華藝苑 17 卷 1 期）

〈謹次施緝亭先生八秩自壽原玉〉七律三首（中華藝苑 17 卷 2 期）

〈謹次林金標先生癸卯元旦適逢古稀原玉〉七律二首（中華藝苑 17 卷 3 期）

〈空谷幽蘭〉五律一首（中華藝苑 17 卷 3 期）

〈謹次吳景箕先生梅山探梅原玉〉七絕四首（中華藝苑 17 卷 3 期）

〈謹次楊嘯天先生冬日雜詠原玉〉七絕四首（中華藝苑 17 卷 4 期）

〈謹次林友笛先生癸卯春三月重遊三秀園原玉〉七律一首、五律一首（中華藝苑 17 卷 5 期）

〈中學生文賽〉七絕一首（詩文之友 18 卷 1 期）

〈奉和林金標先生癸卯元旦適逢古稀獻辭原玉〉七律二首（詩文之友 18 卷 2 期）

〈造橋〉五絕一首（中華藝苑 17 卷 6 期）

〈謹次林友笛先生曉遊寺後山原玉〉五絕一首、〈又次過杭內坑原玉〉五絕一首、〈又次過心覺仙莊原玉〉七絕一首（中華藝苑 17 卷 6 期）

〈謹次吳景箕先生壬寅歲暮原玉〉七律二首（中華藝苑 18 卷 2 期）

〈造橋〉五絕一首（詩文之友 18 卷 3 期）

〈溜冰電影〉七律一首（詩文之友 18 卷 2 期）

〈次楊嘯天暮冬遊三秀園原玉〉七律一首、〈次嘯天詞兄轉示詹一村先生退休吟原玉〉七律一首（中華藝苑 18 卷 1 期）

〈攤販〉七絕一首（詩文之友 18 卷 4 期）

〈春江夜泊〉七律一首（詩文之友 18 卷 4 期）

〈謹次吳景箕先生同遊三秀園即景書懷原玉〉七律二首（中華藝苑 18 卷 4 期）

〈謹次林友笛先生過碧雲寺原玉〉七絕一首、〈又次過水火同源原玉〉七絕一首、〈又次過玉枕山原玉〉七絕一首（中華藝苑 18 卷 2 期）

〈謹次林友笛先生癸卯聖誕夜與楊嘯天詞兄竟夕談原玉〉五律一首（中華藝苑 18 卷 3 期）

〈次林友笛先生步上好漢坡原玉〉七絕一首、〈又次坡中逢小雨原玉〉七絕一首、〈又次下坡感作原玉〉七絕一首、〈又次過聽水廳原玉〉七絕一首（中華藝苑 18 卷 4 期）

〈弔立委羅萬俥〉七律一首（詩文之友 18 卷 5 期）

〈謹次吳景箕詞兄讀魏潤庵先生尺寸園瓿稿讀後有感原玉〉七律一首（中華藝苑 18 卷 6 期）

〈謹次林友笛先生癸卯夏重遊湖山巖原玉〉七絕二首、〈又次詠湖山禪寺原玉〉七絕一首（中華藝苑 18 卷 4 期）

〈謹次鄭品聰先生六一述懷原玉〉七律二首（中華藝苑 17 卷 4 期）

詩鐘〈秋菊〉一組（詩文之友 17 卷 4 期）

　　詩鐘〈偶題巖石雲生筆〉一組（中華藝苑 17 卷 2 期）

　　詩鐘〈一百〉一組（中華藝苑 17 卷 4 期）

　　詩鐘〈舊酒瓢〉一組（中華藝苑 17 卷 5 期）

　　詩鐘〈野曠、林疏〉一組（中華藝苑 17 卷 6 期）

　　詩鐘〈金寶〉（詩文之友 18 卷 2 期）

　　詩鐘〈動吞、添沒〉二組（中華藝苑 18 卷 3 期）

　　詩鐘〈青鹽飯〉一組（中華藝苑 18 卷 2 期）

　　詩鐘〈采蓮〉一組（鯤南詩苑 8 卷 5 期）

　　詩鐘〈公德〉一組（詩文之友 19 卷 1 期）

1964　民國 53 年　甲辰　66 歲

　　作品：〈謹次吳景箕詞兄讀魏潤庵先生尺寸園瓿稿題後原玉〉七
　　　　律一首、〈謹次林金標先生開歲獻辭原玉〉七律一首（中
　　　　華藝苑 19 卷 1 期）

　　　　〈謹次林友笛先生湖山巖原玉〉七律一首、〈慶祝洪竹旺
　　　　先生令四郎玉璋君與李永貞先生令長女牡丹小姐吉席〉七
　　　　律一首（中華藝苑 19 卷 2 期）

　　　　〈調琴〉五絕一首（中華藝苑 19 卷 2 期）

　　　　〈謹次林友笛先生漫遊左營偶作原玉〉七律二首、七絕二
　　　　首（中華藝苑 19 卷 3 期）

　　　　〈次韻陳錫津詞兄參觀三秀園即景〉七律二首（中華藝苑
　　　　19 卷 3 期）

　　　　〈慶祝洪竹旺先生令四郎玉璋君與李永貞先生令長女牡丹
　　　　小姐吉席誌喜〉七律一首（詩文之友 19 卷 5 期）

　　　　〈謹次鄭品聰先生六一述懷原玉〉七律二首（詩文之友 19
　　　　卷 5 期）

　　　　〈牡丹小姐吉席誌喜〉七律一首（詩文之友 19 卷 5 期）

　　　　〈謹次吳景箕先生癸卯元月六日在品芳堂雅集小宴書懷原
　　　　玉〉七絕二首、〈又次同遊三秀園贈主人詩原玉〉七絕二
　　　　首（中華藝苑 19 卷 4 期）

　　　　〈謹次林清池先生元日書懷原玉〉七律一首（中華藝苑 19

卷 4 期）

〈掃墓節〉七絕一首（中華藝苑 19 卷 4 期）

〈曬鹽〉七絕一首（詩文之友 19 卷 6 期）

〈迎春詞〉七律一首（詩文之友 19 卷 6 期）

〈次林友笛先生遊大貝湖八景錄六韻〉（中華藝苑 19 卷 5 期）

〈春雷〉七律一首（詩文之友 20 卷 1 期）

〈謹步吳景箕先生慶祝廖禎祥君膺選第五屆雲林縣縣長賀章原玉〉七絕一首，〈次林友笛先生遊大貝湖八景韻〉（中華藝苑 19 卷 5 期）

〈謹次李可讀先生五十有感原玉〉七律二首（中華藝苑 20 卷 1 期）

〈人潮〉七絕一首（詩文之友 20 卷 3 期）

〈謹弔蔡北崙老翁〉七律一首、〈謹弔魏潤庵先生〉七律一首（中華藝苑 20 卷 2 期）

〈謹次景箕先生寄友笛詞長原玉〉七律三首（中華藝苑 20 卷 3 期）

〈冷官〉五絕一首（中華藝苑 20 卷 4 期）

〈謹次吳景箕先生寄友笛詞長原玉〉七律二首（中華藝苑 20 卷 4 期）

〈故園秋〉七絕一首（詩文之友 20 卷 6 期）

〈謹次鳴皋先生再遊日月潭原玉〉七律一首、〈謹次鳴皋先生甲辰中秋夜赴宴原玉〉七律二首（中華藝苑 20 卷 5 期）

〈謹步林友笛先生次粘漱雲詞兄竹梁先生過訪賦呈瑤韻〉七律二首（中華藝苑 20 卷 6 期）

詩鐘〈書、帶草〉一組（中華藝苑 19 卷 2 期）

詩鐘〈元日〉一組（台灣擊鉢吟一集）

詩鐘〈沉沙寒雪〉一組（中華藝苑 19 卷 3 期）

詩鐘〈寒沙〉二組（中華藝苑 19 卷 3 期）

詩鐘〈出塵〉一組（中華藝苑 19 卷 6 期）

詩鐘〈過興〉三組（中華藝苑 20 卷 2 期）

詩鐘〈東山絲竹〉（詩文之友 20 卷 6 期）

備註：洪竹旺作〈敬和立卿先生惠詩瑤韻新婚感作〉七律一首、

洪玉璋作〈敬和立卿先生惠詩瑤韻新婚感作〉七律一首、

〈雪窗夜讀〉七律一首、〈新婚感作〉七絕二首（中華藝苑 19 卷 3 期）

1965　**民國** 54 **年　乙巳　**67 **歲**

生活：2 月長子張厚基轉任台南女中教師，一任 21 年。

作品：〈謹步林友笛先生次漱雲詞兄竹梁先生過訪賦呈瑤韻〉七律二首（中華藝苑 21 卷 1 期）

〈人潮〉七絕一首（詩文之友 20 卷 3 期）

〈迎春詞〉七律一首（詩文之友 19 卷 6 期）

〈松濤〉七律一首（詩文之友 21 卷 4 期）

〈謹次林金標先生新歲獻詩原玉〉七律二首、〈蘇錦金先生令長郎光羆君與周德來先生令長女美香小姐吉席〉七律一首（中華藝苑 16 卷 2 期）

〈次韻竹庵先生七一壽辰書懷〉七律四首（中華藝苑 21 卷 4 期）

〈謹次林友笛先生重遊三秀園樹下閒談原韻〉五律一首、〈慶祝台灣宣教百周年紀念大會〉七律一首（中華藝苑 21 卷 6 期）

〈謹次林友笛先生重遊三秀園原玉〉七絕四首（中華藝苑 21 卷 6 期）

〈僧舍談禪〉七律一首（中華藝苑 21 卷 6 期）

〈許節母八十壽詩〉七律二首（中華詩典）

〈遊大貝湖八景中五景〉七絕五首、〈和李紹唐七秩晉一書懷二首〉七絕二首（中華詩典）

〈和韻林金標古稀晉一書懷〉七律二首（中華詩典）

〈謹次吳君光瑞夏日閒居懷東山重斯詞長原玉贈吳景箕先

生〉七律二首（中華藝苑 16 卷 2 期）

〈洪伯母洪樹之母林太夫人輓詩〉七律一首（詩文之友 22 卷 4 期）

〈謹次林金標先生新歲獻詩原玉〉七律二首（中華藝苑 21 卷 2 期）

〈謹次林金標先生新歲獻詩原玉〉七律四首（中華藝苑 22 卷 4 期）

〈旅歎〉五律一首（中華藝苑 22 卷 4 期）

〈輓魏等如中醫師〉七律一首（中華藝苑 22 卷 5 期）

詩鐘〈十月梅〉一組（詩文之友 21 卷 3 期）

詩鐘〈心戰〉二組（詩文之友 22 卷 1 期）

詩鐘〈心跡〉一組（中華藝苑 21 卷 6 期）

詩鐘〈板橋〉一組（中華藝苑 21 卷 6 期）

詩鐘〈流塵〉一組（中華藝苑 22 卷 4 期）

詩鐘〈風鐸〉一組（中華藝苑 22 卷 6 期）

1966　民國 55 年　丙午　68 歲

作品：〈謹次林友笛先生夏日雜詠原玉〉七絕四首（中華藝苑 22 卷 1 期）

〈江村曉霞〉七律一首（中華藝苑 23 卷 5 期）

〈陳志淵先生六秩誕辰紀念〉七律一首、〈謹次竹庵先生七二書懷原玉〉七律二首（中華藝苑 23 卷 1 期）

〈僧舍談禪〉七律一首（中華藝苑 21 卷 6 期）

〈山堂讀書〉五律一首（中華藝苑 23 卷 3 期）

〈旅歎〉五律一首（中華藝苑 22 卷 4 期）

〈謹次徐青山先生八秩書懷原玉〉七律二首（中華藝苑 23 卷 4 期）

〈中華文化復興運動〉七律一首（詩文之友 25 卷 6 期）

〈謹次林友笛先生丙午春日重遊三秀園賦呈主人原玉〉七絕五首（中華藝苑 22 卷 5 期）

〈謹次竹庵先生七三書懷原玉〉七律三首（中華藝苑 23

卷 5 期）

〈江村曉霧〉七律一首（中華藝苑 23 卷 5 期）

〈謹次王隆遊先生六十書懷原玉〉七律四首（詩文之友 24 卷 1 期）

〈光復節感賦〉七律一首（詩文之友 24 卷 1 期）

〈青年節懷先烈〉七律一首（詩文之友 24 卷 1 期）

〈春風得意馬蹄疾〉七律一首（詩文之友 24 卷 1 期）

〈陳志淵先生六八誕辰紀念〉七律一首、〈謹次竹庵先生七二書懷原玉〉七律二首（中華藝苑 23 卷 1 期）

〈風鐸〉七絕二首（中華藝苑 22 卷 6 期）

〈謹次鳴皋、指迷、君華、耕煙諸詞長小蓬萊雅集即席聯吟原玉〉七絕一首、〈次韻王君華詞長惠壽詩〉七絕一首、〈次韻何如璋詞兄賜壽詩〉七絕一首（中華藝苑 23 卷 6 期）

〈蠶婦〉五絕一首（中華藝苑 23 卷 6 期）

〈謹次高文淵先生六十書感原玉〉七律四首（詩文之友 24 卷 2 期）

〈步馬秋虎七四書懷〉七律一首（詩文之友 24 卷 3 期）

〈苔梅〉五絕二首（中華藝苑 23 卷 2 期）

〈風雨歸牧〉七絕一首（詩文之友 24 卷 4 期）

〈端午節懷于、賈二老〉七律一首（詩文之友 24 卷 5 期）

〈丁未七十雙壽書懷〉七律二首（中華藝苑 23 卷 6 期）

〈謹次鳴皋（吳景箕）、指迷（陳錫津）、君華（王君華）、耕煙諸詞長小蓬萊雅集即席聯吟原玉〉七絕一首、〈次韻君華詞長惠壽詩〉七絕一首、〈次韻何如璋詞兄賜壽詩〉七絕一首（中華藝苑 23 卷 6 期）

〈雪窗對酒〉五律一首（古今詩粹）

〈高山放牧〉七律一首（古今詩粹）

〈北投溫泉〉七絕一首（古今詩粹）

〈烏來觀瀑〉七絕一首（古今詩粹）

　　　　詩鐘〈午煙〉一組（中華藝苑 21 卷 1 期）

　　　　詩鐘〈露厭、煙啼〉一組（中華藝苑 23 卷 3 期）

　　　　詩鐘〈梅柳〉一組（詩文之友 23 卷 6 期）

　　　　詩鐘〈蘇東坡〉一組（中華藝苑 22 卷 5 期）

　　　　詩鐘〈茅屋疏煙報午雞〉三組（中華藝苑 23 卷 5 期）

　　　　詩鐘〈雨亦奇〉一組（中華詩苑 23 卷 1 期）

　　　　詩鐘〈曉風七唱〉（詩文之友 24 卷 5 期）

　　　　詩鐘〈矗婦〉一組（中華藝苑 23 卷 6 期）

　　　　詩鐘〈閒停茶椀從容語〉二組（中華藝苑 23 卷 6 期）

1967　民國 56 年　丁未　69 歲

　　生活：立卿先生預過 70 歲壽辰。

　　作品：〈敬和徐青山先生八秩生日書懷瑤韻〉七律二首（詩文之
　　　　　友 25 卷 5 期）

　　　　〈中華文化復興運動〉七律一首（詩文之友 25 卷 6 期）

　　　　〈孝子〉七絕一首（詩文之友 36 卷 1 期）

　　　　〈香霧〉七絕一首（詩文之友 26 卷 3 期）

　　　　〈謹次黃啓棠先生七十書懷原玉〉七律一首（詩文之友 26
　　　　　卷 5 期）

　　　　〈敬和蔣南民先生令慈八八誕辰感賦〉七律二首（詩文之
　　　　　友 26 卷 6 期）

　　　　〈待中秋〉七絕一首（詩文之友 27 卷 1 期）

　　　　〈月下敲詩〉七律一首（詩文之友 27 卷 2 期）

　　　　詩鐘〈中秋月〉一組（詩文之友 25 卷 3 期）

　　　　詩鐘〈文化〉二組（詩文之友 25 卷 6 期）

　　　　詩鐘〈曉寒〉一組（詩文之友 25 卷 6 期）

　　　　詩鐘〈師友〉一組（詩文之友 26 卷 1 期）

1968　民國 57 年　戊申　70 歲

　　生活：8 月立卿先生參加大甲林氏貞節坊的徵詩活動。

　　　　　6 月立卿先生參加鳳山鳳崗吟社活動。

　　　　　10 月鳳山詞友陳皆興柬邀林友笛先生南遊。

10月秋月上弦，立卿先生與林友笛、涂俊謨、（洪）竹模等吟友漫遊曲水園。

作品：〈曇花〉七律一首（詩文之友 27 卷 4 期）

〈冬梅〉七絕一首（詩文之友 27 卷 4 期）

〈假髮〉七絕一首（詩文之友 28 卷 2 期）

〈掛墓紙〉七絕一首（詩文之友 28 卷 4 期）

〈題大甲林氏貞節坊〉七律一首（詩文之友 28 卷 4 期）

〈雲林縣詩人聯吟會第一屆第一次成立大會，敬次陳理事輝玉感詠瑤韻〉七律二首（詩文之友 28 卷 4 期）

〈次陳皆興以詩代柬邀友笛詞長南遊並步閒中偶成原玉〉七律一首，

〈和陳皆興懷友笛詞長並次苦雨瑤韻〉七絕一首（詩文之友 28 卷 6 期）

〈謹次鄞強先生令椿萱花甲晉一雙壽原玉〉七律一首（詩文之友 28 卷 6 期）

〈搖籃〉七絕一首（詩文之友 28 卷 6 期）

〈懷友〉七絕一首（詩文之友 29 卷 1 期）

〈秋日北港大橋遠眺〉七律一首（詩文之友 29 卷 2 期）

〈次楊長流暨夫人七秩雙慶〉七律一首（詩文之友 29 卷 2 期）

詩鐘〈喜春〉一組（詩文之友 27 卷 6 期）

詩鐘〈鶴樓〉一組（詩文之友 28 卷 3 期）

1969　民國 58 年　己酉　71 歲

生活：9 月乙酉年仲夏立卿先生與林友笛過訪大埤三秀園，主人張祉亭午宴招待。

作品：〈溜冰電影〉七律一首（台灣擊鉢吟二集）

〈待中秋〉七絕一首（台灣擊鉢吟二集）

〈葉在淵先生八旬晉四榮壽暨今剛石婚紀慶〉七律一首（詩文之友 29 卷 5 期）

〈豐年樂〉七律一首（詩文之友 29 卷 5 期）

〈種松〉七律一首及〈夜總會〉七絕一首（詩文之友 29
卷 6 期）

〈聞雞〉七絕一首（詩文之友 29 卷 6 期）

〈瀛社 60 周年〉七律一首（詩文之友 30 卷 1 期）

〈輓王桂木先生千古〉七律一首（詩文之友 30 卷 2 期）

〈顏棄春耕〉七律一首（詩文之友 30 卷 2 期）

〈王桂木先生榮哀錄〉七律一首（詩文之友 30 卷 2 期）

〈謹次蕭文樵先生七十書懷〉七律一首（詩文之友 30 卷 4
期）

〈謹次周水生先生八十初度感懷原玉〉七律一首及〈謹次
周文俊先生七十初度感懷原玉〉七律一首（詩文之友 30
卷 5 期）

〈謹次林友笛庭中拾翠原玉〉七律二首（詩文之友 30 卷 5
期）

〈草嶺晚霞〉七律一首（詩文之友 31 卷 1 期）

〈杜甫〉七律一首（詩文之友 31 卷 2 期）

〈颱後晴〉七絕一首（詩文之友 31 卷 2 期）

詩鐘〈秋月〉一組（詩文之友 29 卷 4 期）

詩鐘〈樂天〉一組（詩文之友 29 卷 5 期）

詩鐘〈元日〉一組（詩文之友 30 卷 1 期）

詩鐘〈月球〉一組（詩文之友 30 卷 2 期）

詩鐘〈龍門躍鯉〉一組（詩文之友 30 卷 3 期）

詩鐘〈荷風〉二組（詩文之友 30 卷 4 期）

1970　民國 59 年　庚戌　72 歲

生活：1 月台北澹社詞友蕭獻三等來虎尾參加雲林詩人聯吟會擊
鉢。

2 月元宵節立卿先生和蘇平祥詞友、林友笛詞友過訪三秀
園。

2 月立卿先生參加蓮社活動。

6 月詞友蘇平祥次子蘇志誠先生與美瓊小姐結婚。

6 月元宵節張立卿、林友笛、蘇平祥前往斗南張祉亭的三秀園漫遊。

7 月莿桐詞友林萬舉、林木全六訪斗六。

9 月參加雲林縣詩人聯吟會第二屆第一次會員大會擊鉢吟。

10 月詞友邱水謨先生退隱嘉義龍山種竹栽花，雲林詞友宴請賦別。

11 月參加雲林聯吟會會長陳輝玉先生遊韓日返國擊鉢。

作品：〈小陽虎溪雅集〉七律一首（詩文之友 31 卷 4 期）

　　　〈螺橋步月〉七律一首（詩文之友 31 卷 4 期）

〈次韻林萬舉、林木全兩詞長過訪賦此歡迎〉七絕一首（詩文之友 31 卷 5 期）

〈時潮〉七絕一首（詩文之友 31 卷 5 期）

〈虎坡蔗浪〉七律一首（詩文之友 31 卷 5 期）

〈把酒對梅花〉五律一首（詩文之友 31 卷 5 期）

〈金湖帆影〉七律二首（詩文之友 31 卷 6 期）

〈寒江釣雪〉五律一首（詩文之友 31 卷 6 期）

〈謹次林金標先生基隆仙洞即景原玉〉七律一首、〈謹次人類登陸月球原玉〉七律一首（詩文之友 31 卷 6 期）

〈春日湖山岩聽經〉七律一首，〈看山花〉七絕一首（詩文之友 32 卷 1 期）

〈謹次林金標先生古稀晉六生朝書懷原玉〉七律一首、〈謹次基隆中正公園天鵝洞即景原玉〉七律一首（詩文之友 32 卷 1 期）

〈洞房月〉七絕一首賀詞友蘇平祥（詩文之友 32 卷 2 期）

〈電動花燈〉七絕一首（詩文之友 34 卷 3 期）

〈盆榕〉七絕一首（詩文之友 32 卷 3 期）

雲林詩人聯吟會作〈賞荷〉七絕一首（詩文之友 32 卷 5 期）

〈山寺尋幽〉五律一首（詩文之友 32 卷 5 期）

〈聽蟬〉七絕二首（詩文之友 32 卷 5 期）

〈土地重劃〉七絕一首（詩文之友 32 卷 6 期）

〈謹次邱水謨詞長賦別雲林諸吟友原玉〉七律一首及〈謹次邱水謨詞長龍山賦閑感詠原玉〉七律一首（詩文之友 32 卷 6 期）

〈次林友笛放浪吟〉七律一首（詩文之友 33 卷 1 期）

〈龍山話舊〉七絕一首（詩文之友 33 卷 1 期）

〈彩色電視〉七絕一首（詩文之友 33 卷 2 期）

詩鐘〈逸勞〉一組（詩文之友 31 卷 4 期）

詩鐘〈少年〉一組（詩文之友 31 卷 3 期）

詩鐘〈古文〉二組（詩文之友 31 卷 5 期）

詩鐘〈雪江〉二組（詩文之友 31 卷 6 期）

詩鐘〈樹蟬〉二組（詩文之友 32 卷 5 期）

詩鐘〈月臺〉一組（詩文之友 32 卷 6 期）

詩鐘〈秋日〉一組（詩文之友 33 卷 2 期）

詩鐘〈春雨〉一組（詩文之友 34 卷 3 期）

1971 　民國 60 年　辛亥　73 歲

生活：1 月詞友林友笛 78 歲，各地七十歲以上的詞友紛紛和詩。

1 月詞友陳松齡去逝。

4 月立卿先生參加楊耕雲逸園觀菊秋集的活動。

9 月莿桐林萬舉詞長來斗六拜訪，斗六詞友張立卿、江文錡、涂俊謀、謝清淵、黃二南等詞友歡迎，並於宴席上聯吟。

作品：〈謹次林友笛詞長自嘲原玉〉七律一首（詩文之友 33 卷 3 期）

〈賀蔣公八秩晉四誕辰〉五律一首（詩文之友 33 卷 3 期）

〈追悼陳松齡會友千古〉七律一首（詩文之友 33 卷 3 期）

〈夏窗坐雨〉五律一首（金湖春秋 189 頁）

〈隴頭梅〉五律一首（詩文之友 33 卷 4 期）

〈星河〉五絕一首（詩文之友 33 卷 4 期）

〈謹次楊耕雲先生庚戌逸園秋集觀菊原玉〉七律一首（詩文之友 33 卷 6 期）

〈庚戌年重九節感舊〉七律一首（詩文之友 34 卷 3 期）

〈春晴〉七絕一首（詩文之友 34 卷 2 期）

〈閏端午〉七絕一首（詩文之友 34 卷 5 期）

〈謹次周全德詞長六五退休有感原玉〉七絕四首（詩文之友 34 卷 6 期）

〈壽蓮花〉七絕一首（詩文之友 35 卷 1 期）

詩鐘〈隴頭梅〉一組（詩文之友 33 卷 4 期）

詩鐘〈雲路〉一組（詩文之友 33 卷 6 期）

詩鐘〈花影〉一組　（詩文之友 34 卷 3 期）

詩鐘〈春日〉二組（詩文之友 32 卷 4 期）

詩鐘〈春宴〉二組（詩文之友 34 卷 4 期）

詩鐘〈花葉〉一組（詩文之友 34 卷 2 期）

詩鐘〈詩友〉一組（詩文之友 34 卷 4 期）

詩鐘〈酒客〉二組（詩文之友 34 卷 2 期）

詩鐘〈端午〉一組（詩文之友 34 卷 5 期）

詩鐘〈壽蓮花〉二組（詩文之友 35 卷 1 期）

1972　民國 61 年　壬子　74 歲

生活：詞友蘇平祥先生六十壽誕，雲林聯吟會擊鉢同賀。

詩人擔任雲林縣詩人聯吟會常務監事。

參加中國詩經協會雲林分會擊鉢活動，作品分別錄取在 38 名、44 名，但作品未被刊出（詩文之友 36 卷 4 期）。

9 月中國詩經會雲林分會理事長廖榮貴召集聚會，有擊鉢活動，由立卿先生擔任詞宗。

10 月詞友林友笛先生八十壽辰。

作品：〈壽譙〉七絕一首（詩文之友 36 卷 4 期）

〈虎溪煙雨〉七律一首（詩文之友 36 卷 5 期）

〈書懷〉七絕一首（詩文之友 36 卷 5 期）

〈敬和林友笛八十書懷原玉〉七律二首（詩文之友 36 卷 6

期）

〈觀菊會〉五律一首（詩文之友 37 卷 2 期）

詩鐘〈喜宴〉一組（詩文之友 32 卷 1 期）

1973　**民國** 62 **年**　**癸丑**　75 **歲**

生活：1 月詩人新任雲林縣詩人聯吟會理事。

今年立卿先生與夫人蔡麗彬女士金婚 50 周年紀念。由斗六公學校老同窗吳天賜牧師主持感恩禮拜，於斗六基督長老教會舉行金婚典禮。是日，賀客滿堂，詩友賀詩，教有聖歌，鋼琴小提琴伴奏，全場喜氣洋洋。

7 月立卿先生與斗六陳錫津先生、四湖林友笛先生至斗六湖山岩風景區湖山大佛寺參訪。而詞友虎尾蘇平祥先生退休，離開警政單位。

10 月詞友邱水謨先生結婚 40 周年。

10 月中國傳統詩聯吟大會今年成立。

作品：〈虎溪話舊席上分韻聯吟得文韻〉七絕一首（詩文之友 37 卷 3 期）

〈檳榔樹〉七律一首（詩文之友 37 卷 3 期）

〈秋影〉七絕一首，〈心戰〉七絕一首（詩文之友 37 卷 4 期）

〈早梅〉七絕一首（詩文之友 37 卷 5 期）

〈空谷蘭〉七律一首（詩文之友 37 卷 6 期）

〈星河〉五絕一首（台灣擊鉢吟三集）

〈聽蟬〉七絕一首（台灣擊鉢吟三集）

〈時潮〉七絕一首（台灣擊鉢吟三集）

〈龍山話舊〉七絕一首（台灣擊鉢吟三集）

〈小陽虎溪雅集〉七絕一首（台灣擊鉢吟三集）

〈兒女債〉七律一首（詩文之友 40 卷 5 期）

〈敬步邱水謨詞長結婚四十周年喜賦原玉〉七律二首（詩文之友 38 卷 6 期）

〈夏窗坐雨〉五律一首（詩文之友 40 卷 5 期）

〈中國詩聯成立大會紀盛〉七律一首（詩文之友 38 卷 5 期）

〈秋月〉七絕一首（詩文之友 38 卷 5 期）

〈茶烟〉五律一首（詩文之友 39 卷 1 期）

詩鐘〈秋月〉一首（詩文之友 37 卷 3 期）

詩鐘〈早梅〉一組（詩文之友 37 卷 5 期）

詩鐘〈曙色〉一組（詩文之友 38 卷 1 期）

詩鐘〈沽酒入蘆花〉一組（詩文之友 40 卷 5 期）

詩鐘〈筆花〉一組（詩文之友 38 卷 5 期）

1974　民國 63 年　甲寅　76 歲.

生活：4 月詩文之友雜誌洪寶昆先生去逝。

5 月雲林聯吟會理事長陳輝玉先生六十歲壽慶。

11 月 1974 年 8 月詞友林萬舉萱堂 90 歲去逝告別式，立卿先生作弔詞以慰之。

12 月立卿先生不慎滑倒，頭部受傷，併發肺炎，發燒不退。

作品：〈江柳〉五律一首（詩文之友 39 卷 3 期）

〈痛惜詩人洪寶昆〉七律一首，〈洪寶昆榮哀錄〉七律一首（詩文之友 39 卷 5 期）

〈春日醉霞觴〉七律二首（詩文之友 40 卷 1 期）

〈敬和陳輝玉詞長 60 感賦原玉〉七律二首（詩文之友 40 卷 1 期）

〈節約能源過新年〉七律一首（詩文之友 40 卷 2 期）

〈裸跑〉七律一首（詩文之友 40 卷 3 期）

〈王陽明〉七律一首（詩文之友 40 卷 4 期）

〈春日騁懷〉七律一首（詩文之友 40 卷 5 期）

〈新月西斜〉五律一首（詩文之友 40 卷 5 期）

〈兒女債〉七律一首（詩文之友 40 卷 5 期）

〈端午節蘭湯〉五律一首（詩文之友 40 卷 6 期）

〈七夕善修宮雅集〉七律一首（詩文之友 40 卷 6 期）

詩鐘〈寶昆〉二組（詩文之友 39 卷 5 期）

　　　　詩鐘〈竹橋〉一組（詩文之友 40 卷 6 期）

　　　　詩鐘〈賀中華隊獲棒賽三冠王〉一組（詩文之友 41 卷 1
　　　　期）

1975　民國 64 年　乙卯　77 歲

　　生活：1 月立卿先生病，延月餘後安詳長眠，永歸天國。立卿先
　　　　生去逝後，好友邱水謨、林萬擧、蘇平祥、陳錫津、伍期
　　　　陶、游永隆、吳景箕、謝清淵、陳輝玉、林木全、陳金昌、
　　　　林福堂、傅秋鏞等諸位先生皆有追悼詩。

陳錫津的傳統詩

鄭　定　國＊

摘　要

　　錫津先生 1893 年出生於台中大肚中堡，曾拜梧棲街楊爾材為師，學習漢學。由於漢學的養成教育紮實，以致於後來服務警界，仍能以佩劍武職而擠身雲林詩壇，有佩劍詩人的美名。他在 1926 年創立斗南吟社，1934 年創志同吟社，1953 年創設六鰲詩社、1956 年以 63 歲高齡再倡設海山蒼吟社，1965 年加入雲林詩人聯吟會，他勤於創作，五、六百首以上的作品對雲林詩壇影響實多，可為研究對象。

　　雲林詩壇曾有輝煌的過去，隨著不斷有新資料的出土，逐漸揭開了雲林古典文學史的風貌。近期西螺菼社的例會帳冊和大量作品在霧峰被發現，一定會豐富菼社作品的質和量。又褒忠吟社的課題[1]也在斗六出現，將有助了解

＊曾任國立雲林科技大學漢學資料整理研究所所長，現任明道管理學院中文系教授兼通識教育中心主任。

1 今所見陳松齡所藏《褒忠吟社課題》首頁有社員名單，計有：富山壽一（蕭登壽）、蔡秋桐（蔡鶴堂）、吳水鏡、林淄、長田國助、陳松齡（陳延年）、林志仁、陳蒼明、蔡羽清、白山煥章、王介仁、吳誕登、丁見、蔡羽士、陳輝玉、洪氏金寶、蔡澤民、陳玉麟、林格（林格生）、蔡乾修、廖万斌、吳莫卿、蕭興、張文禮共 24人。課題由吳莫卿、陳國梁、黃傳心、陳明德（鼎莊，陳延年之父）、薛威中、蔡如笙、陳文石、陳月樵擔任詞宗。

褒忠及其周邊元長、北港、土庫等地區詩人的連繫情形。
我們知道元長蔡秋桐曾經寫作小說和民謠，但不曾知道他
基礎學問在於深耕的漢學教育，他善寫傳統詩，原來蔡秋
桐早年受教於褒忠吟社，蔡氏留存褒忠詩社課題中的傳統
詩，雖然只有零星的篇章，仍可略知他的創作歷程和養成
教育的過程。

　　菱社作品的大量發現和褒忠吟社課題的出土都是足以
影響雲林古典詩壇的大事件，因此對雲林詩壇個別作家的
研究，勢必要加速進行，迅速了解，才能整理出雲林古典
文學的發展史，此時，我們進行陳錫津傳統詩的研究，是
非常有意義的。

一、陳錫津生平記略

　　陳錫津先生，又名芳國，字
指迷，日治時期曾改名為東條國
津（圖1）。他輾轉生活在台中
縣大肚地區、雲林縣斗南、斗六
地區、嘉義縣東石義竹地區。日
據時期的大肚中堡是他出生
地，1893 年 1 月 25 日出生。他
自書簡歷，報告他在 1904 年 4
月至 1906 年 3 月花了二年的時
間，跟從當時在梧棲街教漢學的
楊爾材先生學習漢文。1912 年 3
月，十九歲時畢業於梧棲公學
校。二十三歲，過繼在斗六富人
陳林寶氏名下為過房子，從此展
開光明有為而奮鬥向上的一生。

陳錫津 41 歲時照片（圖 1）

1919 年始建至 1930 年完工
的斗六郡豪宅涵碧樓（圖 2）

　　1919 年養母陳林寶氏開始建造斗六豪宅「涵碧樓」（圖 2），因此錫津先生經營木材的生意，協助房屋建築。但是這不是他的願望，於是在 1922 年轉任警察界服務。1926 年創立斗南吟社，步入詩壇。1934 年他被日本人選拔去日本視察，回台後出版《東遊雜詠詩集》（圖 3），從此蜚聲詩壇，成為允文允武的「佩劍詩人」。

1935 年東遊雜詠出書後攝影，第一排右起
第五位警官是詩人陳錫津（圖 3）

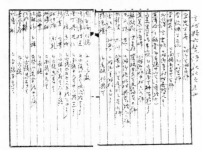

林友笛收藏的六鰲詩社社員名冊（圖 4）

　　由於警務巡查的工作，詩人往來於斗南、嘉義任職，曾遊走於斗南街的斗南吟社和義竹庄的竹音吟社，經常參加詩社擊鉢的聚會。1934年前後也曾創立志同吟社於斗南，成員有陳元亨等。1941年，錫津先生48歲時，終於有機會調回斗南石龜庄服務。1943年養母去逝後，他定居斗六街，與詩人張立卿宅第僅數十步之遙，距斗六隱士吳景箕老宅也相去不遠；因爲斗六文風鼎盛人文薈萃，有機會讓錫津先生磨練文筆文膽，使得他作品的質量提昇匪淺。

　　1953年台灣光復不久，他鑒於斗六雲峰吟社沈寂已久，遂倡立六鰲詩社，邀請斗六吳景箕、西螺廖學昆擔任詞宗，一時擊鉢遍及雲林縣內。吳景箕作〈六鰲詩社成立賦懷〉[2]記錄六鰲詩社（圖4）繼承了清代龍門書院、都郁社書院的盛事。詩云：「趁約同岑聚斗山，鷗兄鷺弟此留攀。芳徽直接龍門起，韻事初延郁社還。幟拔騷壇欣有將，泥封鐵幕苦無關。輕寒入席春堪待，即景拈題意覺閒。」可以說初始大家對此詩社的發展和傳承期待都非常殷切。

　　但是好景不常，不數年，成員風流雲散，又陷沈寂。於是，錫津先生以63歲高齡，再次組織海山蒼吟社，此次不再以全雲林爲目標，而僅以斗六地區詩人爲基礎，至1965年雲林縣詩人聯吟會成立之前，斗六的詩壇有一段時間是由錫津先生領導海山蒼吟社在活動，海山蒼吟社是他一生所創立的最後一個詩社。

　　海山蒼吟社成立時期，斗南詞友曾丁興時相過從，並作詩賦感，以爲文章經國的盛事，欣然入社。曾氏詩如下：

　　　六藝詩書獨占先，文章經國固當然。

　　　詩吟寶島青天耀，梅燦中華白日鮮。

2　參見吳景箕《雲林文獻・六鰲詩社成立賦懷》雲林文獻2卷1期，成文書局本276頁，1953.3。另外，從《林友笛詩草》檔案中發現〈雲林縣六鰲詩社社員名冊〉二頁四面，共有社友42位，幾乎囊括汾津吟社、鄉勵吟社、雲峰吟社、茭社光復後仍在世的雲林詩人。從中了解六鰲詩社成員的地址、別名及詩社成員的分布。例如：斗六9人，斗南8人，虎尾3人，西螺4人，莿桐2人，北港7人，古坑1人，大埤1人，東勢鄉1人，口湖5人，水林1人。感覺上，雲林縣詩人似乎呈現海陸兩極發展。六鰲詩社運作的時期約在1953至1956，因社員分散各地擊鉢不便，故陳錫津先生又在1956年成立斗六海山蒼吟社，企圖以斗六斗南詩人爲主力，加強詩社的活動力。

鷗鷺會鳴興士氣，海山蒼叫不停鞭。

玉成盛舉推詞長，駐驛雲林翰墨緣。

曾丁興〈陳錫津詞長組織海山蒼吟社感賦〉

中華詩苑 4 卷 6 期 1954.12

錫津先生也和詩說明詩社的目標爲「詩以述道，保留國粹」，和詩如後：

社署山蒼述道先，保留國粹樂陶然。

高林大木松偏壽，匝地群英菊自鮮。

老景蹣跚虧捷足，壯年處事善揮鞭。

才疎學淺慚擔任，願惠南鍼結合緣。

陳錫津〈次和曾丁興詞兄原玉〉中華詩苑 4 卷 6 期 1954.12

錫津先生十分高壽而且體健，是善於養生的詩人。1976 年以 83 歲的長者，受聘爲雲林縣文獻委員會顧問（圖 5），協助提供文稿並及於推廣業務的宣導，很熱心的幫助詞友王君華，做好《雲林文獻》編輯的工作。

1976 年雲林文獻會委員顧問合影
前排右起第五位即 83 歲的陳錫津先生（圖 5）

1978 年，詩人 85 歲仍然有體力和精神，他參加中華民國老人福利協進會雲林分會成立的會議，老而彌壯，精神可佩。1981 年，88

歲，猶有〈人生在世能嚴守規律〉十二首七律[3]的發表。次年 6 月，終於在心力自然衰竭的情況下，卸下詩人的重擔，為一生的貢獻劃下圓滿的句點。錫津先生與蔣赤結為連理，育有三男五女，長男政源，次男炳源，三男煐源，長女鑣治，次女郁然，三女文月，四女芳月，五女規月。

錫津先生以真性情為文為詩，死前仍以人生規律在忠孝仁愛信義和平禮義恥十二首律詩來箴規世人。他的學行固然足誇，而他的性情究竟又如何？且從他的朋友眼中來觀照。斗六黃梧桐（鳳翔）是台南新報社的記者，曾長駐斗六服務。他在〈祝佩劍詩人陳君錫津東遊什詠詩集發刊〉[4]上，表達祝辭，有一段是這樣說：「陳君錫津，性風雅，工吟詠，抱經緯才。自入警察界，活躍二十星霜，奉職秉正無私，奉身清操自勵，故其聲望，獨高於稽鶴，是警察界之模範者也。」由此可知，錫津是個操守端正，無官場惡習氣的好警察。

曾清慕是斗南吟社的詞友，他說錫津先生所作詞章多數為惕厲警世之作，且為人談笑風趣。詩云：

> 海山蒼翠色春溫，吟社交遊韻事存。
> 多作詞章為警世，常聽正理出公論。
> 閒來談笑風生趣，興到詩吟日欲昏。
> 伉儷相隨娛晚景，欣看蘭桂滿盈門。

　　　　曾清慕〈海山蒼吟社社長陳錫津詞兄賦呈〉詩文之友 20 卷 3 期 1964.7.1

另外，王君華是雲林文獻會編輯，亦是詩友，他為了出版《雲林三公考》去找錫津先生協助資料蒐集，見到 65 歲的錫津先生，而眼中的詩人是鶴髮童顏，容色和悅，精氣旺盛的。詩云：

> 迢遙卅里訪先生，祇仰丰姿壯此行。
> 鶴髮矜持精與氣，童顏駐足色和情。
> 華堂璀璨光門第，碩德其英享令名。
> 為著聖書揚聖女，還期共濟啟心聲。

　　　　王君華〈感賦呈郢正〉詩文之友 9 卷 5 期 1958.8.1

3　參見《詩文之友》314 期，1981.3.1。
4　參見陳錫津《東遊雜詠詩集》題字題序題詩題跋。

　　別人眼中的錫津先生已如上述，而自己又是如何看待自己？六十歲時，他自述培育子女已盡心盡力，晚年只好詩書，名利無奢，既不追逐俗世之波，也不胡亂翻騰新花樣。詩云：

> 子女栽培累我憂，六旬年紀應潮流。
> 不堪夜永寒侵骨，卻怕齡高霜滿頭。
> 鴻爪雪泥詩未纂，馬蹄秋水道初修。
> 鮑宣有願完婚嫁，安得偕同五岳遊。
>
> 　　　　陳錫津〈六十述懷之一〉中華詩苑 2 卷 4 期 1955.11.16

> 眼看富貴似雲烟，冷暖人情遍大千。
> 立志誰能同菊淡，守身自信比松堅。
> 不隨時世翻新樣，卻喜詩書樂晚年。
> 名利無關唯好靜，管他滄海變桑田。
>
> 　　　　陳錫津〈六十述懷之二〉中華詩苑 2 卷 4 期 1955.11.16

　　由〈六十述懷〉二詩的內容來看，詩人早已看穿人情冷暖，對時局的變幻，詩人也能了解世事莫測，已非己力能夠插手，也許橫跨台灣光復前後的變化，讓詩人感受政權移轉，導致滄海桑田的可怖。

　　七十歲時，他早已備嘗世味人情冷暖，一切看開看闊，心無掛礙。如此，不較名利，不管人事，精神自然清爽。詩云：

> 古稀人第一，飽食靜安眠。
> 名利都休管，精神自爽然。
>
> 　　　　陳錫津〈七十自述〉詩文之友 18 卷 2 期 1963.6.1

> 懶向良朋席上彈，備嘗世味飽辛酸。
> 一途荊棘知多險，徧地干戈痛未安。
> 耆老不能興報國，虛名豈慕著吟壇。
> 古稀休管人間事，觸目無關暑與寒。
>
> 　　　　陳錫津〈古稀述懷之一〉詩文之友 18 卷 5 期 1963.8.1

> 七十年華老鬢斑，倦飛如鳥不知還。
> 人情草草原應爾，世事花花付等閒。
> 神佛有靈開覺路，酒兵無力破愁關。
> 芳郊一角堪居處，何必勞心別買山。

陳錫津〈古稀述懷之二〉詩文之友 18 卷 5 期 1963.8.1

　　七十一歲生日時，他說自己功名富貴都成夢，依然知音猶在，且能吟詩作詩，皆是安身之道。重陽節時，又說自己詩心狂放而壯心未已。詩云：

> 元旦欣逢辰歲月，古稀晉一鬢毛斑。
> 詩才敢詡追蘇陸？史筆空勞慕馬班。
> 半世生涯嗟渡海，卅年著述愧藏山。
> 功名富貴都成夢，只限耽吟未盡刪。

陳錫津〈甲辰元旦書懷〉詩文之友 20 卷 1 期 1964.5.1

> 白日親朋來問津，老兼偷懶避風塵。
> 莫愁前路無知己，細品名花當美人。
> 變幻滄桑同冒險，炎涼世態自安身。
> 知音說與知音聽，祇恐旁邊費指陳

陳錫津〈古稀晉一書懷〉詩文之友 20 卷 3 期 1964.7.1

> 歲經七十一星霜，老我依然故態狂。
> 自笑壯心猶未已，一年容易又重陽。

陳錫津〈甲辰重陽〉詩文之友 21 卷 4 期 1965.2.1

　　七十三歲時，他說自己老來勤教子而喜牽孫，絕對不為時事傷腦筋。生計依靠店租供給，衣食所需，一切無虞，所以除了欣見能與老伴長壽過活外，已別無多求。詩云：

> 銀婚已過又金婚，白首齊眉感國恩。
> 藝授一經勤教子，年登七秩喜牽孫。
> 不須擊楫傷時事，只好觀書對古尊。
> 且樂含飴雙祝嘏，籌添海屋歲翻元。

陳錫津〈金婚雙壽述懷之一〉詩文之友 23 卷 6 期 1966.4.1

> 歷劫滄桑半喜憂，七三年齒過年頭。
> 店租祇可供衣食，詩酒偏慵會鷺鷗。
> 桂不聞香愁隕謝，蘭方茁葉幸榮稠。
> 老來吾素無奢望，欣見雙星耀斗牛。

陳錫津〈金婚雙壽述懷之二〉詩文之友 23 卷 6 期 1966.4.1

　　到了八十歲、八十一歲時，詩人仍然對「信與忠」等道德觀念非常重視。每逢生辰，都會孺慕地想起母難的痛苦，祖先的交待，然而前塵往事已如煙逝。詩人說：「寂寂星稀下眼前」，此正是詩人晚年生活如流星一瞬的寫照。詩人 23 歲來到雲林，89 歲去世，66 年的雲林生涯，道地是個雲林人。

> 難得詩工八十年，前塵如夢復如煙。
> 心關嗜淡鄰頑石，性懶趨炎愛古篇。
> 翰墨締緣餘此筆，耕鋤樂處奈無田。
> 浮生遊歷臺澎旅，往復飛機爽自然。

陳錫津〈八十叟述懷〉詩文之友 37 卷 5 期 1973.3.1

> 昏去晨來日又同，不同八十一齡翁。
> 吟詩卻喜身康健，夙夜惟思信與忠。

陳錫津〈八十一老齡〉詩文之友 40 卷 3 期 1974.7.1

> 五十年前一少年，愁看鏡裡變華顛。
> 每逢母難增孺慕，徒讀父書愧祖傳。
> 八一誕辰聊自祝，七三詩債倩誰憐。
> 從茲願學長生法，白以弄孫夜早眠。

陳錫津〈八一誕辰自述〉詩文之友 40 卷 4 期 1974.8.1

> 八一年華俗慮蠲，步行玩賞石堤邊。
> 青山無恙亭依舊，盛會聯吟事已遷。
> 野草怕霜霜怕日，月光如水水如天。
> 臨風悄立誰能會，寂寂星稀下眼前。

陳錫津〈八一壽辰述懷〉詩文之友 40 卷 4 期 1974.8.1

　　詩人的一生，節行無虧。因公得賞，功在警界。做人無欲無求，誠心修養，故德劭而年高。因為平素體健無病無痛，所以能夠安度晚年。他在雲林詩壇以屢創詩社而樹名，詩名原已流傳，至於功過定論，且留待他年後人細細評論。

二、《陳錫津詩草》作品析論

今所謂《陳錫津詩草》，除了詩人已出版的《東遊雜詠詩集》[5]一冊外，更收錄雲科大漢學所蒐集《詩報》、《中華詩苑》、《詩文之友》等詩集中有關詩人的資料，彙編成冊，總數大約五、六百首詩，其中有些重複。其詩作水平良莠雜陳，一時之間難以整理，謹擇其稍有特色者，先行研究，略分為：喜作職務上的歌詠、善於以詩記事、內心世界的寫影等三方面。

（一）喜作職務上的歌詠

職務上的送往迎來，以及與職務相關的作為，常常被詩人作為吟詠的材料。而錫津先生早期作品很明顯的有為日本統治台灣宣傳、為警務工作項目宣傳的情形。因為警務人員的身份，他的作品的範圍不免有所侷限。如此一來，也許是在日本人統治下，連作詩的詩題都需要多加考慮，自然限制了他作品的美感和情性。相對而言，也讓他在芸芸警察當中，成為比較特別的人物，這與他後來獲得長官的賞識，自是有關。

此類作品大都作於 1945 年光復之前，作品中蘊涵濃郁的載道、事功的文學觀，句法淡雅，只在乎「道」從文中流出，雖然缺乏修辭藝術，卻有股說不出的古樸味道。

> 九市五州街四六，三廳四七郡編成。
> 地方自治施仁政，二百六庄民草榮。
>
> 〈臺灣市街庄制自治實施感作〉詩報 218 昭和 15.2.8

> 為國從軍不惜生，敵前活動最光榮。
> 一杯薄酒前途祝，佇唱凱旋萬歲聲。
>
> 〈軍夫祝賀會席上口占〉詩報 233 昭和 15.10.1

> 唐代名花御花榮，宋纘獎勵庶民耕。
> 如今競作還栽蔗，到處農村備品評。
>
> 〈蔗棉競作之一〉詩報 232 昭和 15.9.15

---

5 今又發現陳錫津曾經出版《台灣雜詠詩集》，也是一本書寫旅遊所見的詩集。

爪哇佳種滿園栽，合植棉花報國來。

競作不辭勞力甚，品評入賞笑顏開。

〈蔗棉競作之二〉詩報 232 昭和 15.9.15

　　鼓吹街庄自治、宣導台灣人從軍應該都是詩人在警務工作上的作為。至於宣傳競作蔗棉更是日本人壓榨台灣人的具體行為，然而處在日治時期，不如此又如何？如果我們站在詩人所處的時空背景下，應當可以理解。

歐風颯颯漸吹來，臺島人心急轉開。

日本精神勤勉勵，東洋團結妙鴻裁。

〈本島人急務勤勉日本精神〉詩報 143 昭和 11.12.15

紀元繼體三千年，天照大神神器傳。

護國護民如赤子，皇恩普遍慶綿綿。

〈大日本建國〉詩報 143 昭和 11.12.15

御鏡高懸日月升，光明正大照蒼生。

國民使命忠君報，寶祚無窮萬歲聲。

〈御鏡〉詩報 143 昭和 11.12.15

御句玉璧慈仁生，博愛臨民國體明。

派演天潢垂宇宙，諸邦欽仰大和成。

〈御句玉〉詩報 143 昭和 11.12.15

御劍光芒勇武生，軍人忠節振東瀛。

敬神崇祖國家念，莫管歐風颯颯聲。

〈御劍〉詩報 143 昭和 11.12.15

明治維新國勢開，日清戰勝蘇俄來。

滿洲事變非難事，武勇精神道義該。

〈明治大帝維新〉詩報 143 昭和 11.12.15

亞東人種貴相親，隸入憪懷民智新。

一視同仁昭勅語，精神觀念報皇恩。

〈內臺融合〉詩報 143 昭和 11.12.15

　　這一系列的阿諛文字，用來宣導大東亞共同圈的思想，內容特別強烈的尊日本人為正朔，鼓舞軍人魂和武士道精神，在在都顯示出日

本人在台灣毒化思想的成功。至今猶有人認爲日本治台有方法有條理，日治時期台灣嚴刑峻法的教導絕對有效，對此我們是不能苟同的。

> 三年警政信堪誇，事蹟長存護萬家。
>
> 忽聽一聲榮北轉，遙望雲樹獨咨嗟。
>
> 〈祝斗六郡警察課長深澤力雄先生榮轉警務局〉詩報 283 昭和 17.11.10
>
> 內外戒嚴策治平，空清日月普天明。
>
> 閑遊觀念國家事，靜正無私到處迎。
>
> 〈祝斗六郡行政主任內空閑靜正先生榮轉〉詩報 283 昭和 17.11.10

就職務上所作詩歌，多半係歌頌日本據台時期當政的權威和成就。所述內容雖不至於八股可厭，但實在平順得乏善可陳。雖說如此，錫津先生祝同僚榮轉的二首詩，顯現出爲政無私和民胞物與的儒家觀念，頗值得稱許，在當年全臺七千多名警吏中有此種體認的恐怕不多，亦屬難得。類似祝賀警政人員調動歌詠很多，詩人這方面的詩，不可否認，泰半係應酬所爲，但是其中時有真情流露，正是詩人的親和秉性。

1934 年錫津先生遊歷日本歸來，出版《東遊雜詠》詩集。斗南吟社李茂松（建興）法學士，贈詩云：「陳篇滿腹妙新裁，錫類還堪化爾材。津潤蒼生霑雨露，君成雅集左思陪。」[6]正是稱美他在警務工作爲政之餘能善用餘閒，勤作會友輔仁，是有意義的表現。

（二）善於以詩記事

錫津先生喜作八景詩，或一題多首系列詩，或系列多題的組詩。他作系列詩的作用，是爲了以詩記事，也許，以最擅長的文體作最適合的表達，正是他的文學觀。早期的作品，如 1936 年的〈本島人急務勤勉日本精神〉（詩報 143 期）是一系列的組詩，但是串連情況還有待練習。又如 1945 年〈岱江即景〉一題七絕六首，對於布袋的風光及漁家的描述，頗下功夫，也頗帶哲學滋味。茲舉一例，可概其餘。

> 漲退潮流日兩回，悠悠逝水費疑猜。
>
> 地球迴轉人難料，物理由來不易推。

---

6 參見陳錫津《東遊雜詠詩集》題字題序題詩題跋。

陳錫津〈岱江即景之四〉鯤瀛詩文集 320 頁 1945 年

　　經過上述作品的長期試驗，他在八景詩或系列多題組詩、或一題多首組詩的表達，便有了長足的進步。錫津先生以詩記事，原本就有以文為詩的觀念。不過，他的詩歌似乎不僅是追求言志的實現，也能兼顧悲歡和閒適情感的表達。

　　1952 年，他作〈和林友笛先生六十書懷原玉〉七律四首。1953年自作〈六十述懷俚句四首〉之七律四首，1956 年〈敬和林友笛詞兄漫遊大貝湖六首原玉〉七絕六首，和〈次和林友笛詞兄丙申中秋待月原玉〉七絕六首，這種一題多首的技巧已經十分純熟。從 1956 年起，詩人有〈題曾丁興先生萃芳園八景〉詩，開始寫一系列多題目的組詩。譬如，次年 1957 年開始作〈斗六八景〉，其四為〈龍潭泛月〉，將斗六龍潭的農村風光細膩呈現，至今龍潭已填土不見，只能閱讀此詩遙想而已。

　　　激灩銀波遠望幽，龍潭皎潔月光浮。
　　　好風時送涼如水，細雨初晴碧似秋。
　　　嬌鳥蹴殘紅雪蕊，美人輕泛綠楊舟。
　　　青山忽入農村裏，一片煙霞染黛眸。

陳錫津〈龍潭泛月〉鯤南詩苑 2 卷 1 期 1957.1

　　1961 年作〈大貝湖八景〉詩，茲錄〈深樹鳴禽〉，以觀想丹桂飄香時節的大貝湖畔。

　　　高木參天日向榮，騷人墨客鳳凰盟。
　　　遊來丘下青松翠，客到林中紫竹迎。
　　　深樹黃鸝唒妙曲，平湖綠水湧吟情。
　　　天然景色風光好，丹桂飄香聽鳥鳴。

陳錫津〈深樹鳴禽〉詩文之友 14 卷 3 期 1961.4.1

　　1973 年作〈草嶺八景〉詩，茲錄其七〈石壁雄風〉，展現草嶺石壁旁廟宇香火鼎盛的一面。

　　　數株樹色盡舒青，草嶺村莊竹繞庭。
　　　縹渺仙人居處隱，紛紜遊客乞神靈。
　　　煙霞妙趣幽衰遠，山水清音俗眼醒。

　　絕好奇觀無限感，詩情寫就夕陽亭。

陳錫津〈石壁雄風〉詩文之友 38 卷 13 期 19731.5.1

　　1974 年作〈甄選基隆新八景〉詩，茲錄其四〈大覺聞鐘〉，書寫出暮朝幻變的大覺寺山色清音。

　　聞鐘覺悟夕陽紅，攬勝人來意氣雄。

　　詞客流連題八景，山樓依舊迓群公。

　　聚離朝暮知如幻，俯仰乾坤感不同。

　　絕好衝寒梅欲放，且須共賞玉玲瓏。

陳錫津〈大覺聞鐘〉詩文之友 40 卷 5 期 1964.9

　　1979 年作〈淡北八景〉詩，其八是〈屯山積雪〉，描述大屯山觀雪之美。

　　屯山素色拂琅玕，點點隨風入畫欄。

　　得月生姿光戶牖，和煙著意護峯巒。

　　山村眾鳥皆飛絕，簑笠孤舟獨釣寒。

　　眼底果然銀世界，瓊樓玉宇儘奇觀。

陳錫津〈屯山積雪〉詩文之友 288 期 1969.1.1

　　1979 年年尾又作〈澄清湖八景〉詩，茲錄〈柳岸觀蓮〉。澄清湖原名大貝湖，為高雄鳥松鄉的風景區，詩人 1961 年曾遊，十八年後舊地重遊再吟八景，故首句就指明「前緣」的原故。

　　不期會合亦前緣，柳岸談詩夜未眠。

　　漢苑藏鴉寒拂面，隋堤繫馬曉籠煙。

　　飄零萍絮三生夢，淡蕩池塘六月天。

　　何異香山聯九老，荷花正放月當圓。

陳錫津〈柳岸觀蓮〉詩文之友 299 期 1979.12.1

　　其間更有作一題超過八首的，如 1961〈壽林金標詞兄庚子六七生朝〉七律十首。今舉〈其一〉為例，開宗明義就點明林氏六十七歲的生辰、嗜好、養生之道、夫婦相敬如賓及事功等等，為他詩草中系列組詩起了帶頭作用。

　　杖鄉晉七誕生朝，茗飲詩吟逸興饒。

　　星耀夜深多睡足，燈明夢過小溪橋。

> 春風蜀市文君酒，秋月秦台弄玉簫。
>
> 立德立言知不老，箕裘克紹自逍遙。

陳錫津〈壽林金標詞兄庚子六七生朝原玉〉

詩文之友 14 卷 1 期 1961.2.1

　　1963〈書懷十律以陸放翁「道義無古今，功名有是非」之句，以仄字為起句，以平字為韻〉七律十首。第五首是講「古今」之變，然而詩中表露出昔時常懷古，今日且讀書，但求容於世，今生最安慰。這組詩從少年說到老年，詩人告訴我們他對這一生的回顧。我們看得出詩人展現文采優美而論見深入的功力。

> 生常恨晚空懷古，愧不如人且讀書。
>
> 征戰而今無一息，光陰何暇計三餘。
>
> 衛門守法求容世，糲食隨緣足飽余。
>
> 夜把清樽聊小飲，日扶藜杖看游魚。

陳錫津〈書懷十律…之五‧古〉詩文之友 18 卷 4 期 1963.7.1

　　1980 年作〈南投縣十景〉，其四是〈竹山曉翠〉。竹山鹿谷的竹藝和茶葉聞名國際，詩人雖以美竹鮮翠，風光迷人而開頭，卻以等待紅梅時再賞而作結，造意雋永。

> 竹山絕頂景新鮮，踏破晨曦興欲仙。
>
> 四面群峯甘伏地，千秋高嶂獨摩天。
>
> 煙迷輕綠屏齊列，日出深藍樹倒懸。
>
> 且待梅花開爛熳，滿山紅襯更陶然。

陳錫津〈竹山曉翠〉詩文之友 308 期 1980.9.1

　　也有其他超過八首以上的多題組詩，如 1964 年作〈天地日月星風雲雷雨雪〉七律十題；同年又作〈雲林文廟落成弘揚聖德〉，錫津先生以自己和子孫親戚名義共同作七律十八題；1972 年作〈遊大禹嶺橫貫公路雜詠〉竟多達 33 題。1981 年又作〈人生在世能嚴守規律「忠孝仁愛信義和平禮義廉恥」十二字感賦十二律〉七律十二題。這些至少說明了詩人喜歡運用這種體裁，來作他最精緻，又精確的表達方式。

　　（三）內心世界的寫影

　　詩歌有意識的表達很重要，尤其像詩這麼精美的語言。然而，詩

歌中無意識的表達和潛意識的表達，可能更不自覺地顯露出詩人的內心世界。對於此一方向，我們嘗試探討錫津先生詩裡面所隱藏的內心世界的寫影是什麼。茲分爲「對台灣一切美好的愛戀」、「素心素願的表白」、「借古事彰今意」三方面來說明。

這種內心世界寫影的表現，更需要詩人筆力的表達，非止於學力而已。所謂展現才氣，即在此點，而它的內蘊同時會表露出詩人的人格特質，古今以來，李、杜、蘇、黃等大詩家多能融會運用，渾若不覺。錫津先生晚年的詩在這方面也能運化無迹，這類作品可能是他作品最恬適清麗的部分。

1．對台灣一切美好的愛戀

大小尖山是雲林古坑郊野適合走山的小山頭，走山蹊間成徑，其間樟樹雜樹錯落，雖少行人，但健步其間芬多精撲面迎人，賜人心寬，詩人是最能體悟的。詩人用「急水風刀一望平」句，對大尖山景色的白描十分新穎。

> 大尖首腦山容秀，龍氣森森草木榮。
> 星照高峰銜瑞色，月明神谷發金聲。
> 應天雲錦千重疊，急水風刀一望平。
> 如此鍾靈人物俊，巍然地脈結精英。

陳錫津〈尖山靈秀〉中華詩苑 3 卷 1 期 1956.2.16

斗南地區比斗六更接近原野，舉目所見，綠野盈疇，青青掩陌，於是詩人有詩爲証。

> 野望青青一片田，農工最好夕陽天。
> 冀苗秀實躬頻鞠，耘草胼胝手作前。
> 牛背無鞍騎返牧，羊腸有路聽鳴蟬。
> 荷簑荷笠歸來急，村落家家起突煙。

陳錫津〈夏日野原晚眺即事〉1934.9.1

水火同源爲台灣南部關仔嶺溫泉區附近景點，水出口與地底瓦斯氣造成的火苗同源而吸引大量遊客，衆庶嘖嘖稱奇讚賞。詩人詠嘆抒懷之餘把鄭成功國姓爺的傳奇故事一併寫入，化軼事爲典故，尤有趣味。

靈源水火久馳名，騷客尋幽曳履行。

國姓怒餘經一踢，麒麟痛定號三聲。

消閒卻戀春光媚，拼醉渾忘歲序更。

艷雪香山狂鬥句，詩心已老尚風情。

陳錫津〈水火同源〉詩文之友 15 卷 6 期 1962.3.1

　　梅山鄉是嘉義屬縣，地離斗六匪遙，早年梅花處處，野林深處猶有古梅，故假日遊人穿梭如織。

梅山鄉景四時和，春餂秋收野興多。

戶外鳴耕來布穀，門前驚擾到催科。

煙畦泥滑騎秧馬，晚沼風情浴雲鵝。

盛世欣逢民主日，從中擊壤好高歌。

陳錫津〈梅山鄉參觀〉詩文之友 38 卷 1 期 1973.5.1

　　陽明山櫻花季，車水馬龍，落英繽紛。遊人徒步，邊行邊拂，櫻花落了一身還有。車行則路的兩緣，落紅如河隨車，自行而颺飛，甚為壯觀。

數株櫻樹一齊開，疑是雪霞變幻來。

紅艷襯恩同吉野，仙姿倩影擬蓬萊。

越南戰跡淒涼甚，屯嶺風情得意催。

豈獨陽明山有色，滿園錦繡正徘徊。

陳錫津〈陽明山觀櫻花〉詩文之友 40 卷 3 期 1974.7

　　秋興八首是老杜的名篇，早年錫津先生曾經步韻仿作。另有提及陶淵明、李白、陸放翁等等，則他學習傳統詩，概由唐宋入手，過程大致可知。

數聲塞雁過楓林，十里烟山氣象森。

雨降溪間泉有韻，天寒松下地生陰。

興邀明月千杯酒，閒賞黃花一片心。

到處靜觀皆自得，任他江上搗秋砧。

陳錫津〈秋興八首錄二，用老杜韻二首之一〉中華詩苑 1955.9.16

月潭遊覽日傾斜，叢菊逢秋氣吐華。

寒鴨成群頻戲水，風帘飄動每浮槎。

　　　　紗巾葛履扶輕藜，黃卷奚囊奏暮笳。

　　　　絕好天然無限景，久拼此地賞蘆花。

　　　　　　　陳錫津〈秋興八首錄二用老杜韻二首之二〉中華詩苑 1955.9.16

　　錫津先生北遊陽明山、北投、淡水、基隆、石門水庫，中遊月月潭、阿里山、合觀山、東勢林場、橫貫公路、草嶺，南遊安平、關仔嶺、澄清湖（大貝湖）、高雄及澎湖，足跡遍布台灣，生於斯而長於斯，眷念於斯而老死於斯，詩人對本土風景的愛戀，透露出關懷台灣的意識。這種自自然然的情感，毫無諱飾的作品，絕對是詩人內心世界的寫影。

2．素心素願的表白

　　錫津先生從一位平凡的庶民，因過繼而承繼了許多的產業，其間也曾因三七五減租公地放領而縮水，但畢竟事業一帆風順，生活衣食無虞。上天如此優渥的眷顧，四周儘有許多閒言閒語和妒嫉之人，為此，他的內心仍是「恆惴惴焉」，患得患失，為了平衡畏懼心理，他行事中規中矩，免得正中妒害者下懷，於是，練字賦詩便成為修身養性和擴大人際脈絡的最佳心理慰藉。

　　　　四九年華善處窮，傳來佳句豈雕蟲。

　　　　筆推白也生花艷，帖仿義之潑墨工。

　　　　老可淋漓豪盡致，宗之瀟灑皎臨風。

　　　　玄門已得長生術，自覺人間萬事空。

　　　　　　　陳錫津〈夢寄樓丙申酬唱集之五〉詩文之友 6 卷 2 期 1956.9.1

　　　　緣慳無分伴豪遊，卻任衣冠笑沐猴。

　　　　鬥角鈎詩留客醉，吟風弄月解心憂。

　　　　人情淡淡描山水，世事勞勞嘆馬牛。

　　　　富貴一場如夢幻，浮生適意更何求。

　　　　　　　陳錫津〈夢寄樓丙申酬唱集之五〉詩文之友 6 卷 2 期 1956.9.1

　　「浮生適意」是錫津先生所祈求的，而「人間萬事空」的領悟也許是因台灣光復，政權變化而產生，也可能是詩人存心已久的覺受。

　　　　三層樓閣欲如何？戶稅房捐唱苦歌。

　　　　數甲田園經放領，一場春夢了無婆。

陳錫津〈謹和林友笛詞兄夏日雜詠原玉〉

詩文之友 23 卷 2 期 1965.12.1

　　上述這首詩火氣十足，對於政府的不滿形諸文字，對於他人的羨慕只有苦笑，對於平生富貴夢似乎已經幡然醒悟，昔日富貴不過是一場春夢無痕罷了。這種體悟在他六十歲以後至去逝前更加強烈，每於生辰必會念及。譬如〈六十述懷〉：「眼看富貴似雲烟」；〈七十自述〉：「名利都休管」；七十歲時作〈書懷十律之十〉：「老來不管人間事，莫聽等閒是與非」；七十一歲時他作〈甲辰元旦書懷〉：「功名富貴都成夢」；〈八十叟述懷〉：「前塵如夢復如煙」，所述皆是內心再三省思後的悟道之言。

3．借古事彰今意

　　明明自己有看法，詩人不願說透，借著古事古典，彰顯出自己的真實觀點。這些觀點時有新意，不無可取。

　　　節逢寒食起餘哀，自古人傳吊介推。

　　　縱使文公忘詔賞，遲將君像畫雲臺。

　　　不言爵祿辭歸罷，奚遁綿山骨化灰。

　　　太息烽煙焚母命，一生忠孝費疑猜。

陳錫津〈寒食節吊介子推〉詩文之友 22 卷 4 期 1965.8.1

　　詩人對於介子推的愚忠愚孝的作法，很有意見，從反向思考，以為孝子忠臣應有更周全的作為，不當使母親和自己陷於絕地。

　　下面再引一首詩，他發表對於李宗吾・厚黑學的看法，採取積極支持的態度。詩云：

　　　宗公學術意深籌，吾道精研智力求。

　　　厚臉皮中爭地步，黑心肝裡出人頭。

　　　發揚劉備千秋在，明察孫權萬古留。

　　　刊載論談功偉大，書經引證本來由。

陳錫津〈宗吾厚黑發明書刊〉詩文之友 17 卷 1 期 1962.10.1

　　一般人對於《厚黑學》一書總是敬而遠之，畢竟直說人類心靈深處的劣根性，似乎太大膽也太缺德。總之，雖能服人之口不一定能服人之心，人性本善還是值得鼓勵的。此詩表達了錫津先生不避世俗眼

光的自我觀點。

　　《書懷十律》，是詩人七十歲時提出「道義無今古，功名有是非」（原陸放翁詩句）的看法。這十首律詩每一首又有一些懷抱的吐露，有些隱晦，有些較露骨。茲錄一首以說明之：

> 流水閒雲今古是，中原歷史五千年。
> 扶輪抗雅文章麗，擊鉢留題錦繡鮮。
> 李杜菁華終不滅，彭黃功業可無傳。
> 流光荏苒嗟容易，世事深思幾變遷。

陳錫津〈書懷十律之九・是〉詩文之友 18 卷 4 期 1963.7.1

　　詩人年輕時功業可風，屢受獎賞，然而政權改變，滄海桑田，原有的功業恰有被世人唾棄不恥的顧慮，故心中的不平，訴之詩歌。李白、杜甫的不朽和彭、黃的功業終究江山代有繼承人，自己不可放棄，不可虛度。

　　以上所述大致看出詩人的內心世界，但因作品初涉，尚待釐清的地方所在多有，期盼日後再作進一步的分析。

三、交遊記述

　　詩人交遊的過程和背景，一定有助於了解整個雲林傳統詩壇的時代環境和社會現象。為此，我們羅列《陳錫津詩草》中大量的酬唱資料，過濾他的交遊情況，選擇其中十位敘述，這對間接的了解詩人也有很大的助益，茲分述如后。

1．黃紹謨（1868~1934）

　　黃紹謨，字丕承，號雲林逸叟，他是前清秀才。曾擔任斗六斗山吟社、雲峯吟社和西螺葵社的詞宗和指導老師，當年他培養了雲林詩壇許多詩家，在他的指導之下，雲林詩壇生機蓬勃。1934 年，他病逝斗六，錫津先生作詩弔之，云：

> 馳騁騷壇亦有年，修文遽赴剩殘篇。
> 雲林逸叟歸江夏，一硯雖存萬事捐。

陳錫津〈吊黃紹謨先生〉詩報 91 昭和 9.12.1

　　黃氏去世時，錫津先生 41 歲，兩人在詩壇早已相當的熟識。黃氏在斗六、西螺而錫津先生在斗南，兩地鄰近，往來方便。是時，錫津先生為年輕晚輩，對黃氏自是執弟子之禮。錫津先先出版《東遊雜詠詩集》，黃氏贈以序曰：「…陳君身膺警務…公餘又好吟詠。此回奉命團體視察三府九縣，沿途雜詠百四十餘首…雖乘興偶成，未足盡君能事，然句句著實，不落空想…陳君此舉，固有足多者，因敘數語，以嘉其志云爾。」

　　黃氏 1868 年生於斗六，1893 年中縣學秀才，擢為斗六龍門書院教授。1897 年他獲得日本政府頒授紳章，其後為日治時期斗六公學校教師。1920 年東渡日本參觀政經建設，回來後寫成《東遊百詠》。1921年指導斗六斗山吟社，1925 年指導雲峰吟社，1926 年指導西螺萩社，1934 年去逝，享壽 67 歲。黃氏的傳統詩重規矩，少空靈，遺有《東遊百詠》詩集及一些散稿。他的詩作仍有一些屬於情感自然的好作品，尤其他指導後學的努力，功勞不可磨滅。黃氏一生與斗六吳克明秀才、新港林維朝秀才友善，時相過從酬唱。

2．林文章（1910？~1945？）

　　林文章字黎明，斗南吟社晚期的成員。曾奉職於斗南保和藥房，好文學，是豐儀俊秀之美少年。從詩報尋得舊作十一首，觀察他的詩作，多半從正面入手，即便傷心之作，也是直抒胸臆，少有婉轉含蓄之風。

　　　　詩人佩劍事精勤，亦友亦民會以文。
　　　　此日上峯重授政，兒童竹馬喜成群。

林文章〈祝東條國津先生榮任石龜取締之一〉
詩報 272 昭和 17.5.20

　　　　風光景色一番新，奮發精神勵我民。
　　　　執政無分貧與富，羨君文雅本天真。

林文章〈祝東條國津先生榮任石龜取締之二〉
詩報 272 昭和 17.5.20

　　林氏在《詩報》發表傳統漢詩，集中在 1941 年至 1944 年，台灣光復後似乎就不見蹤影。此處二首詩已將錫津先生不計貧富，天真文

雅的行誼做了令人醒目的詮釋。

3．王子典（1871~1950？）[7]

　　王子典，字適均，斗南庄將軍畬士紳。他曾與黃紹謨共同指導斗南吟社，是雲林漢詩學界的前輩。《詩報》曾刊登出他在斗南開設眼科醫院的廣告，頗懂得推銷自己，恰知其行事活動力的旺盛。王氏在《詩報》不啻發表傳統詩，且曾經寫作散文〈說雞〉、〈說豬〉、〈說兔〉等，足見他在散文寫作的漢學根柢也極佳。王氏於斗六詩人張卓的母親七十歲生辰（1944年）時，曾作詩〈祝張立卿、乃賡兩君令堂七十榮壽題古稀筵〉賀之，可見王氏不僅與錫津先生友好，且與斗六詩人張立卿兄弟也熟悉友善，甚至於與斗六、西螺諸詩社詞友都往來密切。

　　王氏詩作今存不多，觀其用典深刻，所述懷古之作用情深摯，而最喜詠物，如歌詠〈雞〉、〈海邊松〉、〈茶虎〉、〈詠鼠〉…之類。今舉〈詠豬〉詩為例：

　　　一孔三毛四月生，避凶趨吉號神明。

　　　參軍崔豹名稱雅，十二地支殿後成。

　　內容中引用《禮記·崔豹古今注》雅稱豬為「參軍」就是喜好用典的例子。

　　錫津先生曾作〈贈王子典先生風雅〉[8]一詩，詩云：

　　　名茶七碗學桐君，三世儒醫貴克勤。

　　　療眼專門稱國手，操觚兼事洽人文。

　　　治家有法重模範，教育相承著令聞。

　　　寵錫紳章光梓里，芝蘭繞砌氣氤氳。

陳錫津〈贈王子典先生風雅〉1926-1934

　　詩中所述多少可知王氏的家世淵源和在日據時期曾接受日本人頒授紳章的事蹟。桐君是古醫仙，詩的首句以王氏嗜茶學醫開端，轉入

7　楊爾材《近標吟草》有五首有關王子典的詩，如〈王子典詞兄以杯見贈命作歌以謝〉、〈王子典、陳煥修二君榮受紳章於盛宴上賦此以誌雅會〉、〈病中卻寄王子典先生〉、〈中秋夜遊他里霧席上與王子典、李雲從二詞兄聯吟〉、〈王子典先生惠贈人參錠及鐵石螺口占一絕以謝之〉。

8　陳錫津《東遊雜詠詩集》附錄第五頁。

眼科醫師好人文，會治家懂教育，最後總結他的成就，不僅鄉里受惠，子孫也受庇護。

4．李雲從（1890？~1950？）[9]

李雲從，字春龍，為斗南吟社的創始會員。錫津先生《東遊雜詠詩集》記錄各界人士題名目錄中，記載他的身份是文人，可能在斗南庄役場服務。

由於李氏資料缺乏，生平不詳。今從李雲從長子李木城結婚，錫津曾作〈祝李雲從詞兄令長郎木城與劉氏淑孃婚姻〉[10]詩看來，二人甚熟。詩云：

> 良緣締結正新春，八角亭中花燭新。
> 乾德坤儀欣合體，造端夫婦本天親。

陳錫津〈祝李雲從詞兄令長郎木城與劉氏淑孃婚姻〉1925-1934

錫津先生曾經遊覽李家庭園並欣賞園中瓊花盛開的美景，如此說來，應是非常親近的朋友。今觀看錫津先生所作〈遊李雲從詞長園庭〉[11]詩，詩云：

> 滿庭花木不易描，天竺牡丹色倍嬌。
> 沈李浮瓜添逸興，名園半日樂逍遙。

陳錫津〈遊李雲從詞長園庭〉1925-1934

再閱讀〈參觀詞兄李雲從瓊花當開感作〉[12]詩，詩云：

> 一見瓊花兩蕊排，葉邊吐莖向東西。
> 日含夜放稱高雅，不與隋煬一面開。

陳錫津〈參觀詞兄李雲從瓊花當開感作〉1925-1934

從上述兩詩看來，李雲從的庭園能夠讓人留連徜徉半日，應該佔地相當廣闊。

1926 年 6 月 30 日錫津先生獲頒警察精勤證書，自作〈受精勤證

---

9 楊爾材《近樗吟草》卷四七十二頁有〈輓李雲從詞友〉一詩，略可知其卒年，惟仍待細考。
10 陳錫津《東遊雜詠詩集》附錄第六頁。
11 陳錫津《東遊雜詠詩集》附錄第八頁。
12 陳錫津《東遊雜詠詩集》附錄第十六頁。

書感懷〉[13]來表達清白爲處理宦海生涯的惟一法門，故以詩自勉，詩云：

> 茫茫宦海渡辛艱，終日勤勞懶整頓。
>
> 世態炎涼都莫管，只留清白在人間。

而李雲從有和詩作〈陳君錫津受精勤賞感懷和韻敬祝〉[14]。祝詩內容有點虛譽，但是「清風兩袖」卻適當地彰顯了詩人做人做事的行爲準則，應該是平常就明白錫津先生的爲人。詩云：

> 日酣吟詠樂忘艱，警句從心轉笑顏。
>
> 到處歡聲譽仕路，清風兩袖十年間。

李雲從〈陳君錫津受精勤賞感懷和韻敬祝〉1926

5．蕭登壽（1884~1962）

蕭登壽，字上山，彰化社頭人，中年落籍雲林，畢業於台北醫專。日據時期曾改名爲富山壽一。蕭氏在土庫、斗南、斗六、褒忠[15]皆曾執業爲眼科醫師。斗南林瑞琚〈呈富山壽一先生〉詩，確知蕭氏是頗受鄉民愛戴的眼科醫師。詩云：

> 富貯神方療眼睛，山鄉市井識芳名。
>
> 壽民壽世憑醫德，一視同仁婦孺迎。

林瑞琚〈呈富山壽一先生〉詩報 252 期 1941.7.22

蕭氏雖是斗南吟社的創始會員，卻不見作品出現在錫津先生撰寫的〈斗南吟社詩選錄〉中，可能原因是詩選錄是 1952 年發表，而蕭氏詩作的活動期間早在 1931 年至 1941 年之間。蕭氏晚年因三男在日治末期陣亡於菲律賓，加上其孫因故造成家中經濟困境，舊宅被法院查封，故隱居避世，刻意不願露面、終日寡歡鬱鬱而卒。

錫津先生有一首〈和北港醫師蕭登壽瑤韻〉[16]詩，詩中很明白的表示曾有往來，可能北港、斗南有些距離，而醫生生涯本多忙碌，唱酬似乎不甚多。詩云：

---

13 陳錫津《東遊雜詠詩集》附錄第二十二頁。
14 陳錫津《東遊雜詠詩集》附錄第二十二頁。
15 褒忠吟社課題中發現富山壽一的作品，足見他曾是褒忠吟社的重要成員。
16 陳錫津《東遊雜詠詩集》附錄第十頁。

郵傳佳句雨淋天，握別情深似數年。

北港由來文雅地，偷閒有日會諸賢。

陳錫津〈和北港醫師蕭登壽瑤韻〉1925-1934

後來，錫津先生受頒精勤賞，蕭氏作〈陳君錫津受精勤賞感懷和韻敬祝〉[17]詩云：

為民造福不辭艱，貧富無分一樣顏。

受頒褒章誠可祝，揚名州下斗山間。

蕭登壽〈陳君錫津受精勤賞感懷和韻敬祝〉1926

以上所述，俱見兩人交情，目前因資料未全尚不能深入討論，只好暫告段落。

5．吳景箕（1902~1983）

吳景箕是錫津先生極友善的朋友。吳氏的父親吳克明是台灣清領時期最後一年的秀才。吳家曾為雲林首富，因家世的關係，讓吳景箕能負笈日本就讀東京帝大文學科。1932 年（昭和 7 年）吳氏返國回斗六，開始加入斗六雲峰吟社，詩藝進步不少，曾任社長。1934 年吟社顧問黃紹謨去逝，吟社解散，而吳氏性格原本孤高，不仕不商，隱居在家，著述甚豐。吳氏在《簾青集・齋居》詩中敘述自己的志向。他說：

斗室蕭然三徑清，性因疏放懶逢迎。

閒來拂案攤書讀，興到濡毫作字靈。

花落階前簾寫影，鳥啼牕外水和聲。

有時客見茶當酒，且出新詩細論評。

吳景箕《簾青集・齋居》1925

吳氏既如阮籍一般疏懶，是否也有像阮籍詠懷那樣的失意失志？他雖然是東京帝大畢業的高材生，但在日治末期，台灣人實在難有發揮之地；台灣光復以後，他被看成附日的一員，也無法展翅高飛，只好錦衣玉食，優游林下，遠離塵囂度歲月。1963 年秋天，錫津先生去拜訪吳氏，錫津先生作〈秋日訪吳學士景箕賦贈〉，詩云：

---

17 陳錫津《東遊雜詠詩集》附錄第二十三頁。

詩心禪理兩氤氳，此日登臨學士門。

花吐奇香消醉氣，竹搖清影爽吟魂。

三秋社口珠聯玉，十里尖山錦作雲。

不獨主人能款客，一觴一詠樂鷗群。

陳錫津〈秋日訪吳學士景箕賦贈〉詩文之友 19 卷 4 期 1964.2.1

錫津先生在吳宅受款待，並與同在宴席的詞友吟詠交遊。1965 年春天，錫津先生再遊吳氏社口（今日的龍潭里附近）的老宅。並作〈春日遊社口吳學士景箕〉詩：

君是才高健筆身，曾遊學士到紅塵。

望隆山斗箕星耀，壽晉岡陵玉雪春。

時蓄詩文存古道，日栽桃李樂天真。

門前一見先生柳，始識人間有隱民。

陳錫津〈春日遊社口吳學士景箕〉詩文之友 22 卷 5 期 1965.9

錫津先生年紀虛長吳氏 9 歲，然對吳氏的人品道德和學問見識卻十分折服，多所請益。

7．張立卿（1898~1975）

張卓，字立卿。錫津先生從斗南遷到斗六約在台灣光復後，1952 年左右。由於錫津先生的居處與張立卿幾乎毗鄰，兩人時相唱和並常同遊。1973 年 7 月 31 日錫津先與林友笛、張立卿同遊湖山岩大佛寺，於是作〈湖山大佛寺 62.7.31 與林友笛、張立卿先生〉、〈湖山大佛寺有感〉和〈湖山大佛寺萬民謁拜〉三首詩。

偷閒邀友試湖山，三老車中喜展顏。

一到禪門忘俗慮，寄身如在白雲間。

陳錫津〈湖山大佛寺 62.7.31 與林友笛、張立卿先生〉

詩文之友 40 卷 5 期 1973.10

雲林聖域見湖山，佛殿巍峨豈等閒。

夜靜仙人鳴劍佩，清晨豪客唱刀環。

青浮古木峰千疊，紅襯流霞水一彎。

璧玉觀音無價寶，遲遲太子感恩頒。

陳錫津〈湖山大佛寺有感〉詩文之友 40 卷 5 期 1973.10

湖剎真堪避世喧，山川峻秀媲桃源。

大同清淨莊嚴地，佛法延年般若門。

寺院明心來入定，萬民箝口學無言。

民聲時事滋煩惱，謁拜人參釋教尊。

陳錫津〈湖山大佛寺萬民謁拜(鶴頂格)〉詩文之友 40 卷 5 期 1973.10

　早在 1965 年錫津先生與林友笛、張立卿便曾遊湖山禪寺，錫津先生作〈林友笛、張立卿兩詞友遊湖山禪寺即景〉詩，記錄此事。詩中呈現出對民生的關懷，詩的內容是：

三老相邀結伴遊，湖山岩上縱吟眸。

煙波隱約雙溪遠，霖雨依稀四野求。

龍眼有年花滿樹，稻田無水草盈疇。

老蒼如憫耕農苦，莫使雲霓望未休。

陳錫津〈林友笛、張立卿兩詞友遊湖山禪寺即景〉

詩文之友 22 卷 3 期 1964.7.1

　1956 年，錫津先生三男陳煐源結婚，張氏以鄰居和詞友的雙重身份前往祝賀，顯示出兩家通家之好的情感。

婚聯陳李締秋天，華燭輝煌燦綺筵。

郎任職師誇俊秀，婦經高女羨嬋娟。

關睢樂奏稱佳耦，麟趾詩歌信夙緣。

今日喜成鸞鳳友，百年偕老慶綿綿。

張立卿〈陳錫津先生令三郎煐源君吉席誌喜〉

1956.10 中華詩苑 4 卷 5 期

　錫津先生尙略長於張氏，而張氏 1975 年去逝時，錫津先生已高齡82 歲。他含淚賦詩追悼張氏，詩云：

詩人愛國有餘馨，大夢誰知喚不醒。

隔別陰陽驚此夕，淒風苦雨痛家庭。

陳錫津〈追悼張立卿先生〉詩文之友 42 卷 3 期 1975.9

8 . 葉清河（1887~1961）

　　葉清河[18]，字朝東，號復初，筆名若愚，家住石龜溪。與斗南曾丁興、四湖林友笛、斗六張立卿、錫津先生等皆熟識，時有詩書往來。惟葉氏隱居大埤鄉石龜溪畔，所居園林甚美，有堂名曰明善，可慨想他的為人，因過著與世無爭的清閒日子，而不願外出應酬，文壇應鮮有知其人者。錫津先生曾任石龜地區警務巡查，所以相識相交，並引薦諸位好友共同倡酬。諸友中，以葉氏年較長，故錫津先生等俱以兄長之禮侍之。葉氏所留詩稿非常少，實在無法了解他的詩風，但為人謙和博學，乃高士之流，確是可以肯定的。

石龜溪葉清河先生

　　以下所引酬唱諸詩可略見葉氏的聲貌。

　　　三人同訪石龜溪，卻喜先生恰在家。

　　　設席相酬情繾綣，閒談不覺日斜西。

　　　　　　　　張立卿〈拜訪葉清河先生感作〉1956.12 中華詩苑 4 卷 6 期

　　　尋鷗結伴作閒遊。日暖風和菊月秋。

　　　明善堂中參碩士，清高偏喜詠詩酬。

───────────────

18 葉清河生前曾著《感化堂經歷史》，敘述石龜溪感化堂的靈異教化和入鸞修養之道編輯成書。其子 葉家齊在 1971 年遵父囑付梓出版。

張立卿〈謹步陳錫津詞兄祝葉清河先生古稀華誕原玉〉

1956.12 中華詩苑 4 卷 6 期

翁真高士德兼優，學博東西孰匹儔。

雨讀晴耕神不倦，清閒歲月任悠遊。

張立卿〈謹步葉清河先生原玉〉1956.12 中華詩苑 4 卷 6 期

三老同途訪石溪，先生幸遇有居家。

多蒙海味山珍賜，一席清談日漸西。

陳錫津〈和張立卿先生原玉〉1956.12 中華詩苑 4 卷 6 期

丙辰佳日好清遊，碩德皤翁七秩秋。

祇願精神長矍鑠，期頤再拜喜相酬。

陳錫津〈祝葉清河先生古稀華誕〉1956.12 中華詩苑 4 卷 6 期

石龜歷史古來優，人傑地靈第一籌。

居士而今年七十，林泉陶性好清遊。

陳錫津〈步葉清河先生原玉〉1956.12 中華詩苑 4 卷 6 期

碩儒卜隱石龜溪，德劭年高感萬家。

三老偕同欣拜訪，郇廚叨擾夕陽西。

曾丁興〈拜訪葉清河先生和張先生原玉〉

1956.12 中華詩苑 4 卷 6 期

石友成三葉府遊，欣逢大德古稀秋。

龜溪閬苑仙人比，天降頤年玉牒酬。

曾丁興〈步陳錫津詞兄祝葉清河先生古稀華誕原玉〉

1956.12 中華詩苑 4 卷 6 期

石溪人傑景兼優，耆宿鴻裁博善籌。

揭地掀天才八斗，汗青舒放願清遊。

曾丁興〈次葉清河先生原玉〉1956.12 中華詩苑 4 卷 6 期

　　以上是張立卿、陳錫津、曾丁興在葉清河府上叨擾時所作唱酬之詩，內容呈現出對葉氏喜好林泉陶冶性情、頤養天年的長者風範生出無限景仰。

　　三位先生到石溪，久逢知友蒞吾家。

　　粗茶淡飯言何賜，挽駕留談任日西。

葉清河〈步立卿先生原韻〉1956.12 中華詩苑 4 卷 6 期

菊月風和氣象優，最宜養性善修籌。

歲逢七十難頤望，只待修文應召遊。

葉清河〈次陳錫津先生原玉〉1956.12 中華詩苑 4 卷 6 期

石龜潛伏在清溪，訪勝人過處士家。

倒屐相迎情意厚，何妨談到日沉西。

林友笛〈次立卿詞弟訪清河先生感作原玉〉1956.12 中華詩苑 4 卷 6 期

　　此處有二首葉清河的和詩，多係客套之言。而林友笛聞悉三人去葉府同遊，也湊趣和上一首應酬詩，俱見諸人彼此都是熟識的。

9．曾丁興（1898~1981？）、曾清慕（1893~1965）

　　曾丁興，字杰仁。曾清慕，字鴻秋。錫津先生《東遊雜詠詩集》記載曾丁興為書法家，並在詩集中附有〈贈曾丁興君〉詩一首。他說：「曾子省三忠信傳，丁年齡達作中堅。興家克紹箕裘業，君是龍駒著步先。」文辭泛泛，不易深知曾氏的為人行徑，又曾丁興是否是曾清慕的弟弟，尚待考証。二位曾氏都是書法家，今觀曾丁興的書法略勝於曾清慕（圖 6）。後來得知曾丁興是虔誠的基督教徒，家有名園「萃芳園」，景色宜人，有八景之美。

曾清慕和曾丁興的墨寶（圖 6）

　　1953 年秋天錫津先生詞友王君華，適編輯雲林文獻成書，他與王
君華、曾丁興共赴大埤鄉推廣書籍。曾、陳二人曾賦詩記懷此事。

　　　　清晨歡喜伴詩翁，肥瘦賢愚秉性同。
　　　　呼籲期成編縣誌，推銷文獻振鄉風。
　　　　公家叶贊居然有，戶別宣傳卻未通。
　　　　訪晤舊新情意好，無心夢幻獲勳功。

　　　　　　　曾丁興〈與陳錫津詞兄赴大埤鄉推銷雲文偶感〉
　　　　　　　　　　　　　　雲林文獻 2 卷 4 期 1953.11.20

　　　　知己同群會老翁，沿途談笑兩心同。
　　　　推銷文獻邦家固，勤讀書詩今古風。
　　　　到處留題鴻爪遍，因時訪舊馬蹄通。
　　　　晚秋稻作增收好，算是農家第一功。

　　　　　　　陳錫津〈敬和曾丁興詞兄原玉〉雲林文獻 2 卷 4 期 1953.11.20

　　1953 曾丁興作〈老感〉詩，多有人情冷暖世態炎涼之悲，詞友陳
錫津和王君華都曾安慰他。

　　　　冷暖人情世上疵，炎涼多在盛衰時。
　　　　方今故友嘗無味，白髮如新亮達知。

　　　　　　　　　曾丁興〈老感〉雲林文獻 2 卷 4 期 1953.11.20

　　　　世態炎涼巨細疵，人情冷暖比天時。
　　　　老來便覺同心少，鬢雪如華只自知。

　　　　　　　陳錫津〈次韻曾丁興詞兄老感〉雲林文獻 2 卷 4 期 1953.11.20

　　　　躋上潮流便脫疵，也應抱膝待雍時。
　　　　蘭孫桂子滿堂樂，惟有青松古柏知。

　　　　　　　王君華〈次韻曾丁興詞兄老感〉雲林文獻 2 卷 4 期 1953.11.20

　　1956 年 2 月錫津先先去曾丁興宅「萃芳園」參觀，賦〈題曾丁興
先先萃芳園八景〉詩。名曰萃芳，想必奇花異果萃集可觀，錫津先生
集萃芳園八景爲詩，將芳園的靜景與琴室的琵琶樂聲、文軒的雞鳴、
碧池的魚躍譜成動靜諧合的畫面。今舉一、二、七、八首爲例，詩云：

　　　　芳園繼業篤勤耕，獨得名花綽蝶櫻。
　　　　欣賞時生今古仰，嫣紅爛漫笑相迎。

陳錫津〈題曾丁興先生萃芳園八景之一‧芳園蝶櫻〉

中華詩苑 3 卷 4 期 1956.3.16

室中幽靜好詩吟，秋思琵琶奏雅音。
流水高山無限感，香囊一曲喜和琴。

陳錫津〈題曾丁興先生萃芳園八景之二‧慵室琴聲〉

中華詩苑 3 卷 4 期 1956.3.16

文軒牆下夕陽西，蓁得成群五德雞。
雌善卵生雄報曉，舶來禮遇入新題。

陳錫津〈題曾丁興先生萃芳園八景之七‧五德文軒〉

中華詩苑 3 卷 4 期 1956.3.16

碧池魚躍水生花，散策逍遙意自嘉。
得此涼陰無限好，月移梅影任橫斜。

陳錫津〈題曾丁興先生萃芳園八景之八‧蠹池玩月〉

中華詩苑 3 卷 4 期 1956.3.16

　　1956 年錫津先生的二子炳源、煥源參加公務員特考及格，而女兒
亮月嫁給嘉義婦產科醫師林顯森，可謂多喜臨門，曾丁興以好友兼詞
友身分去祝賀，詩云：

錫福書香韞玉麟，津津嘉訓育官紳。
子賢特考連珠中，父智持家百事新。
亮月于歸花灼灼，顯森納采質彬彬。
今朝鳳輦良宵夜，明歲蘭芽喜並臻。

曾丁興〈祝陳錫津先生令郎炳源、燦源（疑煥源筆誤）君特種考試及格

並令媛亮月小姐與顯森君吉席誌喜〉中華詩苑 3 卷 3 期 1956.3.16

　　錫津先生的三男煥源，是三個兒子當中惟一的親生，故在諸子中
特重視此子，1956 年年初煥源特考及格，同年 10 月結婚，後來做到
台北市社教館館長致仕。曾丁興在煥源結婚時也有祝詩，詩云：

歡迎兩府結陳朱，德感天心賚麗姝。
美玉藍田遘巧會，夭桃穠李盎相符。
瑞光黃道金杯祝，煥燦墨珠玳瑁數。
潭第從茲瓜瓞兆，含飴嬉戲弄撚鬚。

曾丁興〈祝錫津令郎煥源與木城令媛墨珠嘉禮〉

中華詩苑 4 卷 5 期 1956.11

　　1962 年秋天錫津先生思念故人好友，分別陸續作詩給曾清慕、曾丁興傾訴心情。曾丁興可能是基督徒，從錫津先生的詩中可以觀察出來。

　　渡世人生盡苦衷，榮華富貴總皆空。

　　老來吟詠秋風月，庭下黃花造化同。

陳錫津〈奉和曾丁興詞兄原玉〉詩文之友 17 卷 1 期 1962.10.1

　　郵傳活水月刊書，披讀內容樂有餘。

　　新舊聖經來指示，天堂一路好安居。

陳錫津〈曾丁興詞兄贈活水月刊並新舊的全書鳴謝〉

詩文之友 17 卷 1 期 1962.10.1

　　八景萃園久未來，詞兄夾竹一叢栽。

　　淺深綠葉臨風舞，濃淡紅花冒雨開。

　　節序故撩閒意緒，物華又作好詩材。

　　主人借得文章筆，帶露和煙細剪裁。

陳錫津〈三年未訪曾丁興詞兄萃園八景〉

詩文之友 17 卷 1 期 1962.10.1

　　1963 年曾丁興六十五歲生朝，錫津先生連贈兩首詩，特別賀他家有佳兒和身體健康，這些事無論就曾氏個人而言，或就曾府而言，都是心滿意足的美事。

　　六五年華喜可知，問安點頷有佳兒。

　　優遊歲月饒清福，嘯傲煙霞任笑痴。

　　詩酒聯歡堪慰老，風雲際會莫嫌遲。

　　耶穌真理關心事，處世胸懷學聖詩。

陳錫津〈曾丁興詞弟歲逢六五感賦〉

詩文之友 18 卷 5 期 1963.11

　　郵寄福音喜賦詩，應題誕日仲秋期。

　　心存正氣經常重，志卻奸邪壽可資。

翰墨家居無俗客，書香門第有佳兒。

杖鄉晉五年年健，景仰容儀海鶴姿。

陳錫津〈壽曾丁興詞兄六十晉五〉

詩文之友 19 卷 1 期 1964.1

　　以上錫津給曾丁興的詩，顯現出君子之交淡而有味的真友誼，既是至友也是知己，不僅僅只是吟風弄月的泛泛之交。

　　1956 年元旦，錫津先先作新年賀詩一首，又同時寄送曾清慕、曾丁興，如此看來，曾氏二人似乎真是兄弟。詩云：

迎申送未換新年，到處風光景色妍。

萬里望雲兄舍在，一宵聽雨畫圖連。

飽經世味甜仍苦，參透天機變亦遷。

國曆賀正多失敬，恭禧農歲托郵傳。

陳錫津〈謹賀曾清慕、曾丁興二詞兄新年〉

中華詩苑 3 卷 3 期 1956.3.16

　　曾清慕過七十歲生日，錫津贈詩曾清慕，詩中描述出曾氏喜愛遊山玩水的性格，曾清慕（與錫津先生同庚）應是曾丁興的兄長，故錫津先生每寄詩，總是二人同寄，此詩寄後，過二年曾清慕就去世了。

七十高齡矍鑠翁，登山玩水尚稱雄。

一生愛月情難盡，十里尋花興不窮。

鬢髮因詩常帶白，容顏為酒更添紅。

詞兄儘有風流氣，鶴骨松姿老反童。

陳錫津〈喜贈曾秋鴻詞兄留念〉詩文之友 17 卷 1 期 1962.10.1

奇楠到處擅珍奇，濟美于今信譽馳。

萬壽香傳三兩價，一杯蝦祝百年期。

朱顏不老頻添歲，白首長春無限時。

恰好同庚逢七十，南山共頌喜開眉。

陳錫津〈祝曾清慕詞兄同庚古稀榮壽〉詩文之友 18 卷 5 期 1963.8.1

　　另外，錫津先生與曾清慕的交情，在曾清慕去世後的三首弔詩可以看出。1929 年在斗南庄役場阿里山旅遊時，兩人便開始交往。此後成為三十五年的知音，1965 年曾清慕 73 歲騎鶴西歸，曾氏兄弟詞友，

便少去一人，令人不勝感慨。錫津先生弔詩，云：

> 卅五年前已識荊，安民為保話衷情。
>
> 愧無佳句酬知己，喜有多孫享大名。
>
> 香鋪縱橫推健將，門牆揖讓重先生。
>
> 如何騎鶴忽忽去，愁煞斗南老弟兄。

陳錫津〈弔曾清慕詞兄千古〉詩文之友 22 卷 3 期 1965.7.1

> 忽聞噩耗不勝悲，人世知音失子期。
>
> 七十二年皈大夢，招魂剪紙淚如絲。

陳指迷〈弔曾清慕詞兄千古〉詩文之友 22 卷 3 期 1965.7.1

> 才智超人品亦殊，理財十則學陶朱。
>
> 人間撒手魂何在？玉駕淒然別世途。

陳芳國〈弔曾清慕詞兄千古〉詩文之友 22 卷 3 期 1965.7.1

曾清慕過逝約二年後，曾清慕夫人也魂歸西天，錫津先生也有詩註記此事。

> 繁星杳杳黑雲垂，苦雨淒風暗想悲。
>
> 七十春光留不駐，千秋母範感深慈。
>
> 本來賢慧人稱德，追往敦和世作師。
>
> 從此音容難視聽，永隨上主享天墀。

陳錫津〈敬弔曾清慕詞兄陳夫人千古〉詩文之友 20 卷 1 期 1964.5.1

後來得知，錫津先生與斗南曾丁興有三代四十年的交情，錫津先生初踏入警察界便居住斗南，並與曾氏兄弟共同往來近二、三十年，直到 1943 年錫津先生搬到斗六，依然互相走動和酬唱。錫津有詩云：

> 三代知交歷卅年，斗南共處七千天。
>
> 日吟陶令歸來賦，時繫向平未了緣。
>
> 舊業繼承慚我拙，新猷創設讓君賢。
>
> 信依基督精神爽，聖道傳揚素志堅。

陳錫津〈曾丁興詞兄三代知交有感〉詩文之友 19 卷 2 期 1964.1.1

1964 年夏天錫津先生前往曾宅拜訪曾丁興，兩人老友相見份外親切，一時敲詩品茶，暢所欲言，並互訴老年人的晚境心情。

> 舊雨言歡喜氣融，敲詩煮茗訴吟衷。

招來景況多新例，拓盡情懷尚古風。

翰墨有緣堪過從，文章無價費研攻。

耶穌救主仍今日，博愛群生感上穹。

陳錫津〈呈曾丁興詞兄〉詩文之友 20 卷 5 期 1964.9.1

叨蒙菇駕樂圓融，言事談詩弭足衷。

意匯清吟除暑氣，心開掃鬱得仁風。

甦生匡正真神操，驅魅逐邪上主功。

鷗鷺微軀元有限，欣同侍主越蒼穹。

曾丁興〈敬和陳錫津詞兄原玉〉詩文之友 20 卷 5 期 1964.9.1

《陳錫津詩草》並未記錄曾丁興去世的事，大概曾丁興較錫津先生過世得晚。如今從詩草尋得資料，兩人交遊最久，自是情感最深。

四、結　言

錫津先生的詩風，初步觀察，大致顯現出古樸淡雅的風貌。若以唐宋詩為區隔，他較接近宋詩；以宋代詩人蘇東坡、黃庭堅、陸游、楊萬里為比擬，他最接近陸游。然而，就放曠而言，比陸游稍嫌不足，就自然閒適而言，略似之。兩人詩作於閒適之中都略帶火氣。大約錫津先生是模仿陸游而自然逼近之。我們就以詩人自己的詩句作詩評，詩人說：「散策逍遙意自嘉」[19]，其詩風似之。

錫津先生善以詩的體裁記敘事件、人情、物象等等，可說是善於記事的詩人。斗六秀才黃紹謨曾經勉勵並讚賞他，說：「名震雲峯茭社間，公餘力學不知艱。多君別有詩書氣，佳句吟成便展顏。」[20]詩中所說「公餘力學不知艱」的確是實話，正面指出錫津先生努力上進、敦品勵學的態度。作詩依賴才氣固然可以，資書以為詩也是可以的。錫津先生的詩作才氣略嫌平實，用典不十分講究，雖然華采與時俱進，愈老愈佳，但仍未臻化境，然而這些都無損於他想表達的記事方法和

---

19 陳錫津〈題曾丁興先生華萃園八景之八〉中華詩苑 3 卷 4 期，1956.3.16。

20 陳錫津《東遊雜詠詩集》附錄第二十二頁。

內涵，也無損於他在雲林古典詩壇積極進取的地位，他遺留了大量雲林詩史的記錄，他讓雲林古典文學長長的夜空劃過一道閃亮的光明。

陳錫津與二子一孫合影

陳錫津參加杜甫1200周年
詩人大會與子孫合影

前排右一為陳錫津
攝於日治時期

張立卿、陳錫津、王君華三人合影
詩文由陳錫津撰寫，書法是張立卿
的手筆

陳錫津夫婦等全家福

陳錫津先生生平年表

1894　明治 27 年　甲午　1 歲

錫津先生在 1 月 25 出生於台中廳大肚中堡大庄二百六十五番地。
生父陳泉，生母黃誰氏。

1895　明治 28 年　乙未　2 歲

日本據台統治開始。

1904　明治 37 年　甲辰　11 歲

錫津先生 4 月起至明治 39 年 3 月，共二年，跟從台中梧棲街楊爾
材習漢文。

1912　明治 45 年　大正元年　壬子　19 歲

3 月畢業於梧棲公學校。

1916　大正 5 年　丙辰　23 歲

錫津先生 8 月 1 日過繼於斗六陳林寶氏爲養子。在 10 月 19 日娶台中
廳大肚中堡龍目井庄蔣赤氏爲妻。蔣赤氏出生於明治 33 年 4 月 1 日。

1918　大正 7 年　戊午　25 歲

與詞友王君華初識。

1919　大正 8 年　己未　26 歲

養母陳林寶氏開始建造斗六郡內豪宅「涵碧樓」。錫津先生曾是
經營木材的商人，或許與家中建造涵碧樓有關係。

1922　大正 11 年　壬戌　29 歲

錫津先生三女陳郁然 10 月出生(疑長女、次女皆夭折)，親生。
錫津先生開始服務於警界。

1926　大正 15 年　丙寅　33 歲

6 月 30 日受頒精勤證書，並作〈受精勤證書感懷〉七絕一首。
長男陳政源出生於 12 月，係京都府南桑田郡馬路村人過繼。
11 月 1 日，與知友李雲從（春龍）、李茂炎（盛輝）、曾丁興（杰
仁）、陳木（良材）、蕭登壽（上山）、章萬春（晚紅）、曾清
慕（秋鴻）共倡成立斗南吟社。

1928　昭和 3 年　戊辰　35 歲

次男陳炳源出生於 11 月，係養母所招贅夫陳澤濬的螟蛉義子陳立茂的孩子過繼（即錫津先生義弟的孩子過繼）。

1929　昭和 4 年　己巳　36 歲

4 月 28 日、29 日斗南庄役場辦理阿里山旅遊，錫津先生與庄長章萬春及李雲從等 26 人團體觀光。並作〈阿里山雜詠〉七絕 24 題。

1930　昭和 5 年　庚午　37 歲

斗六私人豪宅「涵碧樓」完成，為一棟二層半的西班牙造型樓房。內裝類似皇宮，主樑為日本杉柏，避雷針採純白金打造。1989 年因年久失修而拆除，改建成新式三層樓房十餘棟，遂使斗六文化地標消失。

三男陳煐源出生於 8 月，親生。

3 月 17 日錫津先生作〈遊日月潭雜詠〉七絕十六題。

1933 昭和　8 年　癸酉　40 歲

四女陳文月出生於 8 月，親生。

錫津先生在斗南服務一年。

1934　昭和 9 年　甲戌　41 歲

仲春，錫津先生在斗南警察界服務，被選拔到日本視察。5 月作《東遊雜詠》一書，共記錄東遊日本沿途所見所聞，作漢詩 147 首。書出，受好評，遂有「佩劍詩人」的美稱。斗南庄將軍崙眼科醫師王子典，即斗南吟社顧問，曾稱讚其作品為台灣詩人的真精神。錫津先生於夏日，登野原晚眺，賦詩清新。6 月 24 日雲林逸叟即前清秀才的雲林詩人黃紹謨去世，錫津於《詩報》91 期刊出弔詩。錫津先生轉勤斗六溝仔埧，錫津先生於元旦日作〈家族生母黃氏譙、養母林氏寶、岳母陳氏玉、荊妻蔣氏赤、兒陳政源、陳炳源、陳煐源、女陳氏鑛洽、陳氏郁然、陳氏絨、陳氏文月一同元旦口占〉七絕一首。此詩已盡述家族全體存世的成員。

錫津先生曾於斗南創立「志同吟社」（時間約在今年前後）。

1935　昭和 10 年　乙亥　42 歲

莿桐陳元亨，為詩壇同宗好友。今年 5 月元亨年屆六十歲，錫津

先生次韻以賀。

五女陳溢子出生於 10 月，親生。

1936　**昭和** 11 **年**　**丙子**　43 **歲**

錫津先生似乎仍調回斗南服務。

1939　**昭和** 14 **年**　**己卯**　46 **歲**

六女陳規月出生於 1 月，親生。

1940　**昭和** 15 **年**　**庚辰**　47 **歲**

義生堂醫家邱紅毛，有漢藥處方，因賣藥救人無數，故錫津先生作詩贊許。

錫津先生仍在嘉義義竹庄服務，加入義竹竹音吟社爲成員。義竹地近布袋，錫津先生常參加布袋、東石地區的岱江吟社擊鉢活動。

1941　**昭和** 16 **年**　**辛巳**　48 **歲**

錫津先生離開東石郡，轉回雲林斗六〈實是斗南石龜〉故鄉服務。友人葉彫義賦詩送之。

斗南詩人林文章作〈祝東條國津先生榮任石龜取締〉七律二首。

1942　**昭和** 17 **年**　**壬午**　49 **歲**

錫津先生步韻好友林文章來詩，自認浮沈宦海 20 年，則錫津約在 1922 年開始服務於警察界。今年任職於斗南石龜庄。

1943　**昭和** 18 **年**　**癸未**　50 **歲**

養母陳林寶氏於 5 月 15 日去世。錫津繼承養母的財產而將戶籍遷入斗六街。

1945　**昭和** 20 **年**　**乙酉**　52 **歲**

長男政源 19 歲，3 月於台南州臨濟學院中學部高中畢業。

台灣光復，結束日本統治。

1952　**民國** 41 **年**　**壬辰**　59 **歲**

3 月 29 日作〈和林友笛先生六十書懷原玉〉七律四首。

10 月 25 日錫津先生與雲林縣文獻委員會王君華組長、葉耀坤雇員同遊草嶺潭，遂作〈草嶺雜詠〉五十題。

錫津先生作〈呈梅鶴仙館主人鳴皐居士〉詩，安慰吳景箕在三七五減租後田園縮小後的滄桑變幻。

西螺大橋完工,錫津先生作〈西螺大橋〉七律一首。

3月29日作〈和林友笛先生六十書懷原玉〉七律四首。

1953 **民國**42**年 癸巳 60歲**

錫津先生創立六鰲詩社。邀請吳景箕、廖學昆擔任詞宗。成員有江擎甫、黃傳心、洪天賜、魏輔材、楊德模、邱水謨、黃篆、葉添旺、曾丁興等[21]。

1月31日在《雲林文獻》發表〈光緒年間的雲林抗日外四章〉一文。

6月30日在《雲林文獻》發表〈甲午馬關議和與臺灣民主國成立經過〉一文。

11月13日在《雲林文獻》發表〈大埤木乃伊與黃朝之就義〉傳記文一篇。

錫津先生作〈推薦吳景徽先生候選雲林縣長〉四言古詩一首。

〈慶祝吳縣長景徽第一屆蒞任〉七律二首。

〈頌雲林縣治成立周年〉七律一首。

〈慶祝雲林縣成立典禮〉四言古詩一首。

〈雲林縣成立典禮祝詩〉七律二首。

〈祝雲林文獻創刊〉七律一首。

6月1日作〈慶祝雲林縣縣長吳景徽先生就任周年留念〉七律一首。

錫津先生在《雲林縣文獻》發表〈展望雲林〉一文。

錫津先生在《雲林縣文獻》發表〈考北白川宮能久親王之死〉一文。

1956 **民國**45**年 丙申 63歲**

編輯《夢寄樓丙申酬倡集》完成。

錫津先生組織斗六海山蒼吟社

11月28日作〈次和林友笛詞兄丙申中秋待月六首原玉〉七絕六

---

21 從林友笛詩草檔案中發現〈雲林縣六鰲詩社社員名冊〉二頁四面,共有社友42位,幾乎囊括汾津吟社、鄉勵吟社、雲峰吟社、菼社光復後仍在世的雲林詩人。從中了解六鰲詩社成員的地址、別名及詩社成員的分布。例如:斗六9人,斗南8人,虎尾3人,西螺4人,莿桐2人,北港7人,古坑1人,大埤1人,東勢鄉1人,口湖5人,水林1人。感覺上,雲林縣詩人似乎呈現南北兩極發展。六鰲詩社運作時期約在1953至1956年,因社員分散各地擊缽不便,故陳錫津先生又在1956年成立斗六海山蒼吟社,企圖以斗六詩人為主力,加強詩社的活動力。

首，又作〈次和林友笛詞兄漫遊大貝湖六首原玉〉七絕六首。

三男焜源與朱木城之女朱墨珠結婚。

1960　民國 49 年　庚子　67 歲

錫津先生 67 歲生辰，自作七律十首，暢述胸懷。

1961　民國 50 年　辛丑　68 歲

11 月 11 日詞友惠安李維喬病逝雲林褒忠，享年 59 歲。

1963　民國 52 年　癸卯　70 歲

女婿林重，爲中醫師，今年診所開業。女婿林顯森弄璋，外孫林盟博滿周歲，錫津先生作詩以賀。

錫津先生作〈七十自述〉五絕一首。又作〈癸卯元旦書懷〉七絕一首、〈古稀述懷〉七律二首。

錫津先生作〈書懷十律以陸放翁道義無今古功名有是非之句…〉七律十首。

1964　民國 53 年　甲辰　71 歲

11 月錫津先生率三男焜源同遊霧峰萊園。焜源文采佳，後爲台北教育資料館館長。錫津先生自述三十年前曾來遊，故此番老來登臨，回首滄桑，無限感慨。

71 歲生辰作〈古稀晉一書懷〉七律一首。

詞友龔顯昇去世，作〈輓龔顯昇先生千古〉七律一首。

1965　民國 54 年　乙巳　72 歲

今年雲林縣詩人聯吟會成立，詞友陳輝玉爲首任理事長。

今年中秋關心國運，重陽節登高並參加詩酒會。

今夏錫津先生與林友笛、張立卿兩詞友遊斗六湖山岩湖山禪寺。

1966　民國 55 年　丙午　73 歲

今年遊訪吳景箕。

5 月錫津先生夫婦度過結婚五十週年的金婚雙壽，晚年生活來源靠店租，能小康度日。

1969　民國 58 年　庚戌　76 歲

8 月作〈敬和(林友笛詞兄)庭中拾翠以現有實物而構成原玉〉七律二首。

1973　**民國** 62 **年**　**癸丑**　80 **歲**

錫津先生作〈敬和巡官蘇平祥退休有感原玉〉七絕二首。

錫津先生作〈草嶺八景〉七律八首。

1974　**民國** 63 **年**　**甲寅**　81 **歲**

錫津先生 63 年至 65 年受聘為雲林縣文獻委員會顧問。

作〈甄選基隆新八景〉七律八首。

作〈敬贈雲林警察局劉林葦惜別有感〉七絕一首。

作〈敬和巡官蘇平祥退休有感原玉〉七絕二首。

1975　**民國** 64 **年**　**乙卯**　82 **歲**

好友張立卿去世。

1976　**民國** 65 **年**　**丙辰**　83 **歲**

錫津先生於 3 月 9 日與雲林縣文獻委員會顧問、編纂合影。詞友王君華時任編纂。

1978　**民國** 67 **年**　**戊午**　85 **歲**

錫津先生於 8 月 27 日參加中華民國老人福利協進會雲林分會成立大會。

1979　**民國** 68 **年**　**己未**　86 **歲**

錫津先生作〈澄清湖八景(慶祝高雄市升格直轄市)〉七律八首。

錫津先生作〈春日重遊湖山岩大佛寺〉七律一首。

錫津先生作〈祝瀛社創立七十週年紀念大會誌盛〉七律一首。

錫津先生作〈祝倪登玉詞長八秩大慶〉七律一首。

錫津先生作〈網溪小隱記趣陳鏡波詞長原玉〉七絕三首。

錫津先生作〈淡北八景〉七律八首。

1980　**民國** 69 **年**　**庚申**　87 **歲**

錫津先生作〈南投縣十景〉七律十首。

1981　**民國** 70 **年**　**辛酉**　88 **歲**

錫津先生作〈人生在世能嚴守規律忠孝仁愛信義和平禮義廉恥十二字感賦十二律〉七律十二首。

1982　**民國** 71 **年**　**壬戌**　89 **歲**

錫津先生於 6 月 22 日去世。

江擎甫詩作初探

蔡　政　宏*

一、前　言

　　江擎甫，號耕雨，西螺人，曾爲蒐社一員，本文即就《蒐社同人錄》中所收江擎甫詩一百首爲材料，試探析其詩作的內容與風格。

二、「蒐社」沿革

　　日治時期，各地區的仕紳雖處於日本政府的政治環境底下生存，然而對於中國傳統文化的情感仍是難以忘懷。日據初期，由於整個時代背景使然，台灣各地詩社相繼成立，一些重要聚落幾乎都有詩社的組織。

　　西元一九一九年，西螺街黃文陶、廖學昆、廖心恭、林朝好、文永倡、魏等如、江擎甫、李廷通等八人有見於西螺尚無詩社的設立，爲維持地方風雅，凝聚民族情感，於是聚合雅好文藝之人士，於該年三月組織芸社，勤勉致力於詩工麗澤的創作之中，以詩會友，切磋詩文，溝通情意，互通聲息，以敦睦情誼。設立之初並禮聘在地秀才江秋圃講解詩文，擔任詩社之詞宗。學昆自董其事務，定期擊缽，砥礪詩詞，一時用功甚猛，翌年改稱之曰蒐社[1]。

＊雲林科技大學漢學資料整理研究所研究生。
1 吳景箕：「斗山吟社之沿革與臥雲齋」，《雲林文獻》，雲林：雲林文化，1952年11月，創刊號，頁81。

西元一九二〇年，將「同芸社」改稱「莪社」，之所以改稱為「莪社」原因，乃取之於西螺地區四處遍生莪（鹹草）這種植物。莪這種植物有「中實而赤」的特性，於是取其「中實而赤」的寓意，象徵著詩人非但要以發揚文藝為宗旨，重要的是懷著以丹心報國的心情，表示詩人愛國不落人後之意。[2]嗣後愛國情緒邐迤瀰漫，流風所及，鄰郡仿效，詞藻繽紛，繼福台之逸響，雲霞蒸蔚，續南社之清聲。[3]莪社即在如此背景之下，宣告成立。

三、《莪社同人錄》

江擎甫於「莪社沿革」中說道：「二十四年，為紀念『莪社』創立十五週年，編纂《同人錄》之舉，雖非泳玉網珊，然采風問俗，懷古傷時，不無可取，而韻傳瀛嶠，爪印螺溪，應有補於他時史料，在特殊環境中，終以告成。」[4]

《莪社同人錄》所收錄的作品，最早約於一九一九年，此時日本治台的手段已進入第二階段的「同化時期」；而臺灣的島民及知識份子也漸漸省思到武裝抗日的徒勞無功，開始採取非武裝、理性爭取的方式，企圖從文化思想方面反省、改革，以社會運動、文化啟蒙等非武力的方式來和統治權抗爭。當此之時，面對著全球科技的躍進與發達，日本的殖民統治也為臺灣帶來了科技的進步化，許多科技新物也成了詩人們吟詠的主題。因此，考察《莪社同人錄》詩人詩作主要的內容可分為幾個主題：（1）對詩人日常酬唱與交遊的描繪；（2）諷刺日本當局殘酷暴虐的統治手段；（3）對西螺鄉土的愛戀與依偎；（4）對科技新物的新奇與讚賞。

今尋得莪社手稿七大冊，對莪社的活動及區域影響能更清楚了解。至於莪社同人詩作的研究，仍待有心人來深入研究。

2　程大學等編：《西螺鎮志》，雲林西螺：西螺鎮公所，2000 年 2 月，頁 8-63。
3　江擎甫：「莪社沿革」，《雲林文獻》，雲林：雲林文化，1952 年 11 月，創刊號，頁 84。
4　江擎甫：「莪社沿革」，《雲林文獻》，雲林：雲林文化，1952 年 11 月，創刊號，頁 84。

四、江擎甫詩作探析

於《葵社同人錄》中收錄有江擎甫詩作一百首，其中絕詩六十首，律詩四十首。以下列出明細：

屬五言絕句的有〈重過布嶼有感〉、〈書懷〉（書懷・其二）、〈蝶山懷古〉、〈晤克剛國光二詞長於漳江逆旅賦呈〉、〈晤克剛國光二詞長於漳江逆旅賦呈・其二〉、〈壬申八月念四日於鷺門旅次驟患重病纏綿旬日〉、〈自嘲〉、〈報午機〉、〈報午機・其二〉，共十首。

屬七言絕句的有〈柏園〉、〈柏園・其二〉、〈呈竹崖世兄〉、〈呈竹崖世兄・其二〉、〈鵝鑾鼻道上〉、〈鵝鑾鼻道上・其二〉、〈鵝鑾鼻道上・其三〉、〈鵝鑾鼻道上・其四〉、〈聊園乞菊呈應谷夢蕉二兄〉、〈聊園乞菊呈應谷夢蕉二兄・其二〉、〈重遊閩粵〉、〈重遊閩粵・其二〉、〈佛誕日登南普陀巖懷夢蕉兄〉、〈佛誕日登南普陀巖懷夢蕉兄・其二〉、〈延平郡王水操臺感作依汪先生韻〉、〈鷺江中山公園〉、〈華南逢家冠英先生話舊感作〉、〈華南逢家冠英先生話舊感作・其二〉、〈旅舍〉、〈旅舍・其二〉、〈村居即事〉、〈村居即事・其二〉、〈春夜不寐〉、〈夢待先大人遊一處湖山秀麗風景幽絕偶成一章略記所見〉、〈偶成〉、〈餞歲〉、〈迎春〉、〈養蜂〉、〈擁爐〉、〈鬥碁〉、〈接花〉、〈接花・其二〉、〈賽菊〉、〈畫梅〉、〈植蘭〉、〈種棉〉、〈五妃墓〉、〈吳鳳廟〉、〈吳鳳廟・其二〉、〈阿里山〉、〈菊影〉、〈古梅〉、〈盆榕〉、〈榴花〉、〈高射炮〉、〈電扇〉、〈保溫瓶〉、〈雪衣〉、〈蛛網〉、〈守宮砂〉，共五十首。

屬於五言律詩的有〈田家樂〉、〈村居什詠〉、〈村居什詠・其二〉、〈村居什詠・其三〉、〈聯日風雨閉戶偶成〉、〈試作圃〉、〈鄉情〉、〈大風不息用陸放翁韻卒成一律〉、〈風〉、〈農家即事〉、〈雜感〉、〈旅思〉、〈清明節有感〉、〈抵家〉、〈感事〉、〈感事・其二〉、〈年來耕稼每不如意悵然有作〉、〈清明前二日方穫麥

忽烈風豪雨頗礙工作〉、〈清明前二日方穫麥忽烈風豪雨頗礙工作・
其二〉、〈炊飯〉、〈炊飯・其二〉、〈低氣壓〉、〈舞女〉、〈舞
女・其二〉、〈登高〉、〈屏東春曉〉、〈阿里山曉望〉、〈螺溪月〉、
〈拜歲蘭〉、〈信魚〉，共三十首。

　　屬於七言律詩的有〈送竹崖兄之扶桑〉、〈華南客次寄嘉社諸詞
友〉、〈縱筆〉、〈書憤〉、〈翠林〉、〈春寒〉、〈苦旱〉、〈稻
花〉、〈問梅〉、〈感舊〉，共十首。

　　其大可分成幾類：

（一）贈詩送別

　　詩人彼此之間，多有以詩作相贈、寄懷之作，這也是詩人間相互
交流酬唱的作品，於《葵社同人錄》中所收江擎甫詩，此類的即有：

〈晤克剛國光二詞長於漳江逆旅賦呈〉

湖海同飄泊，相逢倍覺親。

興亡原有責，未許便垂綸。

〈晤克剛國光二詞長於漳江逆旅賦呈・其二〉

傾蓋話前塵，時艱獨愴神。

滿腔悲憤氣，直迫斗牛津。

〈呈竹崖世兄〉

遠瞻高蹈異常人，瀟洒襟懷絕俗塵。

今日歸來真博士，上池面目又重新。

〈呈竹崖世兄・其二〉

聚首八年別六年，崢嶸骨相勝從前。

陸沉莫洒傷時淚，遍地哀鴻望眼穿。

〈聊園乞菊呈應谷夢蕉二兄〉

多蒙割愛到東籬，又命園丁代護持。

寄語主人休問種，淵明太白粉西施。

〈聊園乞菊呈應谷夢蕉二兄・其二〉

未肯栽花卻愛花，年年嘯傲到君家。

今秋恐被花神笑，留得園隅不種瓜。

〈送竹崖兄之扶桑〉

驛亭鐵笛惹愁生，握手依依問去程。
螺浦斷雲騷客思，馬關落日故人情。
寒潮夜湧長崎港，密霧朝迷大板城。
此際蓬萊花正豔，好留佳句燦新櫻。

〈華南客次寄嘉社諸詞友〉

浪跡江湖歲幾更，扁舟今又別東瀛。
亂中易負青山約，劫後難尋白鷺盟。
烽火連天悲塞雁，秋風滿地寂林鶯。
遙知勝會初開日，定有新詩慰客情。

由此中略可看出詩人彼此之間真摯之情感。

（二）記遊寫景

　　詩人寫詩，有賴靈性抒發，故詩人或相邀伴，或獨行，足亦所至，每每登山入海，記遊之詩作亦為繁多，以下列舉幾首：

〈蝶山懷古〉

廡下栖遲久，重臨感慨長。
湖山依舊在，人事幾滄桑。

〈重遊閩奧〉

軒昂羞作折腰人，錦江水漳再問津。
夙願欲償心轉愧，一年兩度別慈親。

〈重遊閩奧·其二〉

一擲乾坤是此行，事關興替責非輕。
眼光我欲張如電，滿腹離愁淚忍傾。

〈阿里山〉

巍巍形勢鎮南瀛，堪與新高作弟兄。
漫說棟梁孤島少，木材今日遍神京。

〈鷺江中山公園〉

天工人巧各爭優，不愧華南第一流。
獨立曉春橋上望，琵琶洲向眼中收。

〈登高〉

韻事追桓景，山中結伴行。

題糕双管下，載酒一囊盛。

風氣涼吹帽，岩花香撲觥。

催租人不到，絕頂勝都城。

〈阿里山曉望〉

帝雉催人醒，攜筇放眼頻。

檜林瞻有路。雲海認無垠。

蘭葉煙猶濕，櫻花露尚勻。

新高翹首望，瑞雲已如銀。

此外還有〈重過布嶼有感〉、〈重過布嶼有感‧其二〉、〈佛誕日登南普陀巖懷夢蕉兄〉、〈佛誕日登南普陀巖懷夢蕉兄‧其二〉、〈延平郡王水操臺感作依汪先生韻〉、〈華南逢家冠英先生話舊感作〉、〈華南逢家冠英先生話舊感作‧其二〉、〈屏東春曉〉、〈螺溪月〉、〈鵝鑾鼻道上〉、〈鵝鑾鼻道上‧其二〉、〈鵝鑾鼻道上‧其三〉、〈鵝鑾鼻道上‧其四〉、〈夢待先大人遊一處湖山秀麗風景幽絕偶成一章略記所見〉、〈五妃墓〉、〈吳鳳廟〉、〈吳鳳廟‧其二〉，都是詩中所收記遊的作品，由其中可看出詩人之遊跡以鄰近地區為主，如阿里山、鵝鑾鼻等。值得一提的是，詩人所作中頗有幾首有懷古詠史的味道，如：

〈吳鳳廟〉

德感頑凶惠及民，血花化作萬家春。

如何白種侵凌日，繼起吳公未有人。

〈五妃墓〉

果然一死泰山同，千載靈旗颯晚風。

大陸而今歸漢族，九原差可慰貞衷。

（三）記事感懷

此類詩作多為詩人於某一時一地，或記事有感而作，如：

〈壬申八月念四日於鷺門旅次驟患重病纏綿旬日〉

風雨響終宵，鄉關客路迢。

中心無所愧，坎坷且消遙。

〈春夜不寐〉

輾轉方床夢不成，艱難時事腦中縈。
春宵特為勞人永，溯盡前塵未四更。

〈迎春〉

柳眼初開杏臉紅，安排杯酒醱園東。
平生恥作逢迎事，祇為春皇一曲躬。

〈聯日風雨閉戶偶成〉

豪雨聯朝作，颱風撼竹廬。
推窗臨草帖，閉戶閱農書。
酒氣香留客，雞聲鬧起余。
前程須記取，莫漫老耕漁。

〈清明節有感〉

客裏逢佳節，無端百感生。
瞻雲遊子意，落月故人情。
蝶夢縈孤嶼，鴻泥印古城。
何堪重屈指，今日是清明。

〈書憤〉

廿年銷盡幾輪蹄，往事生憎怕再提。
奮翮未能飛越北，躬耕端合處台西。
生來野性原如鶴，憶到雄心愧作雞。
半壁溪山縱不改，綠楊無奈己堤垂。

〈感舊〉

不堪回首憶良泉，卅甲膏腴化石田。
乾地驚風強種麥，濕畦愁潦尚栽棉。
兩冬收悉供租款，四載勤猶欠俸錢。
卻笑吏員精計算，偏云所得過三千。

由這些詩中，我們大略可得知江擎甫先生於何時何境，做了那些事，有什麼樣的情懷。其他的還有〈書懷〉、〈書懷‧其二〉、〈自嘲〉、〈報午機〉、〈報午機‧其二〉、〈柏園〉、〈柏園‧其二〉、〈旅舍〉、〈旅舍‧其二〉、〈村居即事〉、〈村居即事‧其二〉、、〈偶成〉、〈餞歲〉、〈田家樂〉、〈村居什詠〉、〈村居什詠‧其二〉、

〈村居什詠·其三〉、〈試作圃〉、〈鄉情〉、〈大風不息用陸放翁韻卒成一律〉、〈風〉、〈農家即事〉、〈雜感〉、〈旅思〉、〈抵家〉、〈感事〉、〈感事·其二〉、〈年來耕稼每不如意悵然有作〉、〈清明前二日方穫麥忽烈風豪雨頗礙工作〉、〈清明前二日方穫麥忽烈風豪雨頗礙工作·其二〉、〈炊飯〉、〈炊飯·其二〉、〈低氣壓〉、〈縱筆〉、〈春寒〉、〈苦旱〉等首。

（四）詠物

濁水溪長期的沖積，造就西螺這塊肥沃的沖積平原，台灣中部四季如春的好天氣，使西螺的花草鳥獸不但多采多姿，更隨著四季的轉換，益發爭奇鬥豔，先生詠物詩中著墨最多的是花草等物，如：

〈接花〉

柔枝剪下借泥封，異種殊柯合一叢。

不信世間同化事，融和竟遜賣花翁。

〈賽菊〉

三徑秋深日撫摩，卻愁選格十分苛。

冠軍我欲攀花幟，永夜東籬獨枕戈。

〈畫梅〉

下筆偏驚墨跡肥，籠沙籠水費籌思。

年來懶寫群芳譜，祇為癯仙繪一枝。

〈植蘭〉

靈根帶露不須刪，選種遙從九畹還。

別有孤高同臭味，國香忍使老溪山。

〈菊影〉

模糊籬下跡交加，黃紫難分認幾葩。

是否柴桑新畫譜，墨痕深淺月初斜。

〈古梅〉

幾經歲月費疑猜，是否逋仙昔日栽。

莫道水心今已老，一枝猶占百花魁。

〈盆榕〉

伸屈依人感不窮，拂雲何日聳瀛東。

年來解放冪塵土，莫使高材老此中。

詩人即其所見，即其所詠，就物寫詩，亦可得見詩人平日之消遣也有植菊種梅之舉。其他還有〈養蜂〉、〈擁爐〉、〈鬥碁〉、、〈接花‧其二〉、〈種棉〉、〈榴花〉、、〈雪衣〉、〈蛛網〉、〈守宮砂〉、〈拜歲蘭〉、〈信魚〉、〈翠林〉、〈稻花〉、〈問梅〉、、〈舞女〉、〈舞女‧其二〉等首。

除此之外，詩人另有比較特別的詠物三首：

〈高射炮〉

虛空高擊若流星，貫日穿雲孰匹儔。

燈火奚須重管制，一聲足使鳥人愁。

〈電扇〉

巧將銅片代青蒲，旋轉全憑電作樞。

可惜仁風難普及，驅炎偏不到寒儒。

〈保溫瓶〉

孰把真空製作奇，半憑金屬半玻璃。

五分熱度君休笑，保暖常超廿四時。

連科技新物亦可入詩，可見詩人面對科技新物的進步，能在多變的時代中，適度的調適自我的觀點及態度，不為舊思想所拘，具有開闊的眼界和胸襟。

五、結　論

江擎甫先生的詩作簡單樸實，具有直樸的詩風，詩中所見所寫，多為先生目之所見所感，感情真實，且在日據時代的台灣，面對日本政府政治上的打壓傳統文人，先生於〈茭社沿革〉中說道：「…斯時適壽民於螺，目擊江河日下，瓦缶雷鳴，深恐美麗島上，鄒魯遺民，日處水深火熱之中，非亟喚起愛國觀念而提高民族精神不可…」[5]故先生同友人共創茭社，以宣揚祖國文化，孕育國魂，從此已頹文風，賴

5 江擎甫：「茭社沿革」，《雲林文獻》，雲林：雲林縣政府，1952 年 11 月，創刊號，頁 84。

以發揚，實在功莫大矣！

　　而其時也正處於大量新舊思潮及物質衝擊的時代，故先生詩作的內容相當多元，不惟有對詩人日常酬唱與交遊的描繪、對西螺鄉土的愛戀與依偎，也有對科技新物的新奇與讚賞，這些內容不僅反映了西螺當時代的生活情景，同時亦呈現出詩人對於當時國家社會之思維與觀感，作品裡流露著各樣的情感，對於保存西螺當時代之文化，以及發揚傳統文學，有著莫大的貢獻。

六、參考書目

《西螺萊社》，漢學所藏書。

《台灣詩社・西螺萊社》，漢學所藏書。

《萊社同人錄》，漢學所藏書。

《螺陽雅韻 —— 西螺萊社研究》，漢學所藏書。

《雲林文獻》，雲林：雲林縣政府，1952 年 11 月，創刊號。

李維喬吟草初探

莫　秀　蓮*

摘　要

　　文學作品思想內容的形成，與當時的大環境及作者個人的處境有很大的關連，本文由此兩條脈絡進行，先介紹戰後傳統詩壇的狀況，因戰後初期傳統詩運的興頹，繫乎詩刊的出版，因此，文章的發表園地對詩人而言，是相當重要的。本文先簡單介紹戰後風行的詩刊《詩文之友》及《中華藝苑》，接著引出李維喬先生這位在當時的雲林詩壇上頗負盛名的詩人，對其生平做一略述，李維喬先生在戰後隨國軍來台，其處境自然反映到作品上，此即為本文所欲探討的重點，接下來對其詩作加以探析，李維喬先生讓雲林的古典詩壇上，增添了燦爛的一頁。

---

*雲林科技大學漢學資料整理研究所研究生。

一、前　言

　　戰後臺灣漢詩的創作，固然不像新文學作者面臨語言轉換的瓶頸，可也失去日治時期的優勢，傳統漢詩不再是中文主流書寫的形式，普通話的新文學書寫成爲文學創作主潮。[1]對臺灣傳統詩人來說，「詩刊」成爲他們發表作品的重要園地，詩刊的出版也關乎戰後傳統詩運的興頹。以下就當時風行的詩刊略做說明。

　　《詩文之友》於 1953 年 11 月在彰化創刊，原由彰化人王友芬擔任社長，北斗人洪寶昆爲發行人。該詩刊開頭題有：「整理文化遺產，發揚民族精神」十二字，可以說是該刊創設的根本動機。1954 年 10 月以後，改由在台北印刷發行。在內容性質上，《詩文之友》與北部的《中華藝苑》可以說大同小異，甚至一分擊缽課卷之作，先後在兩詩刊刊登。[2]

　　1955 年 3 月，《中華藝苑》創刊，初名《中華詩苑》，以刊登傳統詩爲主，更改刊名後，刊登的範圍擴及藝術作品，如書法、國畫、篆刻等。該詩刊邀稿簡約，立場保守，以「闡揚中華國粹，涵濡民族德藝爲主旨。」、「語涉偏激或心存諷刺者，恕不刊載。」幾乎摒拒任何激越色彩的作品。收錄的內容則有：詩詞稿、詩律學論著、介紹詩詞作法、書畫作法或論著、社課或擊缽吟等。[3]

　　傳統漢詩在戰後初期，打著固有文化的標幟博得政府青睞，傳統詩因此產生短暫的回光返照，激起勃興的高潮，但是好景不常，很快就面臨發表園地萎縮、聯吟擊缽苦無園地支持的窘境。[4]在對戰後傳統漢詩壇及詩刊出版有了初步瞭解之後，就可進入以戰後詩壇爲主要發表場域的雲林漢詩家李維喬先生的世界。

---

1 江寶釵：《嘉義地區古典文學發展史》（嘉義市：嘉市文化，1998 年），頁 331。
2 江寶釵：《嘉義地區古典文學發展史》，頁 335。
3 江寶釵：《嘉義地區古典文學發展史》，頁 336。
4 江寶釵：《嘉義地區古典文學發展史》，頁 331。

二、作者生平概述

　　李維喬先生（1901~1960），號「如松」，福建省惠安縣人。因大陸變色，約於 1950 年隨國軍來台，任軍中的書記官，軍中退役後，服務於南僑公司，後客居雲林縣褒忠鄉，經人推薦而任教職，1960 年 11 月 11 日因肝病去世，享年 59 歲。在王君華先生〈悼李維喬詩〉中的序有清楚的紀錄。[5]嘉義詩人黃傳心〈輓李維喬先生詩〉中提到：「家山萬里一身孤……可愛青蓮同酒僻……英雄業失文章賤……」亦約略可知其身世。

　　維喬先生品格清高，但才高落魄，所以清苦度日，心中常懷反攻大陸的雄心壯志，無奈客死異鄉，知交好友莫不爲此嗟嘆，死後遺有妻子及子女三人，因生活清苦，維喬先生生前於居處「頤園」設帳所教之學生，招收新學生後，以其收入供遺屬生活，其經濟狀況之艱難可見一斑。

　　維喬先生交友廣闊，雲林、嘉義一帶頗負盛名的詩人，或與之相交甚篤，或是詩文往來酬唱，如吳景箕[6]、黃傳心[7]、林友笛[8]、張立卿[9]、王君華、洪大川[10]等。李維喬先生逝世後，以上諸人均有悼亡李先生的詩作[11]，由維喬先生與詩友們酬唱贈答的師以及詩友們爲其悼亡

5　此詩刊於《詩文之友》13 卷 6 期。

6　吳景箕先生在《雲林文獻》2 卷 2 期有詩〈和晉江詩家李維喬先生見贈原韻兼似劍堂十三律節九首〉（七律）與李維喬先生唱和。

7　黃傳心先生在維喬先生逝世後有多首悼亡詩：〈輓李維喬先生〉（《詩文之友》13 卷 6 期）、〈褒忠崙掃如弟維喬墓書懷〉（《中華藝苑》15 卷 4 期）、〈清明掃維喬墓〉（《中華藝苑》23 卷 6 期），兩人交情甚篤。

8　與維喬先生多有酬唱之作：〈次李維喬先生除夕感詠原玉〉（《詩文之友》3 卷 1 期）、〈過褒忠賦呈李維喬先生〉、〈以詩代柬寄李維喬先生〉（《詩文之友》2 卷 4 期、〈過褒忠重訪李維喬先生賦呈〉（《詩文之友》2 卷 6 期）、〈詣張立卿先生重訪李維喬先生蒙主人設席賦此奉酬〉（《詩文之友》2 卷 6 期）

9　有詩〈謹步李維喬先生賦呈鳴皋居士原玉贈李先生〉（《雲林文獻》2 卷 2 期）與之唱和。

10　有〈和李維喬詞兄見寄瑤韻〉並附原作刊於《中華藝苑》16 卷 3 期。

11　黃傳心〈哭李維喬如弟〉、洪大川〈敬輓李維喬詞兄〉、王君華〈弔李維喬〉、張立卿〈謹弔李維喬先生〉，另有陳輝玉〈哭李維喬先生〉、李可讀〈弔李維喬宗兄〉等，均刊於《中華藝苑》13 卷 1 期，另陳錫津〈輓李維喬先生〉刊於《詩

的詩作中，可以勾勒維喬先生的為人及其風采。張立卿一首〈謹步李
維喬賦呈鳴皋居士原玉贈李先生〉詩中，即透露兩人之間的詩文往來
關係：

> 性本風流豈是迂，清高骨骼比梅臞。得瞻眉宇三生幸，不負輪
> 蹄廿里途。
>
> 傾峽詞源同海闊，生花彩筆等緣粗。褒忠從此文風振，絳帳高
> 懸有典模。

這首詩開頭先說明維喬先生風流倜儻的瀟灑形象，接著稱讚他像梅樹
一般風格高超的節操，真是三生有幸的際遇。接著敘述他在文學上的
造詣突出，且在褒忠設帳授徒，對於開創地方文風和留下文人的高超
風格典範，具有很大貢獻，展現張立卿先生對維喬先生的推崇之情。
另外，詩人黃傳心是維喬先生生前知交，黃傳心先生於〈褒忠崙掃如
弟維喬墓書懷〉中有：「虎尾香盟完大義，桃園雁序嘆孤鴻。」的句
子，後面自注「三人結義，今只賸余。」同詩後亦有「廿載交情同手
足」的句子，可見兩人之間交情之深厚。而由林友笛的詩中亦可見多
首拜訪維喬先生的詩，可見詩人之間交往討教之頻繁。

《李維喬吟草》[12]詩作探析

維喬先生作品數量不多，多發表於《雲林文獻》、《詩文之友》、
《中華詩苑》、《中華藝苑》等刊物，時間自民國 40~49 年之間，目
前《李維喬吟草》主要收集維喬先生來台之後的作品，其中收錄的詩
作有：五律 1 首、五古 1 首、七絕 8 首、七律 51 首，共 61 首。另有
對聯 4 副、文章兩篇。作品仍陸續收集中，還有很大的發展空間。　雖
然維喬先生詩作不多，但是詩的品質卻極佳，詩格近於吳景箕。現就
詩作內容分為四類：（一）感懷身世（二）朋友贈答（三）寫景抒情
（四）婚喪酬唱。以下就詩作內容加以探析。

文之友》13 卷 6 期。
12 國立雲林科技大學漢學資料整理研究所整理編輯而成。

（一）感懷身世

文學作品貴在直抒胸臆，詩作亦是如此。因此，書寫個人情志的作品不僅表現詩人品格節操，也成爲代表詩人詩作特色之精華所在。時局的變動，使得維喬先生這方面的詩作，交織著「作客他鄉」及「懷才不遇」的愁悶，隨著時間的推移，由詩作中表現出來的心境也有所轉變，初時濃濃的「懷鄉」的基調貫穿其中，而後漸與安於現狀的處境形成拉鉅，在隱逸的恬淡中揉進一抹輕愁。

〈讀嗚皋居士並張立卿先生賜和瑤章藻采繽紛歎觀止焉爰再依韻拉湊即呈燦正〉之三

家讎國恨兩盤迂，垂老伶俜鬢影矓。

旅燕春深無故壘，羈人夢裡有歸途。

生逢喪亂才偏拙，酒入愁邊氣轉粗。

鶰眼暫資慚作嫁，濫竽寧敢說師模！

由這首詩中可見先生遭逢喪亂的黍離之悲，以及流寓雲林後自覺忝爲人師的謙虛。客居他鄉的愁緒亦可見於同題的第五首「王粲登樓懷故國，長卿賣賦滯征途」的句子中。除此之外，「才高無用」也讓先生嗟歎不已。

〈次旋馬庭主人林友笛先生六十書懷原韻〉之一

賦就書懷寄慨同，客中強半是愁中。

人因落寞才無用，時縱艱危道不窮。

失足原差棋一著，埋頭卻少地三弓。

輕肥猶省當年事，盒劍秋燈老氣雄。

詩中表現先生有著人窮志不窮的高潔品格，在同題之第四首中也露出在不得不然的現實中安身立命的思想。

〈次旋馬庭主人林友笛先生六十書懷原韻〉之四

行吟澤畔度芳辰，逝水光陰老此身。

漸覺守株原是慧，安知抱璞可全真。

竹龍夭矯才同健，梅鶴清高韻入神。

識得名山留著作，只憂學陋不憂貧。

（1954.5.1《詩文之友》2 卷 5 期）

由「家讎國恨兩盤迁」到「漸覺守株原是慧」，由「隔海白雲親舍杳，擁階黃葉客心飛」[13]到「養花學圃或無訛，鄉村小隱安恬淡」[14]，大陸來台人士「何處是兒家」的心情，牽涉到對「大陸／臺灣」之間「國／家」的認同，先生對於台灣這塊土地漸因熟悉、認識而認同旅居的心緒漸漸因落地生根而穩定下來，雖「十年老作殊方客」[15]，與同袍話當年時，也能有「聊將韻事遣愁邊」[16]的豁達了！

（二）朋友贈答

文人以詩詞互相贈答，是古代詩人的習慣，而當時的詩人，又特別喜歡相同的詩韻，作成回答的詩，以此為贈答之詩。維喬先生與洪大川先生亦有贈答之詩：

〈賦贈龔顯昇洪大川詞長燦正〉　李維喬

塵鎖雙眉久不揚，香醪濯足感賓王。
歡顏得庇千間廈，活水憑生半畝塘。
事志人歌涵井橘，買牛翁喜課農桑。
定畬著作容齋筆，又見名山卓立場。

綠蔭長留笨港春，柳絲縷縷綰行人。
大江東去難淘恨，短櫂南來許問津。
一代詞華推屈宋，三生師友重荀陳。
請纓已負終軍志，欲藉餘暉共夕晨。

（1958.6《中華詩苑》7 卷 6 期）

這首詩是李維喬先生贈龔顯昇及洪大川兩位詩友的。龔顯昇（1899~1964），號買牛翁，雲林縣北港人。日治時期曾受聘於斗南教授漢文，活躍於當時的詩壇，以捷才著稱，曾任汾津吟社第二任社

---

13 維喬先生詩作：〈秋思〉1953.6.20 刊於《雲林文獻》2 卷 2 期。
14 維喬先生詩作：〈頤園小隱似漁父村居遣懷原韻〉1956.7 刊於《詩文之友》5 卷 6 期。
15 維喬先生詩作：〈次韻嘯天寒朝〉1957.4 刊於《中華詩苑》5 卷 4 期。
16 同上。

長。[17]洪大川（1907～1984），號龍波，嘉義縣新港鄉人。自小聰明，悟性極高，靠刻苦自學，遍讀百家。[18]維喬先生這一首詩前闕說的是龔顯昇，後闕說的則是洪大川，詩中極爲推崇洪大川先生的才學，認爲可比擬爲屈宋，是極高的讚美。而洪大川先生亦有詩和維喬先生：

〈和李維喬詞兄見寄瑤韻〉　洪大川

> 累把西崑辨抑揚，寧如夢裡謁詩王。
> 論疲喜我增明鏡，鼓勵輸君出野塘。
> 振鐸定堪昌孔孟，吮毫同是慨滄桑。
> 褒忠自古人文地，合作縑緗吐納場。

> 山斗容瞻閱五春，每逢風雨恨高人。
> 起余復玩三都賦，何日同探眾妙津。
> 萬古文章崇董馬，一生膠漆締雷陳。
> 朝天煙景汾溪鯉，待綴珠璣夜繼晨。

（1962.9《中華藝苑》16 卷 3 期）

在洪大川先生的詩中，不僅回應維喬先生的讚美，還安慰他失意的心靈，互相期勉在學問上更趨精進。除了在意義上應和之外，在押韻的韻腳所用的字「王、塘、桑、場、人、津、陳、晨」還一模一樣，充分表現出洪大川先生寫詩的功力。

維喬先生此類贈答的詩還有次韻林友笛先生的〈夏日雜詠賦似知己吟侶〉[19]、〈過褒忠賦呈李維喬先生〉與張立卿的〈六一書懷〉，另吳景箕先生有〈和晉江詩家李維喬先生見贈原韻兼似劍堂十三律節九首〉[21]，由詩題可知維喬先生應有詩贈吳景箕先生，而原詩目前還在收集整理之中。由詩人之間贈答詩的頻繁，可見詩人之間以文會友、增進情誼的風雅。

---

17 謝家樺：〈龔顯昇傳統漢詩初探〉（《師生論壇》第一輯，雲林：雲林科技大學漢學所，民 92），頁 58。
18 林哲瑋〈北港儒醫──洪大川的古典詩〉。
19 參見《詩文之友》2 卷 3 期。
20 參見《詩文之友》2 卷 4 期。
21 參見《詩文之友》2 卷 2 期。

　　除了一般常見的贈答詩，維喬先生還為黃傳心先生的《劍堂吟草》寫序，並且還寫了一首〈劍堂吟草題詞〉[22]的五言古詩，在當時以律詩及絕句為主的形式中，格外突出。詩一開始先稱譽黃傳心先生的才華「擊缽上騷壇，倚馬驚耆宿。筆力邁三都，豪放吞百谷。返虛轉為渾，矯健無拘束。」，接著盛讚其詩作「會當付剞劂[23]，珠玉輝出櫝」，接下來語意一轉，說到宇宙之大、時光之速，唯有「立言垂不朽」，再一次肯定這本詩集的價值。最後提到自己人生際遇多舛：

> 我亦楚狂者，西望痛沈陸。
> 白雲鄉國悠，伶俜感馳逐。
> 蹤跡混屠沽，窮塵話更樸。
> 醒時誦君詩，醉時歌當哭。
> 菊花插滿頭，瘦影倚孤竹。

最後以「乘化聊歸盡，相期飲斗六。天南望箕尾，星文燦簇簇」作結。全詩筆力雄渾，語言流暢，用典繁多，卻不感到窒礙難讀，頗有李白詩風豪放不拘的味道，充分顯示維喬先生淵博的才學，以及寫詩的功力，非常值得一讀。

（三）寫景抒情

　　傳統的詩社常會舉辦徵詩的活動，以相同的題目，讓詩人作詩，再由詞宗評出名次。這類擊缽吟的徵詩活動，維喬先生也曾共襄盛舉，主要表現在寫景詩中，有〈杏壇夏蔭〉、〈竹溪煙雨〉、〈燕潭秋月〉、〈妃廟飄桂〉、〈關嶺溫泉〉、〈碧雲曉鐘〉、〈紫雲夕照〉、〈石室仙蹤〉等多首。

〈紫雲夕照〉

> 談玄有約赴招提，湘竹瀟灑一望齊。
> 疊嶂拖青仙觀北，眠雲絢彩夕陽西。
> 山間風物渾難定，枕上功名了不迷。
> 悟得繁華蒼狗幻，浮生底事日栖栖。

22　參見《詩文之友》2卷5期。
23　鐫版，刊印書籍之稱。

（1962.7 刊於《詩文之友》16 卷 4 期）[24]

這首詩被評爲榜眼，在寫景之外融入對於世情看透的瞭悟，及對人生際遇的豁達，以黃粱夢的例子比喻人生不過白駒過隙，繁華轉眼即過，人世間的熙熙攘攘不需掛於心上，很有禪意，不僅情景交融，還能把感情昇華、提昇是其思想可貴之處。

〈燕潭秋月〉

差池應候剪風輕，如鏡燕潭倍有名。

照影轉多清冷意，臨觴且掩亂離情。

誰家玉笛吹三弄，何處金閨夢五更。

卻喜瑤娥能解事，秋來依舊耀嵌城。

（1960.11.1《詩文之友》13 卷 4 期）

詩人的感情豐富、心思細膩，對事物都能有深刻的體察，對於身外環境景色，都可以和細密的情思結合，進而創作出一篇篇的佳作，然而身世的感傷依舊是維喬先生作品的主調，即使在擊缽吟的寫景詩中，依然可以觀察到維喬先生詩作這樣的特色。

（四）婚喪酬唱

黃美娥在《日治時期臺灣詩社的社會考察》[25]中提到：「舊詩彷彿在無聲無息中早已融入了人們的生活之中，無論是清風明月、良辰美景的賞玩，或是日常間婚、喪、喜、慶等瑣事，總會舉辦擊缽吟唱或徵詩的活動以資紀念，否則似乎覺得諸事都不過夠圓滿。……可見，舊詩成爲日常生活中人際往來的最佳文字。」這些詩多屬於婚喪喜慶之作，試看以下諸首：

〈謹次許寸金先生王珠婚感詠原韻〉

情繫支機老更敦，卅年河畔舊天孫。

謝蘭寶桂當堦馥，此是人間一樂園。

（1959.7.1《詩文之友》11 卷 2 期。）

〈林獻堂先生輓詩〉

---

24 此時維喬先生已經往生，筆者推測應爲其生前參加徵詩，在詩作評定的期間過世，所以出刊後仍有他的詩。

25 黃美娥：〈日治時期臺灣詩社的社會考察〉，《臺灣風物》（第 47 卷 3 期）。

家承問禮久蜚聲，簪笏中朝奕世榮。
身豫雅懷追北郭，時艱吾道隱東瀛。
八千雲路文星隕，七六年華泰嶽傾。
從此廣陵琴韻絕，海天憑弔不勝情。

哀音忽播哲人萎，一老如何不憗遺。
文協昔曾親倡導，政壇早已握機宜。
鶴歸華表三生幻，雲黯霧峰九月垂。
抗建未終公竟逝，蓬萊秋色水山悲。

（1956.11.1《詩文之友》6 卷 3 期）

這首林獻堂的輓詩，寫出作者對哲人已萎不勝欷噓之情，「廣陵琴韻絕」也點出作者對林獻堂先生的極致推崇，並肯定林獻堂先生倡導文協的功業，維喬先生把悲痛、感傷的情緒寄託在詩中，表達對逝者的無限敬意。

四、結　論

環境的改變通常是影響一個人思想的主要原因，而對心思細膩的詩人來說，「詩」就是他最好的訴說方式。李維喬先生因流寓他鄉，且懷才不遇，作品之間常流露出淡淡的愁緒，然而，這樣的基調成為李維喬先生詩作的一大特色，除此之外，不管是感懷抑或寫景，先生的文采出眾，用典繁多卻不顯艱澀，亦是其詩作的一大風格。藉由對李維喬先生詩作的探析，可見當時傳統漢詩人的風采，也為雲林地區即將落幕的詩壇催起一片掌聲。

附錄：李維喬先生生平及作品繫年

公　元	年　份	時　歲	事　歷　概　要
1901	清光緒 27 年		李維喬先生出生於福建省惠安縣。
1950	民國 39 年	49	李維喬先生約於此時隨國軍來台，後服務於南僑公司。
1951~1952	民國 40~41 年	50~51	約於此時至雲林。
1952	民國 41 年	51	約於此時至褒忠設帳授徒。作〈秋思〉（七律）四首。
1953	民國 42 年	52	〈秋思〉（七律）四首、〈偶憶〉（七律）、〈張勳先生曾赴京滬杭各地參觀歸時購得紈箑一把留念出示囑題爰草以應〉（七絕）、〈「雲文」上期刊載鳴皋居士贈余五律一則僅和原玉祈以斧正〉（五律）、〈讀鳴皋居士與劍堂詞友唱酬集感而賦呈即請燦政〉（七律）、〈讀鳴皋居士並張立卿先生賜和瑤章藻采繽紛歎觀止焉爰再依韻拉湊即呈燦正〉（七律）五首等詩作刊於《雲林文獻》2 卷 2 期。
1954.1.15	民國 43 年	53	〈次林友笛夏日雜詠賦似知己吟侶韻〉（七律）三首刊於《詩文之友》2 卷 3 期。
1954.4	民國 43 年	53	〈謹祝胡進士莘農先生八秩榮壽重遊泮水誌慶〉（七律）、〈次林友笛過褒忠賦呈李維喬先生韻〉（七律）刊於《詩文之友》2 卷 4 期。
1954.5	民國 43 年	53	爲黃傳心代撰《劍堂吟草》付梓緣起，並有〈劍堂吟草題詞五言古〉一詩及〈次旋馬庭主人林友笛先生六十書懷原韻〉（七律）四首刊登於《詩文之友》2 卷 5 期。

1955.4	民國 44 年	54	〈秋思寄黃傳心詞兄〉（七律）兩首刊於《中華詩苑》1 卷 3 期。
1955.6.16	民國 44 年	54	擊缽吟詩〈蒲劍〉（七律）、〈屈平〉對聯一副刊於《中華詩苑》1 卷 5 期。
1955.7.16	民國 44 年	54	擊缽吟詩〈荷珠〉（七律）刊於《中華詩苑》1 卷 6 期。
1956.1.16	民國 45 年	55	〈次韻元亨悼亡八首〉（七律）刊於《中華詩苑》2 卷 6 期。
1956.7.1	民國 45 年	55	〈頤園小隱似漁父村居遣懷原韻〉（七律）、擊缽吟詩〈詠吳鳳〉（七律）刊於《詩文之友》5 卷 6 期。
1956.8	民國 45 年	55	〈奉和漁父吟長丙申浴佛節四九初度書懷元玉即以爲祝〉（七律）兩首刊於《中華詩苑》4 卷 2 期。
1956.11.1	民國 45 年	55	〈林獻堂先生輓詩〉刊於《詩文之友》6 卷 3 期。
1957.4	民國 46 年	56	〈次韻嘯天將離台中偶感〉（七律）、〈次韻嘯天寒朝〉（七律）刊於《中華詩苑》5 卷 4 期。
1957.8.1	民國 46 年	56	參加「麻豆代天府楹聯」〈代天〉兩聯刊於《詩文之友》7 卷 5 期。
1958.6	民國 47 年	57	〈賦贈龔顯昇洪大川詞長燦正〉（七律）兩首刊於《中華詩苑》7 卷 6 期。
1958.11.1	民國 47 年	57	〈寄懷〉（七絕）刊於《詩文之友》10 卷 2 期。
1959.3	民國 48 年	58	〈次攸同詞兄題照原韻〉（七律）兩首、〈僅似立卿詞長六一書懷瑤韻〉（七律）四首刊於《詩文之友》10 卷 5 期。

1959.7	民國 48 年	58	〈祝許王朱鶯膺選台省模範母親僅次許寸金先生原玉〉（七絕）、〈僅次許寸金先生王珠婚感詠原韻〉（七絕）、文章〈陳德和封翁略歷〉刊於《詩文之友》11 卷 2 期。
1960.3.1	民國 49 年	59	以「李客夢」之名參加擊缽吟〈清明酒〉（七絕），另有〈大仙〉對聯一副刊於《詩文之友》12 卷 2 期。
1960.9.1	民國 49 年	59	〈杏壇夏蔭〉（七律）刊於《詩文之友》13 卷 2 期。
1960.10.1	民國 49 年	59	〈竹溪煙雨〉（七律）刊於《詩文之友》13 卷 3 期。
1960.11.1	民國 49 年	59	〈燕潭秋月〉（七律）刊於《詩文之友》13 卷 4 期。
1960.11.11	民國 49 年	59	李維喬先生因肝病去世。
1961.1.1			〈妃廟飄桂〉（七律）刊於《詩文之友》13 卷 6 期。
1961.3			〈關嶺溫泉〉（七律）刊於《詩文之友》15 卷 6 期。〈妃廟飄桂〉刊於《中華藝苑》13 卷 3 期。
1962.6.1			〈碧雲曉鐘〉（七律）兩首刊於《詩文之友》16 卷 3 期。
1962.7			〈紫雲夕照〉（七律）、〈石室仙蹤〉（七律）刊於《詩文之友》16 卷 4 期。

參考書目

1 . 古繼堂：《簡明台灣文學史》（台北市：人間，2003 年）初版。

2 . 江寶釵：《台灣古典詩面面觀》（台北市：巨流，1999 年）初版。

3 . 江寶釵：《嘉義地區古典文學發展史》（嘉義市：嘉市文化，1998 年）初版。

4 . 吳福助編：《台灣漢語傳統文學書目》（台北市：文津，1999 年）初版。

5 . 許俊雅：《台灣寫實詩作之抗日精神研究：一八九五─一九四五年之古典詩歌》（台北市：編譯館，民 86）初版。

6 . 東海大學中國文學系編輯：《臺灣古典文學與文獻》（台北市：文津，1999）初版。

7 . 東海大學中國文學系編輯：《日治時期臺灣傳統文學》（台北市：文津，2003）初版。

8 . 《雲林文獻》（一）（二）（台北：成文出版社，民 72），一版。

9 . 《雲林縣采訪冊》（台北：成文出版社，民 72），一版。

參考論文

1 . 鄭定國：〈四湖旋馬庭主人林友笛漢詩析論〉，《漢學論壇》（第二輯）（雲林：雲林科技大學，2003 年），頁 99-124。

2 . 施懿琳：〈台灣古典文學的蒐集、整理與研究〉，《師生論壇》（第一輯）（雲林：雲林科技大學，2003 年），頁 126-130。

3 . 謝家樺：〈龔顯昇傳統漢詩初探〉《師生論壇》第一輯，（雲林：雲林科技大學漢學所，民 92），頁 58。

4 . 黃美娥：〈日治時期臺灣詩社的社會考察〉，《臺灣風物》（第 47 卷 3 期）。

廖學昆吟草研究

莫 秀 蓮*

摘 要

　　日治時期的詩社肩負著保存文化的使命，想要談日治時期的漢詩人，就不得不瞭解此時期詩社的概況。因此本文先就日治時期的時代背景及詩社的狀況做一簡略的說明。接下來介紹與廖學昆先生關係密切的詩社 —— 荻社，並經由對荻社沿革的概述，可以再一次印證日治時期詩社存在的必要性，有這樣的認知以後，再正式進入廖學昆先生詩作的世界，可以更深入的觀察到作者身處在異族統治下的時代，所用以自處的態度以及詩作中意在言外的表達。最後，並歸納出廖學昆先生詩作的特色及其時代意義。本文希望能透過對廖學昆先生詩作的觀察，對將來從事研究雲林漢詩人者有所助益。

＊雲林科技大學漢學資料整理研究所研究生。

一、前　言

　　1895 年，臺灣割讓給日本，臺灣文學史從此有了很不一樣的轉折。日據（1895~1945）其間，日本人積極推行同化政策，一心想改變臺灣同胞使之成爲日本天皇的子民，因此許多行政措施都以「滅根」爲目標，臺灣詩社於是肩負起保存文化的責任。民國八年，日本天皇頒佈「臺灣教育令」，確立教育方針，有系統的進行殖民地教育，漢文的流傳遭受正面的挑戰。在教育上，限制漢文的傳授，漢文僅居副科，但因日本自隋唐後受中國文化的影響，初期來台履任的官吏大多有深厚的漢文基礎、能詩能文，爲達成籠絡遺老、懷柔民心的目的，政府對詩社採取放任的態度，因此詩社在日據時代是合法組織。爲延續漢文在台灣的生存，富有民族意識的先進就以此爲掩護，在詩社的活動中進行漢文的傳播。民國八年之後，臺灣的詩社如雨後春筍般，數量急遽增加，幾乎每一鄉鎮都有詩社存在，每當台北召開全台詩人大會，現任總督必定親自出席宴請與會人士，雖彼此各具用心、同床異夢，但透過這種迂迴的文化抗爭，台灣在日本長達五十年的統治之下，民族意識依然能長存，詩社可說是一大功臣。[1] 臺灣的詩社在如此艱苦的環境當中，依然人才輩出，孕育出不少優秀的漢詩人，爲臺灣的古典詩記錄下輝煌的一頁。

二、茭社的沿革

　　在介紹廖學昆先生之前，無可避免的必須先提到與廖學昆先生關係密切的茭社，以下對茭社的沿革做簡略的介紹。

　　民國八年三月，磺溪黃文陶博士因恐居異族鐵蹄之下的台胞，修習國學困難，並欲喚起國人愛國觀念而提高民族精神，於是邀集廖學昆、廖心茶、林朝好、文永昌、魏等如、江擎甫、李廷通等八人組織

1　王文顏：〈光復前臺灣詩社的時代價值〉，《文訊》第十八期（七十四年），頁 43-49。

「芸社」，聘宿儒江秋圃（藻如）主講，以詩文課士，藉以宣揚祖國文化，孕育國魂。從此，已然衰頹的文風得以發揚，翌年，社員增加，人才輩出，鎮中名士如廖重光[2]、廖發、廖學枝、廖學名、李德和、張英宗、蘇鴻飛、鍾金標、陳元亨、黃清江、廖元鐘、楊耀南、林圓、林等、林明發、周新附等人相繼入社，遂改社號為「茨」，取其中實而赤其寓意，詩人們不但以「抡雅揚風」為宗旨，還希望以率真不諱的丹心報國為懷抱，其後流風所及，鄰郡紛紛起而仿效。

民國十二年（1923年）蘇孝德、賴雨若、林玉書等循鷗社創立五週年紀念聯吟大會決議，柬邀嘉義市羅山吟社、玉峰吟社、鷗社、樸雅吟社、月津吟社、西螺茨社、汾津吟社、鷇音吟社、新柳吟社、鶯社共十詩社社友 159 名，設「嘉社」。[3]民國十四年江秋圃先生因年高體弱，於是推薦斗六鎮知友黃紹謨先生繼任。其間同人常於課餘，檢討時事輿情，論文評詩，備極樂趣。民國二十四年，為紀念「茨社」創立十五週年，編纂《茨社同人錄》，采風問俗，懷古傷時，不無可取，而且有助於補足他時的史料，在特殊環境下有其時代意義。[4]

三、作者生平事蹟

廖學昆（1897~1961），別號「應谷」，明治三十年十二月十一日生於西螺鎮現在的廣福里。父親廖大芋（諱漢棟）天賦聰穎，經管芋稞生意，又開設當鋪，並買地置產，約有五百甲的土地，而成為西螺頗有名望的大地主。學昆先生是他的獨子，自幼受父親所聘家庭教師的教育，研究漢學，深研四書五經，後來到日本東京亞東學院留學。學昆先生生性溫厚，澹泊名利，但對社會事業有許多貢獻，如一九二六年西螺七崁於福田里重建張廖家祠「崇遠堂」時，他擔任建築委員，出錢出力，而現今「崇遠堂」成為臺灣的三大家廟之一。再如廣福宮

---

2 為日據時代之生員、參事廖維峻之長子，國語校師範部畢業，曾任嘉義之公學教、庄長、街長。參見吳文星：《日治時期臺灣社會領導階層之研究》（民 81），頁 183。

3 江寶釵：《嘉義地區古典文學發展史》（1998 年），頁 249。

4 江擎甫：〈茨社沿革〉，《雲林文獻》創刊號（民 41），頁 68。

一九三六年重建時，學昆先生亦捐一千五百元（約值五分田地），以及地三十坪。

　　學昆先生在日治時期曾擔任西螺街協議會員、信用組合理事、虎尾郡水利組合評議員、大東信託株式會社監察役、臺灣地方自治聯盟議員。二次大戰後，因學識人品俱佳，被台南縣長袁國欽派任為戰後首任西螺鎮長，但一年後自請卸職，民國四十一年曾任雲林縣文獻委員會顧問。

　　學昆先生育有三男二女，兩個女兒 —— 廖素娟及廖素貞 —— 均留學東瀛；長子廖本仁畢業於早稻田政治經濟系，也是一位劍道高手，曾任日本東京防衛軍第九軍少佐，戰後回國，不滿陳儀政府的腐敗，二二八事件時曾率鄉民攻打虎尾機場，二二八事件後國軍四處抓人，至西螺鎮時，每每靠著西螺鎮長廖萬來出面款待，及學昆先生出錢送菜圃（即金條），花掉數十甲土地，才終於讓廖本仁免於牢獄之災，並得以保命。次子廖本農於日本巢鴨中學畢業後先後至香港來頓學院、英國芭蕾舞學院就讀，學成後旅居香港，創辦舞蹈學院，人才輩出，享譽國際。三子廖本懷於香港大學建築系畢業後，至英國德威大學地形設計研究所攻讀碩士學位，返港後曾任香港大學建築系教授、香港政府屋宇建築委員會建築師、政務司長等職務，被譽為香港建築界泰斗，一九八九年退休，獲英皇頒 CBE 太平洋紳士的榮譽，為國人爭光。

四、《廖學昆詩草》概述

　　民國二十四年，《菼社同人錄》[5]編纂成書，收錄學昆先生絕詩八十四首、律詩三十一首，可以說是完整的保存學昆先生三十九歲（1935年）之前的作品，可惜的是《菼社同人錄》所收集的詩作並未標上寫成年代，是以目前就《菼社同人錄》及後來零星由《詩文之友》、《臺灣詩醇》、《金湖春秋》、《詩報》、《雲林文獻》等書上所收集的

---

5 由廖學昆發行，弘文堂印刷所於昭和十五年一月十日印刷，昭和十五年一月二十日發行。

詩作編成《廖學昆詩草》[6]，共得作品 127 首，其中七絕最多，共 85
首，五律次之，共 20 首，七律 16 首，五絕 6 首，對聯 1 聯。

　　學昆先生詩作內容豐富多元，歸納如下：（一）即景抒情（二）
托物寫志（三）針砭史事（四）閒情雜詠（五）贈答酬唱（六）憶往
書懷（七）節令寫心（八）深閨幽情。略述分類標準並分別歸納篇名
和體裁如下：

　　即景抒情 —— 本類詩收錄的標準，以內容為作者對景色做描寫之
際抒發感想的詩為主。總計五絕 3 首，七絕 7 首，五律 6 首，七律 5
首，全部共有 21 首。

　　托物寫志 —— 本類詩收錄的標準，以作者在刻畫事物之外，利用
與事物相關的聯想，寄託作者的真心實意為內容的詩。總計五絕 1 首，
七絕 28 首，五律 11 首，七律 3 首，全部共有 43 首。

　　針砭史事 —— 本類詩分借古諷今及批評時事兩方面，包含作者及
詠史對時事精闢的看法。總計五絕 1 首，七絕 10 首，全部共有 11 首。

　　閒情雜詠 —— 此類作品以內容為書寫作者休閒時光的生活情趣為
主。總計有七絕 7 首、五律 3 首、七律 1 首，全部共有 11 首。

　　贈答酬唱 —— 以和朋友贈與往來的詩作內容為主。共有：總計七
絕 13 首、七律 4 首，全部共有 17 首。

　　節令寫心 —— 以逢年過節而內心有所感慨的詩作為主。總計七絕
8 首、七律 1 首，全部共有 9 首。

　　憶往書懷 —— 以憶念往事的詩作為主要內容。總計七絕 9 首，七
律 1 首，全部共有 10 首。

　　深閨幽情—描寫閨中婦人的輾轉情思為內容的詩。總計五絕 1
首、七絕 3 首、七律 1 首，全部共有 5 首。

　　茲列表整理於下：

---

6 本書由雲林科技大學漢學所整理編輯而成。

	五　絕	七　絕	五　律	七　律	合　計
即景抒情	3	7	6	5	21
托物寫志	1	28	11	3	43
針砭史事	1	10	0	0	11
閒情雜詠	0	7	3	1	11
贈答酬唱	0	13	0	4	17
憶往書懷	0	8	0	1	9
節令寫心	0	9	0	1	10
深閨幽情	1	3	0	1	5
合　　計	85	20	16	6	127

五、《廖學昆詩草》作品探析

　　黃美娥在《日治時期臺灣詩社的社會考察》[7]中提到:「舊詩彷彿在無聲無息中早已融入了人們的生活之中,無論是清風明月、良辰美景的賞玩,或是日常間婚、喪、喜、慶等瑣事,總會舉辦擊缽吟唱或徵詩的活動以資紀念,否則似乎覺得諸事都不夠圓滿。……可見,舊詩成為日常生活中人際往來的最佳文字。」這段文字為日據時代的傳統漢詩人的生活做了簡單詮釋。學昆先生的詩作內容豐富,除了包含上述所提及的內容外,還有一些關注婦女情感的作品,在眾多古典詩的題材中,別樹一幟,是非常難能可貴的。以下就學昆先生的詩做簡

<hr>

7　黃美娥:〈日治時期臺灣詩社的社會考察〉,《臺灣風物》(第47卷3期)。

略的分析。

（一）即景抒情

學昆先生遊歷賞吟的詩氣韻生動，既能寫出景色特點，又能寫出個人胸臆，情景交融，且文字清新可喜，自有一股舒暢自然的韻味，試讀〈關子嶺〉及〈螺溪月〉，自有一股靜謐之感。

〈關子嶺〉

幾重深谷幾重雲，隔斷人寰絕俗氛。

惟有靈泉共朝夕，世間塵世總無聞。

〈螺溪月〉

漫道溪流濁，蟾光洗夜氛，

沙明留雁影，水碧數鷗群。

渡口蛙聲鬧，橋頭人語紛，

楊州多月色，未必此平分。

其中〈春雨〉一詩體現了詩人對農民生活的關心，及對大自然化育萬物的感謝。

〈春雨〉

漠漠東風裡，天恩感物深，

濯枝添柳眼，破塊快農心。

燕剪迷簾隙，鶯梭逗上林，

乾坤逢一注，點滴盡黃金。

農作物的收成期最怕遇到天災，但在適當的時候下雨卻有助於作物的生成，作者在這首詩中以「快農心」點出天降甘霖時農民的喜悅之情，可說是全詩畫龍點睛之處，彷彿可見農人歡欣鼓舞的慶祝豐收，也映襯出春雨的氣氛。作者在詩中隱隱透出對辛苦農民的致敬。

（二）托物言志

作者詠物詩的內容包羅萬象，內容豐富，舉凡動物、植物、日常物品等都可納入詠物詩的範疇。而歌詠植物的詩中，以詠菊花的詩最多，也許是因為菊花代表清高的氣節，和隱逸詩人陶淵明的形象常加以疊合，符合作者隱於心的自我期許，因此詩人最喜詠菊。

〈晚菊〉

　　　　誰道秋容老，黃花色尚留，

　　　　可知真傲骨，不為雪霜憂。

　　　〈菊影〉

　　　　一籬秋色月痕明，匝地猶存晚節清，

　　　　疑是陶家新畫譜，憑誰寫照總難成。

　　　〈友菊〉

　　　　滿身風露立東籬，默默心交淡淡姿，

　　　　畢竟此情誰解識，陶潛而外屈原知。

　　　〈菊枕〉

　　　　不羨餐英學楚風，收將殘蕊碧紗封，

　　　　開來作枕遊仙去，應覓陶潛舊隱蹤。

所謂「大隱隱於市」，作者在日治時期雖然擔任許多官職，但他的心中顯然自有其嚮往的生活，可由其詩作中多次提及菊花觀察出一些端倪。除藉花抒發心志外，作者的心思細膩，在對生活物品深入的觀察後，常能由普通的日常物品中看出一番道理，試看〈棹球〉與〈紙鳶〉。

　　　〈棹球〉

　　　　分明兩版擊流星，十戰方教一局成，

　　　　棹上乾坤如許小，那堪晝夜苦紛爭。

由簡單的棹球觀察熙熙攘攘的人世間常有的紛爭，可說是一粒沙中見世界。

　　　〈紙鳶〉

　　　　紙竹成身世，高飛入碧空，

　　　　雙絃鳴落日，一線繫秋風。

　　　　俯首人間小，昂頭天路窮，

　　　　憐他簾外鳥，束縛在樊籠。

詠動物方面則以鶴的意象最鮮明，鶴在古代常與品格高潔之士一起聯想，「鶴立雞群」是說超然出眾的意思，「焚琴煮鶴」則是一種粗俗、不懂品味生活的行為，因此，鶴在文學中的意象別有一種仙風道骨的味道。作者詠鶴的詩共有三首，茲錄於下：

　　　〈籠鶴〉

　　束縛如囚暮復朝，玄精不減羽毛消，

　　　知他未改沖天志，日日籠頭望九霄。

這首詩展現籠中鶴想掙脫束縛、一飛沖天的心情。

〈池邊鶴〉之一

　　太液池邊一轉旋，玄精霜羽自蹁躚，

　　蓬萊浪淺眠三島，碧海雲輕聳九天。

　　飲啄雅尋安樂土，昂藏屬意太平年，

　　　知他靜立看流水，盛世而今不羨仙。

這首詩則是刻畫籠外的鶴悠閒自適、與世無爭的形象。

〈池邊鶴〉之二

　　幽閒小立禁池邊，未許雞群聳比肩，

　　記得鳴皋聲尚在，應知奮翼志猶堅。

　　素姿白壓瓊霜舞，丹頂紅追旭日懸，

　　不羨乘軒還有祿，愛他德厚羽毛鮮。

由此類的詩作看來，作者似乎對於代表志節的動、植物特別欣賞，應是和作者心境互相呼應，因此這些「物」背後的意象，才是作者所要表達的重點。

（三）針砭史事

　　由學昆先生的此類詩作中，可分為詠歎歷史人物及對時事的看法。詠歎歷史人物則特別以志節高尚、足智多謀的人物致上最崇高的敬意。

〈蘇東坡〉

　　不從介甫行苛政，受貶黃州志亦甘，

　　赤壁祇今秋月白，尚留佳句潤江南。

筆者綜觀學昆先生的詩作，還發現一現象，即學昆先生的詩作中常提及歷史人物，而所有歷史人物中，以陶淵明被提及的次數最多，由此可見，作者心中對於品格崇高之士的嚮往，也隱隱透露作者本人性格上不喜俗務、澹泊名利的傾向。

　　在對時事抒寫見解的詩中，可以發現學昆先生非常關心時事，擅長以物做聯想，提出對時事的見解。

〈觀海〉

蓬萊水淺碧天垂，駭浪東迴勢不危，

何用觀潮施萬弩，太平洋見太平時。

〈探海燈〉

一燈閃爍掛船頭，敵艦分明眼底收，

海上而今無戰鬥，煌煌祇合照中流。

〈落下傘〉

軟傘關心繫素腰，半空遭劫賴安跳，

航行此去無多險，何日高飛到鵲橋。

由詩中「海上而今無戰鬥」、「航行此去無多險」、「太平洋見太平時」似乎可見當時的政治情勢是相當穩定的，在此需說明的文化現象是，對身處日治時期、深受兩種文化薰陶的文人來說，雖然感受到身處文化認同夾縫中的壓力，雖對漢文化依舊嚮往，但格於日本政府的注視，已可採取寬和的態度看待日本的治權[8]，因此較無故國意識的包袱。作者處於時代的大氛圍之下，會有這樣的描寫，是很可以瞭解的。

（四）閒情雜詠

黃得時言：「所謂『閒詠詩』是應靈感的來源，自自然然從心坎裡發出來的詩，……不外乎就是時代的反映、生活的寫照和個性的表露。」[9]學昆先生此類詩正是描寫作者日常生活的情趣，以及在寧靜的生活中所獲得的心靈的滿足。試看以下兩首詩：

〈聊園雜詠〉之一

縱未能狂也勝愁，且將世事置悠悠，

閒來開闢池三畝，好種蓮花待並頭。

〈夜釣〉

短短葭菼淺淺灘，夜來垂釣未收還，

叮嚀鷗鷺休相忌，一樣浮生愛退閒。

生活的的閒趣，是生活恬淡、心靈恬淡才能有閒逸的情懷，也就是心

---

8 江寶釵：《嘉義地區古典文學發展史》（1998 年），頁 322。

9 轉引自李秋蘭：〈試論羅山女史李德和之閒詠詩及其文藝成就〉《日治時期臺灣傳統文學》（2003），頁 147。

閒而非事閒，詩人卻能自平淡無奇的生活之中找到樂趣，可見他易於滿足的個性。如下面這首〈寫意〉：

> 夜聞窗外道儂名，起視無人月正明，
> 閒倚欄干問鸚鵡，阿誰教汝叫卿卿。

讀之不由令人莞爾一笑，讀者彷彿能見到作者拿棒調弄籠中鸚鵡的樣子，以及鸚鵡無辜的表情。由此可見作者謙和的個性及清雅幽逸的生活情趣。

（五）贈答酬唱

此類詩作包含送別、寄贈、祝賀親友之作。送別類的詩有〈送鳴皋君之東都〉兩首、〈送新鶯君歸諸羅〉三首均是情感真摯、離情依依之作，試看以下兩首：

〈送鳴皋君之東都〉之一

> 昔年送我短亭邊，今日離君酒一筵，
> 不用陽關翻舊譜，新詩賦就問歸旋。

〈送新鶯君歸諸羅〉之三

> 朝朝共讀慕圍棋，聞說君歸幾日痴，
> 最是臨岐分手處，一聲珍重訂前期。

作者與友人之間相交甚篤，於短短的二十八個字中表露無遺，還未離別就已經關心歸期，可見詩人對於友人的離去是多麼的依依不捨，更見作者與友人相交之深。

在寄贈詩方面有〈寄明哲君〉、〈寄重光先生〉、〈贈竹崖君〉、〈寄懷明哲君〉、〈呈倪登玉先生〉一首（七絕）、〈癸丑春日寄東京諸兒女〉、〈次答鴻飛兄原韻〉二首，其中因〈癸丑春日寄東京諸兒女〉作於一九四三年，正是二次大戰日本將敗之際，詩人對身處異鄉的兒女有著濃濃的擔心及勸勉要兒女堅強忍耐的叮嚀，慈父心情表露無遺。

〈癸丑春日寄東京諸兒女〉

> 又見梅花一度香，迎年今日最淒涼。
> 無門彈鋏憐騷客，有子思親滯帝鄉。
> 萬里家書經歲月，千重情節戒風霜。

　　　寒衣欲寄何由買，苦味嚴冬且耐嘗。

祝賀方面的詩作有〈祝林拱辰先生令堂八旬晉一壽誕及令郎新婚〉、
〈祝雲林縣成立〉三首等。茲錄一首於下：

〈祝林拱辰先生令堂八旬晉一壽誕及令郎新婚〉

　　先生高趣樂天流，攜得青囊濟五州。

　　奉母承歡嘗舞彩，為兒授室善貽謀。

　　堂前萱草添佳色，膝下蓮花喜並頭。

　　想見雙雙朝拜壽，慈顏應笑詠睢鳩。

（六）節令寫心

　　在節令氣氛的烘托下，常常能引發詩人內心的想法，因此節令詩
的題材可以視為詩人發抒自我心境的場域。學昆先生在節令所寫的詩
包含的節令有元旦、上元、端午、中秋、歲末等。

〈乙丑元旦和竹崖君韻〉

　　又見桃花一度紅，漂流莫使落溪中。

　　年年懷事心猶醉，處處迎春氣自融。

　　馬齒翻新愁滿腹，人情依舊感盈衰。

　　門前也效鄰家樣，松竹青青映曉風。

〈甲子年端午感懷〉

　　兩載蘇杭寄此身，端陽猶作未歸人，

　　蒲觴今歲留家飲，還憶西湖吊屈辰。

由此詩可見作者曾身在異鄉，未能在端午節與家人團圓，但如今已然
回家了，卻又回憶起當時在西湖邊哀悼屈原的情景，可謂此一時，彼
一時也。

（七）憶往書懷

　　描寫親情方面的詩作除了〈癸丑春日寄東京諸兒女〉表露作者思
念子女之情外，作者夜夢亡父之詩亦是情感真摯、令人動容之作。

〈甲子元月二十八夜夢見先父以詩代錄〉之一

　　無端昨夜夢爹爹，笑語形容盡不差，

　　想是九泉思子切，回來陽世看兒家。

〈甲子元月二十八夜夢見先父以詩代錄〉之三

從古長眠事最哀，那堪魂魄夢中回，

寬心幸有兒孫輩，滿眼嬉嬉慰此來。

〈甲子元月二十八夜夢見先父以詩代錄〉之五

天明欲去竟依依，愛子如翁到細微，

臨別一言重教我，春寒朝夕要添衣。

〈甲子元月二十八夜夢見先父以詩代錄〉之六

恍惚醒來聞曉鐘，分明眼底見真容，

幾番欲寫夢中事，淚點如珠濕美濃。

透過作者白話如口語般的描寫，簡單一句「春寒朝夕要添衣」把作者父親殷殷思子之情表露無遺，令讀者讀了都忍不住鼻酸，讓人不由想起〈行行重行行〉中的「努力加餐飯」一句，最深的感情表現在最普通不過的生活需求之上。詩作中也可見作者對於兒孫有成的生活現況感到滿足。

此類詩還包含作者最隱微不欲人知的心事，透過詩作傾訴出來。

〈待月〉

欄杆倚遍自沈思，翹首長吟待月詩，

若問今宵成底事，此心惟有素娥知。

至於作者隱微的心事到底是什麼，真的就「惟有素娥知」了！

〈慾海〉

自信生平小慾存，看花看柳也消魂，

可知情海翻波處，都在心頭一點溫。

這首詩可說是作者對個性的自我剖析，可見作者雖生性恬淡，但卻不是無情之人，只是感情沈穩內斂，平常不欲表現，而向來「無題詩」最足以用來說明「此心欲寄無從寄」的心情，透過作者的〈無題〉詩，也可一窺作者的感情世界。

〈無題〉

邂逅相逢笑語紛，昔年兒事不堪聞，

羅敷已是他人婦，莫再殷勤問使君。

（八）深閨幽情

作者所有詩作的內容之中，最特別的一類就屬此類的閨怨詩，作

者站在深閨婦人的立場，道出獨守空閨的孤獨及淒涼，深刻地描寫婦人對良人早日歸家的殷殷期盼。

〈夜雨〉

西風一夜沒青霄，小雨樓頭韻轉淒，

滴到欄干聲瀝瀝，惹人愁思起深閨。

這首詩寫閨中婦人心中的淒風苦雨與窗外的情境相呼應，更顯愁思。

〈秋閨怨〉

梧桐葉落斷腸時，弱質真成命一絲，

紫燕巢寒偏去早，戍鴻路遠獨還遲。

西風簾外悲誰覺，孤月樓頭怨自知，

昨日有人邊塞返，竟無消息道歸期。

如此細膩真摯的刻畫，若非細心觀察過，豈能描寫得如此深刻？可見作者對婦女是非常關注的，並且古今無別，對於古代要求女性貞潔所點的守宮砂，作者以同情的筆調寫出他對這種不公平對待的悲憫之情。

〈守宮砂〉

曾搗春風萬杵誇，丹心未改血尤華，

朱紅一點宮人淚，千古傷情是此砂。

六、結　論

廖學昆先生六十五年的生命中，大都處在日據時期，因此他的詩作自有受到時代影響的影子，但因目前所收集的詩以學昆先生三十九歲之前，即收入《葵社同人錄》的詩作較完整，所以我們無法窺知在日據時代結束，國民政府來台初期，作者是否有如其他「跨越語言的一代」作家所面臨的國家認同問題，這個問題必須留待日後收集到作者較後期的詩作才可定論，也是後來研究者可以研究的方向。

若就目前詩作分析，以風格而言，學昆先生的詩表現出恬淡自適、清新自然的風格，也許和其平淡內斂的性格有些許關係，並且由於澹泊名利，學昆先生的詩作鮮少政治味，有別於當時一些巴結權貴、諂媚逢迎的詩人，因此，這些書寫個人情志的詩作就顯得情真意切，更

突顯出漢詩的價值。與新舊文化論戰中張我軍對「漢詩需表達真摯感情」的要求，不謀而合；在語言方面，學昆先生的詩作近乎散文般淺白，閱讀時有一定的通俗性，並在詩作中融入識見與智慧，於改隸之際，尤為可讀。

　　情意真切與語言淺白是學昆先生詩作的兩大特點，此兩點不但符合傳統漢詩人對於寫作的要求，也符合新文學論者對文章口語、淺顯的書寫方式。學昆先生的詩在經歷傳統詩社的洗禮以及文壇上新舊文學論戰、皇民化文學之後，在詩社林立、詩人輩出的時代中，可謂清新脫俗、獨樹一幟，有重要的時代意義。

附錄一：廖學昆生平及作品繫年

公　元	年　　份	時歲	事　歷　概　要
1895	光緒二十一年 明治二十八年		臺灣割讓給日本。
1897.12.11	光緒二十三年 明治三十年	1	廖學昆先生出生於西螺鎮廣福里。
1916	民國五年 大正五年	20	學昆先生之父親去世。
1919	民國八年 大正八年	23	受黃文陶之邀組織芸社。
1920	民國九年 大正九年	24	芸社社員增多，李德和、蘇鴻飛等相繼入社，遂改社號為「菼」，菼社於焉成立。
1923	民國十二年 大正十二年	27	參加嘉社。
1924	民國十三年 大正十三年	28	西螺七崁於福田里重建，廖學昆先生與廖重光、廖富淵、廖旺生、張崇岳組成建築委員會，總司廖氏宗祠興築計畫，並親赴臺北、台中觀摩張廖家廟、林氏宗祠、陳氏宗祠等建築形式，以資改建參考。 作〈甲子年端午感懷〉二首、〈甲子元月二十八夜夢見先父以詩代錄〉六首。
1925	民國十四年 大正十四年	29	作〈乙丑元旦和竹崖君韻〉一首，收入《菼社同人錄》。
1926	民國十五年 昭和元年	30	宗祠建築本體於秋天動工興建。
1928	民國十七年 昭和三年	32	宗祠建築於春天完成，費時一年半，總工程費用十四萬日圓，即今臺灣三大家廟之一的張廖家祠「崇遠堂」。廖學昆先生擔任建築委員，出錢出力，功不可沒。

1931	民國二十年 昭和六年	35	作〈辛未中秋病床作〉三首，收入《葵社同人錄》。
1932	民國二十一年 昭和九年	36	3月30日作〈蘇東坡〉一首，收入《葵社同人錄》。 5月15日發表〈諸羅春色〉一首於《詩報》八十一期，後收入《葵社同人錄》。 11月1日發表〈十六月夜〉一首於《詩報》九十二期，後收入《葵社同人錄》。
1935	民國二十四年 昭和十年	39	爲紀念葵社創立十五週年，編纂《葵社同人錄》，收錄廖學昆先生詩作，絕詩八十四首、律詩三十一首，共一百一十五首。
1936	民國二十五年 昭和十一年	40	重建廣福宮，廖學昆先生捐一千五百元日圓、地三十坪。
1943	民國三十二年 昭和十八年	47	4月6日發表〈癸丑春日寄東京諸兒女〉一首於《詩報》二九三期。
1945	民國三十四年 昭和二十年	49	日軍撤台。廖學昆先生被台南縣長袁國欽派任爲戰後首任西螺鎮長。
1946	民國三十五年	50	廖學昆先生自請卸任鎮長職務。
1952	民國四十一年	56	擔任雲林縣文獻委員會顧問。 發表〈祝雲林文獻創刊〉一首於《雲林文獻》創刊號。
1953	民國四十二年	57	三月發表〈待春〉一首於《雲林文獻》二卷一期、 12月15日發表〈呈倪登玉先生〉一首於《詩報》二卷二期。
1954	民國四十三年	58	發表〈次達蘇鴻飛兄原玉〉兩首、〈中市偶作〉一首、〈草山道上〉一首於《詩文之友》二卷六期。
1955	民國四十四年	59	九月發表〈歡場偶作〉一首於《詩文之友》四卷二期。
1961	民國五十年	65	廖學昆先生逝世。

附錄二：廖學昆先生詩作概述

一、即景抒情

	詩　　　　名	合　計
五　絕	〈武陵溪〉一首、〈灞橋踏雪〉一首、〈新秋〉一首	3
七　絕	〈新高山〉一首、〈京都道上〉一首、〈過莫愁湖〉一首、〈吹春〉一首、〈關子嶺〉一首、〈待春〉一首、〈草山道上〉一首	7
五　律	〈春雨〉一首、〈阿里山曉望〉一首、〈首夏〉一首、〈螺溪月〉一首、〈虹〉一首、〈採茶〉一首	6
七　律	〈諸羅春色〉一首、〈中市偶作〉一首、〈新月〉二首、〈塞上春草〉一首	5
合　計		21

二、托物寫志

	詩　　　　名	合　計
五　絕	〈晚菊〉一首	1
七　絕	〈古鏡〉一首、〈古寺〉一首、〈門松〉一首、〈柳眼〉一首、〈水仙花〉一首、〈燕剪〉一首、〈盆松〉一首、〈接花〉一首、〈新柳〉一首、〈手提電燈〉一首、〈石獅〉一首、〈古硯〉一首（七絕）、〈古梅〉一首（七絕）、〈並蒂蓮〉一首、〈夏菊〉一首、〈菊影〉一首、〈友菊〉一首、〈菊枕〉一首、〈海水浴〉一首、〈影戲〉一首、〈望遠鏡〉一首、〈留聲機〉一首、〈雁字〉一首、〈蟬聲〉一首、〈棹球〉一首、〈雪衣〉一首、〈籠鶴〉一首、〈雲林聯吟〉一首	28

	詩　名	合計
五　律	〈鶯簧〉一首、〈筆花〉一首、〈測候所〉一首、〈月餅〉一首、〈水中月〉一首、〈冰旗〉一首、〈紙鳶〉一首、〈信魚〉一首、〈郵票〉一首、〈睡蓮〉一首、〈湯婆〉一首	11
七　律	〈池邊鶴〉二首、〈春帆〉一首	3
合　計		43

三、針砭史事

	詩　名	合計
五　絕	〈毀艦〉一首	1
七　絕	〈蘇武〉一首、〈孟嘗君入秦〉一首、〈蘇東坡〉一首、〈劍氣〉一首、〈鬥碁〉一首、〈觀海〉一首、〈探海燈〉一首、〈警鐘〉一首、〈落下傘〉一首、〈高射砲〉一首	10
合　計		11

四、閒情雜詠

	詩　名	合計
七　絕	〈寫意〉一首、〈夜釣〉一首、〈綠天〉一首、〈稻江養病〉一首、〈聊園雜詠〉三首	7
五　律	〈聊園春色〉一首、〈釣蛙〉一首、〈餐英吟會〉一首	3
七　律	〈夏日雜詠〉一首	1
合　計		11

五、贈答酬唱

	詩　名	合計
七　絕	〈寄明哲君〉一首、〈寄重光先生〉一首、〈送新鶯君歸諸羅〉三首、〈送鳴皋兄之東都〉二首、〈贈竹崖君〉一首、〈寄懷明哲君〉一首、〈祝雲林縣成立〉三首、〈呈倪登玉先生〉一首	13

七　律	〈癸丑春日寄東京諸兒女〉一首、〈次答鴻飛兄原韻〉二首、〈祝林拱辰先生令堂八旬晉一壽誕及令郎新婚〉一首	4
合　計		17

六、節令寫心

	詩　　　　　名	合　計
七　絕	〈甲子年端午感懷〉二首、〈上元燈〉一首、〈辛未中秋病床作〉三首、〈十六月夜〉一首、〈餞歲〉一首	8
七　律	〈乙丑元旦和竹崖君韻〉一首	1
合　計		9

七、憶往書懷

	詩　　　　　名	合　計
七　絕	〈無題〉一首、〈慾海〉一首、〈待月〉一首、〈甲子元月二十八夜夢見先父以詩代錄〉六首	9
七　律	〈歡場偶作〉一首	1
合　計		10

八、深閨幽情

	詩　　　　　名	合　計
五　絕	〈征婦詞〉一首	1
七　絕	〈守宮砂〉一首、〈鴛鴦枕〉一首、〈夜雨〉一首	3
七　律	〈秋閨怨〉一首	1
合　計		5

參考書目（按作者姓氏筆劃排序）

1. 古繼堂：《簡明台灣文學史》（台北市：人間，2003 年）初版。

2. 江寶釵：《台灣古典詩面面觀》（台北市：巨流，1999 年）初版。

3. 江寶釵：《嘉義地區古典文學發展史》（嘉義市：嘉市文化，1998年）初版。

4. 吳福助編：《台灣漢語傳統文學書目》（台北市：文津，1999 年）初版。

5. 吳文星：《日治時期臺灣社會領導階層之研究》（台北市：正中，民 81）初版。

6. 許俊雅：《台灣寫實詩作之抗日精神研究：一八九五―一九四五年之古典詩歌》（台北市：編譯館，民 86）初版。

7. 東海大學中國文學系編輯：《臺灣古典文學與文獻》（台北市：文津，1999）初版。

8. 東海大學中國文學系編輯：《日治時期臺灣傳統文學》（台北市：文津，2003）初版。

9. 彭瑞金：《臺灣新文學運動四十年》（台北市：自立晚報，民 80）初版。

10. 《雲林文獻》（一）（二）（台北：成文出版社，民 72），一版。

11. 《雲林縣採訪冊》（台北：成文出版社，民 72），一版。

12. 《雲林縣志稿人民篇‧氏族志》（台北：成文出版社，民 72）。

13. 廖學昆：《葵社同人錄》（嘉義市：弘文堂，1940 年）。

參考期刊論文

1. 王文顏：〈光復前臺灣詩社的時代價值〉，《文訊》第十八期（七十四年六月），頁 43-49。

2. 黃美娥：〈日治時期臺灣詩社的社會考察〉，《臺灣風物》（第47 卷 3 期）。

3 . 施懿琳：〈台灣古典文學的蒐集、整理與研究〉，《師生論壇》
（第一輯）（雲林：雲林科技大學，2003 年），頁 126-130

王君華吟草初探

莫 秀 蓮*

摘 要

台灣文學中的古典文學仍是一塊有待墾拓之地，雲林地區傳統漢詩詩人的資料尤其蒐羅匪易，資料的缺乏及對古典詩文解讀的障礙，均使研究者面臨極大挑戰。本文就筆者所得王君華先生的傳統詩作歸納、整理，欲探究在政局變遷時，處於新舊文學交界處的台灣作家，如何以傳統的方式表達自己？時代的光影在他的詩中交錯成什麼樣的色彩？這是本文所欲探究的方向，然而仍有許多不足之處，需留待日後再作補足。

王君華肖像

＊雲林科技大學漢學資料整理研究所研究生。

一、前　言

　　文學與時代創作及背景有著密不可分的關連，文學作品可說是反應時代精神的其中一個很重要的面向，也是保存歷史的另一種方式。五十年代正值反共文學大行其道的時期，在大時代的氛圍之下，當時從事文學創作的，不管是小說、新詩還是古典詩，均難免沾染其色彩。即使古典詩在新舊文學論戰中處於較弱勢的地位，但古典詩在台灣文學的多面鏡中仍可提供另一種形式的研究觀點，亦是值得注意的問題之一。

　　但不可諱言的，台灣古典詩的資料的確還有大量開發的空間，現有的資料許多焦點鎖定在日據時代，國民政府來台以後的古典詩歌研究已屬少數，而雲林地區的古典詩人研究更是少數中的少數，若想發掘到相當的資料，田野調查的工作是不可少的。

　　本文限於時間及資源的缺乏，僅能就現有資料在案上做功夫，並因才識之不足，僅能粗淺的解讀，自有許多缺漏之處，而今僅就所得資料加以分類整理，留待來日研究者之參考。

二、作者生平及著作

　　王君華，別號如湘，福建東山人，1916 年生。黃埔軍校十九期畢業[1]，民國四十一年七月任雲林縣文獻委員會編纂組組長，即《雲林文獻》[2]主編，民國六十三年一月離任，九月調任雲林縣政府秘書室專員。卒年不詳，但從發表作品的年代及《雲林縣志稿人民篇‧氏族志》上的記載看來，至少享年 58 歲。

1　王君華〈春日小簡敬呈達雲黃主席〉有：「公爲黃埔扶搖者，我亦遲來一兄弟。」之句，作者自注：「公爲第一期先進，余十九期後學，故云。」
2　《雲林文獻》於民國四十一年十一月出版創刊號，屬季刊，雲林縣文獻會委員會編印，民國四十二年三月出刊二卷一期，至十一月出至二卷四期後停刊，前後共出五期。後民國七十年十月，雲林文獻會所編刊之《雲林縣志稿》，自第二十五輯起改名爲《雲林文獻》，與舊刊同名，並繼續出刊至今。

　　王君華先生爲人溫良恭儉，才華洋溢卻虛懷若谷，由其好友陳錫津之詩可見其端倪：

〈寄贈王組長君華〉[3]

　　飽筆文章力不疲，寫來字字盡珠璣，

　　如君品格清如許，大展雲林在此時。

〈僅次君華詞長原玉〉

　　卅年早已識先生，別後無文各自行，

　　立德養身名不俗，溫良處世洽人情，

　　治家有法垂模範，教育相承著令名，

　　詩長君華篇聖女，老翁資助發書聲。

王君華先生之著作有《雲林三公考》、《生命底歷程》等書，於民國四十一年十一月至四十二年九月還有許多文章發表於《雲林文獻》上，所發表之文章共有以下諸篇：〈以忠奸衡量林爽文〉、〈胡山巖行紀〉、〈西螺大橋與西螺同盟會〉、〈草嶺巡禮〉、〈草嶺潭的恩怨〉、〈雲林教育志初稿（上）（中）（下）〉、〈斗南寒林廟素描〉、〈丙戌進士徐德欽〉、〈東勢賜安宮散記〉、〈創刊週年與未來趨向〉等文章。因爲雲林文獻是一份歷史性的刊物，考據文學的色彩濃厚[4]，所以許多文章都是王君華先生親臨其地、身入其境才收集整理出的寶貴資料，對於文獻的整理保存及歷史的重現功不可沒，尤以〈雲林教育志初稿〉一文長達二十萬言，所收集資料之豐富，連《雲林文獻》的編者也說：「〈雲林教育志初稿〉一文，在這參考資料極端奇缺的雲林地方作者而能搜集到如許難能可貴的資料，實非易事。」[5]可見王君華先生認真負責的態度及實事求是的精神。

　　王君華先生與當時文壇上之聞人，如：吳景箕、李維喬、黃法、劉孟梁、譚訥、蔡秋桐，佛門僧侶白聖法師，政壇人士蔡文忠[6]等均有酬唱贈答之作[7]，並爲吳景箕之詩集《詠歸集》作〈序〉，力言「詩」

3　民國四十二年三月刊於《雲林文獻》第二卷第一期，頁260。

4　《雲林文獻》第一卷第一期〈編餘〉，頁129。

5　《雲林文獻》第二卷第二期〈編餘〉，頁435。

6　民國四十一年任雲林縣議會第二屆議員。

7　有陳錫津〈草嶺雜詠〉之三十四〈王組長登石壁〉、三十八〈王組長對學生懇談〉、

之價值可與「文」並駕齊驅，並認為作詩之難易來自作者自身具有的天賦和興趣，讓「詩情迴於腦際、詩意充塞於心扉」，才可做出「真」詩[8]，由《詠歸集》的〈序〉可見王君華先生對於作詩的若干觀點。

二、《王君華吟草》概述

　　由於資料收集上的侷限，《王君華吟草》目前僅收錄作品 102 首，其中七律最多，共 64 首，七絕次之，共 25 首，五律 10 首，曲牌 3 首。作品多發表於《雲林文獻》、《中華藝苑》、《詩文之友》等刊物上，時間自民國四十一年至五十三年止，其中民國四十一年至四十二年之詩作多發表於《雲林文獻》上，當和作者於其時擔任主編有關。《雲林文獻》於民國四十二年十一月停刊後，作者詩作始散見於《中華藝苑》與《詩文之友》等刊物。

　　詩作依內容歸納成五部分：（一）身世飄零之感嘆（二）憤懣世情之坎坷（三）誦經禮佛之信仰（四）反共報國之精神（五）朋友贈答之吟詠（六）寫景詠物之作品。分別歸納篇名和體裁如下：

　　身世飄零之感嘆 ——〈似立卿詞長「六一書懷」原玉〉四首（七律）、〈驪歌（告別西螺而作）〉一首（七律）、〈自像詩兼呈景箕孟梁劍堂三君子〉兩首（七律）、〈連宵風雨頓生鄉愁夜不成寐披衣起坐得詩兩律呈寄秋江陸故人〉兩首（七律）、〈春日小簡一遙寄岱江黃劍堂〉三首（七律），共有七律 12 首。

　　憤懣世情之坎坷 ——〈書懷〉四首（七律）、〈春日小簡敬呈達雲黃主席〉五首（七律）、〈申訴〉一首（七律），共有七律 10 首。

　　誦經禮佛之志向 ——〈春日偶遇沈天恩兄于斗南齋堂詩以贈之〉一首（七律）、〈簡寄白聖法師〉一首（七律）、〈歲暮寄白聖上人

〈寄贈王組長君華〉（雲林文獻，第二卷二期，1953 年，3 月）、譚訥〈承君華兄有贈敬次原玉並請斧正〉（雲林文獻，第二卷四期，1953 年，11 月）、陳錫津〈謹敬君華詞長原玉〉（1958 年 8 月）、張立卿〈謹次鳴皋指迷君華耕煙諸詞長小蓬萊雅集即席聯吟原玉〉、〈次韻君華詞長惠壽詩〉（中華藝苑，二十三卷六期，1966 年，6 期），原詩見筆者附錄〈王君華吟草〉，頁 7。

8 見吳景箕：《梅鶴仙館詩存別冊》（雲林縣：雲林文獻季刊社，民 43，初版），〈序〉。

兼示鳴皋吳處士〉一首（七律），共有七律 3 首。

反共報國之精神 —— 〈次老感韻〉一首（七絕）、〈詠懷〉一首（七絕）、〈敬贈譚訥兄〉一首（五律）、〈讀譚訥兄「癸巳遊阿里山偶成七絕五章並示同遊李、傅二兄聊以紀遊」有感，僅以原韻和之，並示雲林諸詩友，因為時間匆促，率爾草成，敬祈斧正〉五首（七絕）、〈似五十初度感懷原玉〉兩首（七律）、〈國父誕辰書懷〉一首（七律）、〈壽總統蔣公七十晉四華誕有序〉一首（七律）、〈鳴皋處士有詩一首贈余謹和瑤韻〉一首（七律），計有七律 5 首、七絕 7 首、五律 1 首，共有詩 13 首。

朋友贈答之吟詠 —— 〈次呈梅鶴仙館主人鳴皋居士韻〉一首（七律）、〈敬次「賀晉江詩家李維喬先生見贈原韻兼似劍堂十三律節九首」又贈王先生原玉〉一首（五律）、〈感賦呈郢正〉一首（七律）、〈奉和寄懷瑤韻〉一首（七絕）、〈驚聞維喬詞長臥病即寄〉一首（五律）、〈林雪美小姐與余素昧生平此次膺選三峽鎮長事出非凡特賦二律寄贈〉兩首（七律）、〈以介眉壽鳴皋詞長五九華誕席上即占〉一首（五律）、〈悼李維喬詩有序〉兩首（七律）、〈壽螺溪詹丁枝道人有序〉五首（五律）、〈與劉孟梁詩〉兩首（七律）、〈答鳴皋吳處士〉一首（七律）、〈敬和景箕吳兄「元旦書懷」原玉〉一首（七律）、〈謹和鳴皋兄歲暮君華國威二兄軒過有作原玉〉一首（七律）、〈遙寄秋桐蔡詞長〉一首（七律）、〈寄呈白聖法師佛史一冊並題詩贈〉一首（五律）、〈賦呈祺祧嫂夫人並贈台西諸理事〉五首（七律）、〈和順與余屬堂兄弟惟素昧生平遙聞婚慶有感于衷特以詩四首寄賀〉四首（七絕）、〈金縷曲賀黃文香小姐歸寧〉一首、〈臨江仙賀黃文香小姐于歸〉一首、〈滿庭芳賀新年〉一首、〈次參觀斗南寒林廟例祭有感韻〉一首（七絕）、〈歸去來詩有序〉兩首（七律）、〈青年節訪林等於新莊感賦〉一首（七律）、〈夜宿馬埔村遇雨〉一首（七律）、〈養氣園謁蔡文忠兄與蔡四嫂感賦〉一首（七律）、〈壬寅冬至日訪王少君女史未遇感賦〉一首（五律），計有七律 22 首、七絕 6 首、五律 9 首，曲牌 3 首，共有詩 40 首。

寫景詠物之作品 —— 〈大仙八景〉八首（七律）、〈芳草夕陽樓

即事詩並序〉十二首（七絕）、〈水火同源〉一首（七律）、〈秋遊
三秀園有序〉兩首（七律）、〈和陰曆七月二日率瑞兒、君華、立卿、
錫津父子同遊怡然村祉亭三秀園即景賦詩二首韻〉一首（七律）等，
計七律 12 首，七絕 12 首，共 23 首。

四、《王君華吟草》作品探析

（一）身世飄零之感嘆

　　歸納王君華先生之作品，不難看出作者去國懷鄉之思佔了很大的
一個元素，由於大陸來台人士的處境艱難，作者是抱持著作客他鄉的
心境，因此詩作之中常有「弱絮」、「飄零」等字眼來比擬自身的處
境。例如：

〈自像詩兼呈景箕孟梁劍堂三君子〉之一

　　浪跡天涯寔可哀，王陵生計費人猜，

　　身憐弱絮隨風舞，心似花飛戴雨灰，

　　雖有神機醫世亂，恨無仙策自天來，

　　論才堪與嚴光並，怎奈嚴光歿釣臺。

〈連宵風雨頓生鄉愁夜不成寐披衣起坐
　　得詩兩律呈寄秋江陸故人〉之二

　　廿載飄零感背駝，寒窗月影起婆娑，

　　金鈴朱帶三更夢，草履布衣兩折磨，

　　魂遶銅陵知己少，身羈台嶠故交多，

　　西征鼙鼓揚鏜鞳，待斬樓蘭奏凱歌。

此種流落異鄉的感嘆，與下面所要提到的「反共文學」形成了大陸來
台人士作品中主要的基調。

（二）憤懣世情之坎坷

　　王君華先生個性耿直、負責，對於自己擔任《雲林文獻》這種考
據寫史的工作，具有強大的使命感，由〈書懷〉一首可見其深為文人
的氣節，不僅僅具有「史識」，更具有「史德」。

〈書懷〉

> 一載艱難仗筆耕，雲文使命已雙成，
>
> 每因任重勞無價，時恐職虧有埋名。
>
> 儉可養廉成座右，勤能補拙自咸傾，
>
> 褒忠懲惡史家事，付與千秋百舌聲。

然而，世情險惡，使得君華先生富於正義感的個性為之憤懣，更為自己所遭受的待遇感到不公，終於發出不平之鳴。

〈申訴〉

> 公為吏部一天官，任重雙肩茍且難，
>
> 賞罰升沈憑理法，薰猶功過賴聽看。
>
> 成規誤我多悲憤，條例弄人亦浩歎，
>
> 十載年資應採算，澄清銓政見忠奸。

〈春日小簡敬呈達雲黃主席〉之三

> 斗山棲隱春秋十，憎命文章不值錢，
>
> 纂史劇憐恩怨誤，印書翻感是非牽，
>
> 人因派系分歧見，事出公私受累連，
>
> 楚引秦腔皆濫調，燃萁煮豆苦相煎。

由詩作中可見君華先生當時遭受及不平等的對待，由於資料的缺乏，無法進一步得知究為何事，然而可以看到的是君華先生耿直、不與世道同流合污的正義感。

（三）誦經禮佛之信仰

也許因為遭遇挫折，君華先生在其較後期（民國五十一、二年）的作品中，呈現出看破紅塵世事，不問俗事，皈依佛門的傾向，似乎對於現實感到失望，此時有多首詩作寄贈白聖法師，這是在之前的詩作中所未見的。

〈春日偶遇沈天恩兄于斗南齋堂詩以贈之〉

> 君為墨客我騷人，舊雨重逢情更親，
>
> 潦倒窮途哀賈島，浮沈宦海哭蘇秦。
>
> 前生既有沙門志，此世恨無法水身，
>
> 秋月春花留匣易，誦經禮佛樂振振。

〈簡寄白聖法師〉

敢向沙門表寸衷，避秦海嶠仰高風，

宣揚佛說編經史，悟入禪機役化工，

寫序人如雲裡鶴，徵書我似雪中鴻，

夢中猶記上秋事，百八韶華未奏功。

〈歲暮寄白聖上人兼示鳴皋吳處士〉

又值年殘臘鼓催，飄零身世任恓隍，

窮途我負王陵志，知命公為賈島才，

兒女庭前歌俎豆，荊妻堂上痛瓊瑰，

相逢莫笑黃花瘦，一襲袈裟亦快哉。

（四）反共報國之精神

　　五十到六十年代中期正是台灣文壇上「反共文學」盛行之時，在反共復國的基本國策下，宣洩反共情緒的創作於此時大行其道。[9]君華先生於其時代氛圍下自然無可避免的有此類作品的出現，但非時人阿諛應承之作，而是帶有熱血男兒的豪情壯志及回歸祖國的深切期盼。

〈敬贈譚訥兄〉

已是反攻日，軸艫待扣舷，碧空晴萬里，藍水盪三千。

笳鼓揚天表，旄旗耀日邊，元戎齊仰止，運幄仗雙肩。

〈似五十初度感懷原玉〉

浮世令名似弗違，壽登天命是耶非，

復仇姑作東瀛計，謀略尚須北國飛，

倦鳥天涯雙振羽，騷人海角一征衣，

收京還待同勞力，共釣金陵燕子磯。

〈讀譚訥兄「癸巳遊阿里山偶成七絕五章並示同遊李、傅二兄聊以紀遊」有感，僅以原韻和之，並示雲林諸詩友，因為時間匆促，率爾草成，敬祈斧正〉之四

名山何日許優遊，聊洩胸襟筆下愁，

暫待反攻號角響，追隨戎馬復神州。

讀之彷彿可見作者神采飛揚、意氣風發欲執戟上戰場的氣勢，迫不及

---

9 見古繼堂：《簡明台灣文學史》〈第十一章：20 世紀 50 年代台灣的「反共文學」〉（台北市：人間，2003 年），初版。

待返回祖國的神情躍然紙上。

（五）朋友贈答之吟詠

在君華先生的作品中，此類作品數量最豐，足見君華先生交遊廣闊，以及當時以詩會友的風氣。作品中透露朋友之間的相互推崇、景仰，乃爲真正君子之交。

〈敬次「賀晉江詩家李維喬先生見贈原韻兼似劍堂十三律節九首」又贈王先生原玉〉

歲月如流急，風塵識面時，情深蒙助學，日久證相知。

吾道崇尼父，公才邁左思，古今文獻在，一筆共探奇。

〈遙寄秋桐蔡詞長〉　詩友 16 卷 5 號

神交日久屬知交，論到助人莫忍拋，

一東魚書無起予，三江萍水有涸溏。

著成傖說難剞劂，賦就陰陽費嚼敲，

底事葫蘆何藥物，煩將心緒作咆哮。

〈感賦呈郢正〉

迢遙卅里訪先生，祇仰丰姿壯此行，

鶴髮衿持精與氣，童顏駐足色和情，

華堂璀璨光門第，碩德其英享令名，

爲著聖書揚聖女，還期共濟啟心聲。

此類作品除朋友之間的詩作吟詠贈答之外，亦包含喪悼及喜慶之詩，茲錄二首於下：

〈悼李維喬詩有序〉

渡海東來不帝秦，臥薪嘗膽盡酸辛，

權將筆桿當槍桿，忍把肉身做鐵身。

宿願未償音已杳，初衷雖遂志難伸，

無情造物多乖忤，不召鷗梟召信人。

〈以介眉壽鳴皋詞長五九華誕席上即占〉

祝嘏人齊來，玉堂喜宴開，瑞雲呈五彩，麗日獻三台，

北郭池中舞，東山席上陪，麻姑真似約，共普萬年杯。

（六）寫景詠物之作品

　　早在康熙時，台灣就有八景詩的描寫，當時台灣所提供的自然景觀處處是詩人進入化外世界的發現與驚喜[10]，王君華先生亦有八景詩之寫作，可謂承襲台完灣古典自然詩的傳統，此八景為〈大仙擂鼓〉、〈碧雲曉鐘〉、〈關嶺溫泉〉、〈水火同源〉、〈凍山曉翠〉、〈紫雲夕照〉、〈石室仙蹤〉、〈白水青螺〉。茲錄兩首於下：

〈水火同源〉

曾文此是麒麟口，國姓一拳禍患生，
玉枕地靈昭史乘，碧雲人傑永題名，
同源水火多奇蹟，相處草蟲亦寵榮，
風雨狂來泉愈沸，熊熊茶火夢魂驚。

〈凍山曉翠〉

山在台南纔屈指，崔嵬巋崝插藍天，
人登絕頂凌雲漢，地處平原起霧煙，
大武風光收眼底，澎湖水色落胸前，
蒼茫曙裏迢遙望，萬壑千巖逞秀妍。

三、結　論

　　古典詩的寫作，正如王君華先生所言，也「難」，也「易」，容易的是它只有二十個字就是一首詩，然而，「難」也正難在此處，如何在有限的字數中，把意思精鍊的表達出來，是以古典詩雖是短短數字，卻是涵韻無窮的。

　　王君華先生雖然只是台灣區域性的文學作家，然而在他的詩作中可以看到時代的縮影，有大陸來台人士流落異域的感懷、有當時政治策略影響文壇的「反共文學」的影子、還有承襲台灣古典自然詩的傳統，揉合了大時代的諸多色彩，也創造王君華先生詩作中獨特的風格，站在研究者的立場，我們可以看成是一個亂世文人的感時傷懷，但又何嘗不能是中國近代歷史的另一個特寫鏡頭呢？

---

10 江寶釵：《台灣古典詩面面觀》（台北市：巨流，1999 年），初版，頁 130。

附錄：《王君華吟草》作品繫年

公　元	民　國	時歲	事　歷　概　要
1916	民國 5 年	1	王君華誕生
1928 ↓ 1932	民國 17 年 ↓ 民國 21 年	13 ↓ 17	約於此時來台。 與陳錫津相識。
1952.7	民國 41 年	37	任職於雲林縣文獻委員會編纂組組長。
1952	民國 41 年	37	發表〈以忠奸衡量林爽文〉、〈胡山巖行紀〉等文章。（雲林文獻，創刊號）
1953.3	民國 42 年	38	發表〈西螺大橋與西螺同盟會〉、〈草嶺巡禮〉、〈草嶺潭的恩怨〉等文章、詩作有〈次呈梅鶴仙館主人鳴皋居士韻〉（雲林文獻，第二卷第一期）
1953.6	民國 42 年	38	發表〈雲林教育志初稿（上）〉、〈斗南寒林廟素描〉等文章、詩作有〈敬次「賀晉江詩家李維喬先生見贈原韻兼似劍堂十三律節九首」又贈王先生原玉〉一首。（雲林文獻，第二卷第二期） 6.9 作〈斗南寒林廟素描〉一文，後附〈次參觀斗南寒林廟例祭有感韻〉一首。 6.20 作〈詠懷〉一首。
1953.9	民國 42 年	38	發表〈雲林教育志初稿（二）、〈丙戌進士徐德欽〉、〈東勢賜安宮散記〉，詩作有〈敬贈譚訥兄〉一首、〈次老感韻〉一首、〈讀譚訥兄「癸巳遊阿里山偶成七絕五章並示同遊李，傅二兄聊以紀遊」有感，僅以原韻和之，並示雲林諸師友，因為時間匆促，率爾草成，敬祈斧正〉五首。（雲林文獻，第二期第三卷）
1953.11	民國 42 年	38	發表〈創刊週年與未來趨向〉、雲林教育志初稿（三）〉文章、詩作有〈書懷〉四首（雲林文獻，第二卷第四期）

1954	民國43年	39	結識李維喬。
1955	民國44年	40	出版《雲林三公考》一書。
1957.5	民國46年	42	作〈似五十初度感懷原玉〉一首。（〈鯤〉，二卷四期）
1958.8	民國47年	43	作〈感賦呈郢正〉一首。（詩文之友，九卷五期）
1958.10	民國47年	43	作〈奉和寄懷瑤韻〉一首、〈驚聞維喬詞長臥病即寄〉一首。（詩文之友，十卷二期）
1959.2	民國48年	44	作〈國父誕辰書懷〉一首。（詩文之友，十卷四期）
1959.4	民國48年	44	作〈似立卿詞長「六一書懷」原玉〉四首。（詩文之友，十卷六期）
1960.7	民國49年	45	作〈林雪美小姐與余素昧生平此次膺選三峽鎮長事出非凡特賦二律寄贈〉兩首。（中華藝苑，十二卷一期）
1960.10	民國49年	45	作〈以介眉壽鳴皋詞長五九華誕席上即占〉一首。（詩文之友，十三卷三期）
1960.11	民國49年	45	作〈大仙八景〉之〈大仙擂鼓〉、〈碧雲曉鐘〉、〈關嶺溫泉〉等三首。（中華藝苑，十二卷五期） 好友李維喬於十一月十一日逝世。
1960.12	民國49年	45	作〈大仙八景〉之〈水火同源〉、〈凍山曉翠〉、〈紫雲夕照〉等三首。（中華藝苑，十二卷五期） 作〈壽總統蔣公七十晉四華誕有序〉一首。（詩文之友，十三卷五期）
1961.1	民國50年	46	作〈悼李維喬詩有序〉兩首。（詩文之友，十三卷六期）
1961.2	民國50年	46	作〈大仙八景〉之〈石室仙蹤〉、〈白水青螺〉等二首。（中華藝苑，十三卷二期）
1961.3	民國50年	46	作〈和順與余屬堂兄弟惟素昧生平遙聞婚慶有感于衷特以詩四首寄賀〉四首。（中華藝苑，十三卷三期）

1961.4	民國 50 年	46	作〈連宵風雨頓生鄉愁夜不成寐披衣起坐得詩兩律呈寄秋江陸故人〉四首。（中華藝苑，十三卷四期）
1961.5	民國 50 年	46	作〈春日小簡 —— 遙寄岱江黃劍堂〉三首。（詩文之友，十四卷四期）、〈壽螺溪詹丁枝道人有序〉五首。（中華藝苑，十三卷五期）
1961.8	民國 50 年	46	作〈歸去來詩有序〉兩首。（詩文之友，十四卷六期）
1961.11	民國 50 年	46	作〈自像詩兼呈景箕孟梁劍堂三君子〉兩首、〈與劉孟梁詩〉兩首。（詩文之友，十五卷二期）
1961.12	民國 50 年	46	作〈芳草夕陽樓即事詩並序〉十二首。（中華藝苑，十四卷六期）
1962.3	民國 51 年	47	作〈敬和景箕吳兄「元旦書懷」原玉〉一首、〈水火同源〉一首、〈答鳴皋吳處士〉一首、〈金縷曲賀黃文香小姐歸寧〉一首、〈臨江仙賀黃文香小姐于歸〉一首。（詩文之友，十五卷六期） 王君華約於此時至西螺。
1962.4	民國 51 年	47	作〈春日偶遇沈天恩兄于斗南齋堂詩以贈之〉一首、〈青年節訪林等於新莊感賦〉一首。（中華藝苑，十五卷四期）
1962.5.	民國 51 年	47	作〈鳴皋處士有詩一首贈余謹和瑤韻〉一首、〈謹和鳴皋兄歲暮君華國威二兄軒過有作原玉〉一首、〈申訴〉一首、〈簡寄白聖法師〉一首。（詩文之友，十六卷二期）
1962.7	民國 51 年	47	作〈青年節訪林等於新莊感賦〉一首。（詩文之友，十六卷四期）
1962.8	民國 51 年	47	作〈養氣園謁蔡文忠兄與蔡四嫂感賦〉一首、〈遙寄秋桐蔡詞長〉一首、〈夜宿馬埔村遇雨〉一首。（詩文之友，十六卷五期）
1962.9	民國 51 年	47	作〈寄呈白聖法師佛史一冊並題詩贈〉一首。（中華藝苑，十六卷三期）

1963.1	民國 52 年	48	作〈和陰曆七月二日率瑞兒、君華、立卿、錫津父子同遊怡然村祉亭三秀園即景賦詩二首韻〉一首。（詩文之友，十七卷一期）
1963.2	民國 52 年	48	作〈歲暮寄白聖上人兼示鳴皐吳處士〉一首。（詩文之友，十七卷五期）
1963.3	民國 52 年	48	作〈壬寅冬至日訪王少君女史未遇感賦〉一首。
1963.4	民國 52 年	48	作〈驪歌（告別西螺而作）〉一首。（詩文之友，十八卷一期）（中華藝苑，十七卷四期） 王君華離開西螺。
1963.5	民國 52 年	48	作〈春日小簡敬呈達雲黃主席〉五首。（中華藝苑，十七卷五期）
1963.10	民國 52 年	48	作〈秋遊三秀園有序〉兩首。（中華藝苑，十八卷四期）
1964.1	民國 53 年	49	作〈滿庭芳賀新年〉一首。（中華藝苑，十九卷一期）
1974	民國 63 年	59	一月離任雲林縣文獻委員會編纂組組長，同年九月調任為雲林縣政府秘書室專員。

參考書目

1．王君華：《雲林三公考》（嘉義市：太平洋出版社，民 44 年）。

2．古繼堂：《簡明台灣文學史》（台北市：人間，2003 年）。

3．江寶釵：《台灣古典詩面面觀》（台北市：巨流，1999 年）

4．林文龍編：《台灣詩錄拾遺》（台中市：台灣省文獻委員會，民 68）。

5．吳景箕：《梅鶴仙館詩存別冊》（雲林縣：雲林文獻季刊社，民 43）。

6．吳福助編：《台灣漢語傳統文學書目》（台北市：文津，1999 年）。

7．許俊雅：《台灣寫實詩作之抗日精神研究：一八九五─一九四五年之古典詩歌》（台北市：編譯館，民 86）。

8．《雲林文獻》（一）（二）（台北：成文出版社，民 72），一版。

9．《雲林縣采訪冊》（台北：成文出版社，民 72），一版。

10．《雲林縣志稿人民篇‧氏族志》（台北：成文出版社，民 72）。

參考論文

1．鄭定國：〈四湖旋馬庭主人林友笛漢詩析論〉，《漢學論壇》（第二輯）（雲林：雲林科技大學，2003 年），頁 99-124。

2．施懿琳：〈台灣古典文學的蒐集、整理與研究〉，《師生論壇》（第一輯）（雲林：雲林科技大學，2003 年），頁 126-130。

蕭登壽詩作初探

謝　錦　味*

摘　要

　　日據時期漢詩詩人蕭登壽於昭和六年至九年間屢於《詩報》、《東寧擊缽吟》發表其創作，本所剪貼蒐集其作計得七絕二十二首，其題材多樣：或寫實述懷、或詠物寄慨、或反映社會時事、或贈詩以賀詩友、或詠史懷古，皆有可觀；其技巧亦婉轉多變：或鋪陳直敘、或借彼喻此、或因物起興、或鎔裁典故入詩，皆無遜於同期之詩侶，頗值一讀。蕭氏同時亦名列汾津吟社、斗南吟社，地位之重要可見一般。但其生平事蹟迄今湮沒無聞，殊為可惜！本文嘗試探析其詩作，並呈現筆者以歷史研究及田野調查法發掘其身世所得，希望藉此拋磚引玉，或能吸引更多有心人投入這一塊園地挖掘、耕耘，並在此更進一步的研究下而有嶄新的發現！

＊雲林科技大學漢學資料整理研究所研究生。

一、前　言

　　蕭登壽先生詩作散見《詩報》、《東寧擊缽吟》前集，署名或直稱登壽、蕭登壽，或標明北港蕭登壽、土庫蕭登壽，本所剪貼蒐集其作，計得七絕二十二首，但不詳其生平。陳錫津《雲林文獻》2 卷 2 期之〈斗南吟社詩選錄〉[1]序文敘及：「斗南吟社」爲其與蕭登壽、李雲從等八人共同倡立；另北港街士紳曾席珍籌組汾津吟社，後加入嘉社，昭和 4 年嘉社社員名簿載社員十五人，登壽先生亦與王東燁[2]、王金鐘、龔顯升[3]、曾人潛等同列其中，推論登壽先生在當時的騷壇，應具有一定地位。筆者熟讀其作，以爲：在有限的作品中已包含多種題材，且具有技巧純熟、賦比興法俱備、善於鎔裁典故等優點，若任其人其詩湮沒不傳，未免可惜。筆者嘗試以歷史研究法、輔以田野調查，考察其事蹟之外，更冀望發現更多作品，成果雖不如預期，但總算有了開端，且待有心人繼續耕耘。本文除略敘考察經過、所得，及詩人與汾津、斗南吟社之淵源外，並試加賞析其作。

二、尋找「雲林詩人」蕭登壽

　　如前所述，蕭登壽詩作散見《詩報》、《東寧擊缽吟》前集，署名或直稱登壽、蕭登壽，或標明北港蕭登壽、土庫蕭登壽，本所剪貼蒐集其作，計得七絕二十二首。其中或寫實述懷（〈癸酉新春感懷〉四首、〈中秋賞月〉二首），或詠物寄慨（〈詠雞〉四首、〈秋扇〉

1　陳錫津：〈斗南吟社詩選錄〉，《雲林文獻》2 卷 2 期（1953 年）頁 552。
2　王東燁（1893－1982），字槐庭，號季琮，曾任「汾津吟社」總幹事，著有「槐庭詩草」，臺灣光復後，受聘於北港家政女校、北港農學校、南陽國小執教漢文。王東燁年輕時精研歧黃，但未開設藥行診所，只對慕名患者義診處分，懸壺濟世，是與世無爭的儒醫。
3　龔顯升先生號「買牛翁」，爲雲林北港人，生於西元 1899 年（民前十三年），卒於西元 1964 年（民國五十三年），其國學基礎厚實，日治時期曾受聘於斗南教授漢文，性好吟詠、詩才敏捷，除加入北港汾津吟社並於光復後擔任第二任社長外，亦自創「彬彬吟社」；先生頗善貨殖，曾赴高雄經營木材廠、亦曾在嘉義經營藥廠。

二首、〈春花〉二首、〈詠猿〉），或反映社會時事以勸勉同胞（〈觀土庫青年團文化劇所感〉二首），或詠史懷古以見其別有見地（〈鄭旦〉），或贈詩以賀詩友新婚、壽辰並醫院落成（〈祝陳敦厚君新婚〉二首、〈祝虎尾王標先生三十壽並醫院落成〉二首），題材多樣之外，手法或賦或比、興，亦有可觀，但不詳其生卒、年壽、字號，亦不知其生平事跡，更遑論其他。這樣的詩人在日據前後的雲林詩壇也許具有相當的地位與影響力，詩作或許不止於此！若能考察出作者的背景資料，將有助於解讀其創作；甚至更進一步找出其他蒙塵的遺珠！在台灣文學、區域文學好不容易走出一片天地來的此時此刻，若仍然任由那些曾在這片土地上辛勤筆耕、且大小原該有他一個位子的騷壇前賢湮沒無聞，豈不可嘆亦復可惜？

　　基於這樣的心態，筆者試圖以個人有限的人脈資源，在土庫、北港地區進行田調，以求找出更多資料，至少在析論其作品時做到知人論世，然而，一切的努力只是枉然。可喜的是：賴子清〈古今臺灣詩文社〉為我留下一縷線索：

　　民國十一年，嘉義廳北港街士紳曾席珍，鑑於廳下鹽水、朴子、西螺、新營、柳營、布袋各處，詩社逐漸成立，以培養知詩習禮之士，乃邀該街同志十數名，設立汾津吟社。十二年加入嘉社，延請嘉義陳家駒茂才，館於其家，教授經書，旁及唐宋韻學。繼續三四年後，陳茂才移塾嘉義，而汾津社員已漸解音律，因互相切磋，維持罔懈。據民國十八年嘉社社員名簿，社員有王東燁、王金鐘、龔顯升、王希安、曾人潛、龔顯伴、蔡谷、魏金讚、龔烟墩、高秋鴻、張長川、郭鴻翔、李冠三、蕭登壽、洪清雲等十五人，現由龔顯升主持社務。[4]

　　根據此一線索，筆者推論：蕭登壽先生既為北港汾津吟社成員之一，在汾津詩人的應酬詩中也許可以找到蛛絲馬跡。果然，昭和 6 年《詩報》17 期刊載了龔顯升的〈春睡寄登壽兄〉：

〈春睡寄登壽兄〉　　龔顯升

　　也隨香夢挹群英，不計巫山路幾程。

---

4 賴子清：〈古今臺灣詩文社〉，《台灣文獻》十卷三期（台北：台灣省文獻會，1959 年）。

　　　　春草池塘傳有句，落花風雨聽無聲。
　　　　棠魂繚繞繁華地，蝶影低迷錦繡城。
　　　　色色空空空色色，黑甜鄉裡費人評。

龔顯升先生號「買牛翁」，為雲林北港人，生於西元1899年（民前十三年），卒於西元1964年（民國五十三年），其國學基礎厚實，日治時期曾受聘於斗南教授漢文，性好吟詠、詩才敏捷，除加入北港汾津吟社並於光復後擔任第二任社長外，亦自創「彬彬吟社」；先生頗善貨殖，曾赴高雄經營木材廠、亦曾在嘉義經營藥廠。《詩報》同期尚有其〈再受斗南之聘感作〉一詩，寫其再度受聘斗南教席之感懷，詩末叮嚀親友莫要厚顏足恭、攀附權貴：

　　〈再受斗南之聘感作〉　龔顯升
　　　　再匯名流鯽共龍，升天未必自雲從。
　　　　凌霄漫道無階級，超海不能性詎慵。
　　　　為彼千山勞進簀，終教萬壑盡朝宗。
　　　　寄言堂下親師友，莫向權門善足恭。

〈春睡寄登壽兄〉稱詩人「登壽兄」，顯見：詩人若非比龔顯升先生年長或年齡輩分相當，即是在詩壇具有相當受敬重的地位。全詩寫夢中見聞、虛虛實實之象穿插其間，龔顯升先生曾教授漢文，是以念茲在茲，而有「也隨香夢挹群英，不計巫山路幾程。春草池塘傳有句，落花風雨聽無聲。」之句，但「棠魂繚繞繁華地」所指何處？「蝶影低迷錦繡城」意欲何指？「色」、「空」又是否別有諷諍？種種疑問，費人思量！終究無補於我們進一步了解蕭登壽先生。

　　冀圖找出蕭登壽應和之作，筆者遍查所內保存之昭和6年《詩報》影本，意外發現了詩人其他詩作：刊在《詩報》第9期有〈辛未元旦〉（可惜影本不完整，僅存二句）、第22期有嘉社春課〈吟聲〉二首、25期有〈遊關子嶺有感〉；再往後逐期翻檢《詩報》，卻已無所得。筆者自忖：目前已得之詩作分佈時間集中於昭和6年至9年，顯然此一時期為詩人創作發表的高峰期，嗣後不知因何緣故，詩人的創作停頓了（至少不再發表於《詩報》）。除了放棄對詩人身世背景的探討，就詩論詩外，似乎別無他法！

　　筆者仍不放棄在應酬詩中尋找一線希望，終於，在昭和 8 年《詩報》55 期找到斗南陳文鑑〈祝蕭登壽先生令郎完婚〉一詩：

〈祝蕭登壽先生令郎完婚〉斗南　陳文鑑

> 洞房花燭燦良辰，如此天緣證晉秦。
>
> 誌合今宵情意好，喜看蘭桂葉蓁蓁。

本詩極盡祝賀之意，但大量套用典故與讚頌之詞，並未提供太多新訊息。昭和 8 年即民國 22 年，據此詩得知登壽先生已娶一媳，推論其年歲長於民前十三年生之龔顯升先生的可能大大提高，龔顯升先生在〈春睡寄登壽兄〉中稱詩人「登壽兄」應非虛飾之敬詞，可資抽絲剝繭的線索又斷了一條。幸而又在昭和 16 年《詩報》252 期發現了署名「斗南林瑞琚5」的兩首酬唱詩〈和富山壽一先生韻〉舊姓名蕭登壽及〈呈富山壽一先生〉，此處，我們需以同理心諒解「皇民化運動」下，漢人被迫改日名之無奈，不能站在今人立場，予以苛責。

　　須知：皇民化運動是日本殖民史後期的重要政策，許多台灣人在這個過程中不得不接受日本式的生活習慣及思考模式，被迫成為所謂的「日本人」，這是台灣史上一段叫人心酸的過去，但時至今日，卻不能以「民族意識」的觀點，深非其人。

〈和富山壽一先生韻〉舊姓名蕭登壽　斗南　林瑞琚

> 佳章得句讓高年，精究青囊豈偶然。
>
> 南斗懸壺光日月，功侔良相美君先。

此詩作者林瑞琚除了恭維登壽先生醫術高明、功勞等同良相外，也以「佳章得句讓高年」肯定其詩文才華。再看另一首：

〈呈富山壽一先生〉斗南　林瑞琚

> 富貯神方療眼睛，山鄉市井識芳名。
>
> 壽民壽世憑醫德，一視同仁婦孺迎。

此為嵌名詩，將詩人日名「富山壽一」嵌入詩句中，仍不脫對其醫術醫德之頌揚。此類應酬詩看似雕蟲小技，一般認為藝術價值不高，卻有助於我們從中研究考查作者生平、交遊……等等，此一說法見諸謝

5　但迄今未找到詩人給林瑞琚的贈詩，亦不詳林氏之生平事蹟，仍待有志雲林文學研
　究者投入開墾。

海平〈論應酬詩在古籍整理的價值——以唐大曆詩人為例〉一文：

> 一般而言，在文學的範疇中，不管是從創作的觀點或研究的觀
> 點切入，對應酬詩的評價都不高，總認為應酬詩是「為文造情」，
> 缺乏作者應該投入的真誠情意……
>
> ……在那些詩裡，整理古籍的人可以找到有關作者身世的消
> 息；有關作者性格、思想的消息；有關作者交遊的消息；有關
> 作品內容的消息；有關作品真偽、流傳的消息；有關歷史背景
> 的消息；有關寫作時代社會習慣及文壇風尚的消息……等等，
> 這些資訊，不就是整理古籍時所依賴的有力證據嗎？[6]

正是這些信念讓我鍥而不捨的努力有了峰迴路轉的喜悅，應酬詩在此
發揮了「小兵立大功」的貢獻。我們總算得知：登壽先生原來為一眼
科醫生，而且顯然與斗南地方淵源菲淺。「北港蕭登壽」、「土庫蕭
登壽」為什麼不能也是「斗南蕭登壽」？我嘗試從斗南詩社中尋找佐
證。果然有所發現，陳錫津氏於《雲林文獻》2 卷 2 期之〈斗南吟社
詩選錄〉序言[7]中述及：

> 斗南吟社，誕生於民國十七（公元一九二六[8]）年十一月一日，
> 為知友李雲從（春龍），李茂炎（盛輝），曾丁興（杰仁），
> 陳木（良材），蕭登壽（上山），章萬春（晚紅），曾清慕（鴻
> 秋），以及筆者陳錫津（字指迷號芳國）等八人倡首成立，設
> 址設於斗南庄三二二號邱瑞星氏家，旋與李茂炎先生之斗南讀
> 報社相併合，乃命名為斗南吟社。

筆者於是在斗南地區「明察暗訪」後，終於進一步獲悉：登壽先生曾
在日據時期於斗南市街行醫，醫所名為登壽醫院，為一專門之眼科醫
院，亦有地方耆老耳聞其雅好漢詩，曾加入詩社，但不詳其後人去處，
亦無人得見、保留其作。[9]

---

6 謝海平：〈論應酬詩在古籍整理的價值 —— 以唐大曆詩人為例〉，《逢甲人文社會
　學報》第 6 期（2003 年），頁 29－42。

7 陳錫津：〈斗南吟社詩選錄〉，《雲林文獻》2 卷 2 期（1953 年）頁 552。

8 民國十七年應為西元 1928 年，公元一九二六年則是民國十五年。不知斗南吟社究
　竟創始於何年？有待查考。

9 詩人故居坐落於隘巷之中，如今已一片荒蕪，獨留蔥籠綠樹與斑駁院牆、半頹古厝，

　　嗣後幸得斗南戶政蕭小姐、劉小姐熱心協助，查知詩人舊居尚存，與其當年執業醫所皆在今斗南中正路上，長子名松齡，育有數子，甫於九十二年間謝世云云。至於詳細，因事涉隱私及其他因素，仍建議自行於斗南市街打聽、尋訪。筆者經過數次錯誤嘗試與拒絕後，幸運在虎尾找到了登壽先生的長孫與長媳。他們謙稱不知「阿公」是詩人、亦未保留其手稿、遺物，能提供的資料甚微，殊不知：確認作者的身世只是一個開端，只要有了開端，新的發現與研究也就有了可能。

　　根據詩人長孫昭明先生所言：登壽先生畢業於台北醫專，祖籍爲彰化社頭，但先生壯年即落籍雲林，曾在土庫、斗南、褒忠、斗六開設眼科，詩作署名稱北港蕭登壽、土庫蕭登壽，應是以當時所處爲據，嚴格說來恐怕算不得當地詩人。詩人不生於斯、不長於斯，卻將畢生精神奉獻於斯：以其醫術醫德療癒雲林數鄉鎮的眼疾患者，又積極參與詩社之倡立，以「宣揚國粹，圖挽將頹之漢學，鼓吹各界人士，加強漢學之研究，勵精圖治，恢復我固有之道德」[10]，子孫後人且落地生根、長留雲林，謂之「雲林詩人」並不爲過！

三、蕭登壽生平及其與汾津吟社、斗南吟社之因緣

　　蕭登壽（1884－1962）字上山，畢業於台北醫專，祖籍爲彰化社頭，但壯年即落籍雲林，曾在土庫、斗南、褒忠、斗六開設眼科，名爲登壽醫院。先生生於清光緒 10 年，卒於民國 51 年，享壽七十有九，所處的時代，正當清領末期、日本據台 51 年及台灣光復初期。其漢詩創作數量不豐，散見《詩報》、《東寧擊缽吟》前集，署名或直稱登壽、蕭登壽，或標明「北港蕭登壽」、「土庫蕭登壽」，目前蒐羅集軼其作所得，僅七絕二十七首（含〈辛未元旦〉殘篇一首），（另有詩友賦贈之應酬詩四首）。[11]創作（發表）時間集中於昭和 6 到 9 年（西元 1931－1934 年），即作者 48 到 51 歲這一段時期。其中或寫實

　　徒留後人不盡唏噓。參見附錄（一）。
10 同注 1。
11 詳見附錄（二）。

述懷，或詠物寄慨，或反映社會時事以勸勉同胞，或詠史懷古以見其別有見地，或贈詩以賀詩友新婚、壽辰並醫院落成，題材堪稱多樣，手法或賦或比、興，也有可觀，可謂量少質精，值得推介。

但令人費解的是：作者早在 1922 年（39 歲）時即加入汾津詩社，也參與斗南吟社之倡立，爲何不見此時期有詩作傳世？關於前一個問題，我們可以在張作珍《北港地區傳統詩社研究》中找到參考答案。據張作珍《北港地區傳統詩社研究》所載：「汾津吟社雖於民國十一年即已創社，但由於該社社員多經商、常於閑暇聚會讌集，並即席賦詩、評定；會後即交由總幹事集束收藏，故少有於報章詩刊上發表」。[12]而所存檔之資料「部分由於輾轉搬遷流失、部分因保存不善，水漬日曝而毀壞；最後收拾倖存之詩稿，藏於木櫃，竟佚於竊賊」。[13]

在此，我們有必要進一步認識汾津吟社：汾津吟社爲北港士紳曾席珍於西元 1922 年（民國十一年）在北港所創立，創立目的在培養青年知詩習禮、充實知識，因此入社規定甚爲寬鬆。詩社的命名顯然是以地爲名，因北港又名汾津，望名而知所處，是頗具地方鄉土色彩的社名。日治時期汾津吟社的活動以課題和擊鉢吟爲主。課題爲社員間聚會訂題習作，而所謂擊鉢吟是一種限時、限題、限韻、限格律的即席競詩，可以說是詩人們恃才競技的遊戲之作，詩成之後，爲求公平，分交左右詞宗評定高下，詞宗的產生有時由社員互推，有時聘請符合眾望的茂才擔任；除此之外，社員亦多個別於詩刊上發表詩作。

推論登壽先生應是在北港行醫期間因緣巧合而加入汾津，當時或許出於附庸風雅或以詩會友之心態，對漢詩之創作仍未有強烈企圖，因此雖參與例會，而有課題、擊鉢之作，但會後統由總幹事集束收藏，並未刻意創作、保存或發表於其他詩刊，因此，縱有一鱗半爪亦只能落得毀於「搬遷流失」、「水漬日曝」，或竟佚於竊賊之手；另一種合理推測則是：登壽先生雖加入汾津吟社，但忙於私事或行醫，未有

---

12 張作珍：《北港地區傳統詩社研究》，南華大學文學研究所碩士論文，2001 年，頁 53。

13 據張作珍訪汾津吟社創作初期總幹事王東燁之次子王慰心所言。見張作珍：《北港地區傳統詩社研究》，南華大學文學研究所碩士論文，2001 年，，頁 49。

閒暇分心其他，自然也就未有創作留下來了。

　　至於登壽先生參與斗南吟社之倡立，事見於《雲林文獻》2 卷 2 期之〈斗南吟社詩選錄〉序言[14]，陳錫津氏明言斗南吟社創立於民國十七年，但附注卻又標示為「公元一九二六」，不知何者為是？但無論如何，蕭登壽先生為八位創始人之一應無疑義。其創立之宗旨，據陳氏所述：

> 本社之設立，旨在宣揚國粹，圖挽將頹之漢學，鼓吹各界人士，加強漢學之研究，勵精圖治，恢復我固有道德，以及發揚五千年來之文化歷史為鵠的。雖然是處於日據統治之下，為欲挽回固有文化於不墜，自始至終，毫不畏葸，堂堂皇皇，創立吟社，開催發會式，敦聘斗六秀才黃紹謨（逸叟），斗南庄將軍崙士紳王子典（適均）二位碩儒為顧問。[15]

登壽先生既為斗南吟社倡立人之一，但並未如土庫、北港時期，留下署名「斗南蕭登壽」之作，原因無從查考。究竟是詩人停止創作？或是另有其他發表園地或保存方式，只是因故尚未出土？若為前者，究為何因使其中止漢詩創作？若是後者，希望能藉由此文以為開端：冀能拋磚引玉，有更多人產生興趣而投入研究，或許能有新的發現。畢竟，以詩人創作題材之廣泛、技巧之成熟、當時詩名之遠播、參與詩社之熱忱，而謂其作僅止於此，恐怕很難令人信服。

　　據詩人孫媳所言：詩人晚年仍孜孜不倦，常見其手持放大鏡、端坐小桌前埋首閱讀，但不知所讀何書，亦未見其賦詩、為文，更無文友往來、酬酢。詩人晚境蒼涼，刻意離群索居，以致與詩友隔閡，也造成研究者小小的挑戰。筆者遍查民國四、五十年間出版之《詩文之友》，既不見其詩作刊登，亦無詩友贈詩以通聞問，連民國五十一年詩人仙逝後亦不見輓歌、弔詩！據其孫媳推測：詩人三子在日據末期陣亡於菲律賓，「某孫」又因故造成家中經濟困境、家產被法院查封拍賣，詩人中、晚年遭此打擊，因此顯得落落寡歡。與詩友隔絕也許

---

14 同注 1。
15 同注 1。

肇因於此！[16]

四、蕭登壽詩作探析

　　以下將目前輯軼所得之二十七首詩，依其題材分詠物寄慨、寫實述懷、詠史懷古、反映社會時事、贈詩以賀詩友五部分，試加賞析。

（一）詠物寄慨

　　詠物之作在五種類型中數量最多，作者往往從物質世界導入心靈世界，寄託無限感慨，最能見詩人「微言大義」。

　　〈秋扇〉之一　　《詩報》46 昭和 7.11.1

　　製得團圓形似月，時逢炎熱喜相隨。

　　可憐一旦西風起，舊主無情便棄離。

　　〈秋扇〉之二

　　撲蝶輕粧似月形，秋來舊主遂忘情。

　　炎涼世態多如此，何必傷心訴不平。

兩首皆以「秋扇見捐」變化入詩，不同的是：第一首對遭舊主無情棄離的秋扇寄予無限同情，顯然意在諷刺人世炎涼、薄情寡恩；第二首則現身說法，直謂世態本來如此，何須不平？從詩中可以略窺詩人了然世情、絕不昧於現實的睿智與達觀，或許也可以進一步推論：詩人正是親歷人情澆薄之切身痛，所以有感而發！

　　〈春花〉之一　　《詩報》33　昭和 7.4.15

　　春來萬物添風彩，時到百花放異芳。

　　淑女園中誇國色，騷人野外羨天香。

　　〈春花〉之二

　　東風吹綠入華堂，萬紫千紅鬥艷粧。

　　寄語騷人分黑白，莫教野草混天香。

二詩歌詠春來百花爭妍鬥豔，大地一片佳景！賞花之餘，詩人卻興起豔羨「天香」之情，及「莫教野草混天香」的感慨。天香爲牡丹花中

---

16 詩人生平事蹟參見附錄（三）〈作者生平及詩作繫年〉。

極品，有緋紅色及黃色兩種，今稱為「醉貴妃」和「御袍黃」，宋蘇軾〈雨中花·今歲花時深院詞〉：「有國豔帶酒，天香染袂，為我留連」即詠此。

　　詩人也許是感慨詩壇有魚目混珠、黑白不分的現象，所以殷殷叮嚀、反覆諷詠，二詩作法、立意實則同出一轍。

〈詠雞〉之一　　《詩報》51 昭和 8.1.15

五德知時報曉聲，敕題入選最光榮。

司晨不讓警鐘响，唱和汝南百鳥鳴[17]。

〈詠雞〉之二

天樞鼓翅喜長鳴，賴汝朝朝報曉聲。

喚醒英雄須覺悟，行囊速整就前程。

〈詠雞〉之三

守信靈禽報曉天，關心店客再難眠。

一聲高唱驚塵夢，喚起征人早著鞭。

〈詠雞〉之四

小鳥知時報曉天，歌功頌德獨居先。

皇增聖壽民增福，國祚無疆萬萬[18]年。

本詩繁用典故、極力馳騁，同題而連賦四詩，筆力不凡，寓意則有待釐清。黃永武在〈詠物詩的評價標準〉一文中，特別標舉兩點：「詠物詩必須因小見大，有所寄託，才能使筆有遠情。」及「詠物最好有作者生命的投入，從物質世界中喚起生命世界與心靈世界」[19]。對詩人思想、事蹟認識仍然不甚詳實之前，妄言本詩之寓意何在，形同猜謎。本文於考察詩人生平、行藏等隱諱不明事跡時，已迫不得已做了不少揣測，此處不擬重施故技。留待新證據出現後再加詮釋。以下僅就顯見之旨，撮取大意：

---

17 漢時汝南許邵兄弟評論鄉里人物，每月初一換議題，稱為「月旦評」。典出《後漢書》卷六十八〈許邵傳〉。後稱品評人物為「汝南月旦」。明顧炎武〈與戴楓仲書〉：至于臧否人物之論，甚足以招尤而損德，自顧其人能如許子將方可操汝南之月旦。

18 原詩作「万万」年。

19 黃永武〈詠物詩的評價標準〉，《詩與美》（台北：洪範書店），頁 170－173。

〈之一〉讚頌雞有五德[20]而能司晨報曉，使人們不須待到警鐘響起時。

〈之二〉寫雞之鼓翅長鳴，喚醒英雄覺悟振作、速整行囊，邁向前程。

〈之三〉以雞聲高唱驚人塵夢，喚醒征人能及早踏上征途。

〈之四〉以小鳥能知時報曉、居先歌功頌德起筆。而以「皇增聖壽民增福」、「國祚無疆萬萬年」作收，詩人意在向皇軍輸誠獻媚？或藉以諷刺如「小鳥」鼓舌趨赴之流？雙關之歧義，有識者且細細吟味。

〈玉壺冰〉《東寧擊缽吟》前集

冲冲鑿破壑層層，滿貯寒壺潔白澂。

縱使三閭心血入，汨羅江水也成冰。

本詩雖為擊缽之作，但不可一概輕視之。詩人從滿壺澄潔的寒冰聯想到三閭大夫，而遽謂其心血能使汨羅江水凝結成冰，轉折之高妙、設想之奇譎，直逼易安居士〈武陵春〉：「風住塵香花已盡，日晚倦梳頭。物是人非事事休，欲語淚先流。聞說雙溪春尚好，也擬泛輕舟。只恐雙溪舴艋舟，載不動許多愁。」

虛實置換之間充滿創意與奇趣，古典與現代的結合尤教人驚奇。

至於〈詠猿〉一詩，則頌揚猿具有靈性與「君臣父子情」：

〈詠猿〉　《詩報》28 昭和 7.1.15

部頭稱號性奇靈，富有君臣父子情。

動物類中誰與匹，古今唯有一猩猩　。

佛教傳說中有猿猴因對物象認識不清，心懷貪欲，下井撈月而墜落水中的故事。後藉「猿猴撈月」比喻凡夫把假有的世界當作真實，心生貪欲，使自己陷入煩惱之境。詩人卻讚美猿富有靈性，動物類中唯有猩猩堪與相提並論。但不知「部頭」稱號及「富有君臣父子情」所用何典？詩人摛詞成詩，乍看平凡無奇，但深究之餘，仍可見其用心與

---

20 雞有五德，即文、武、勇、仁、信五德。《韓詩外傳》卷二：君獨不見，夫雞乎，首戴冠者，文也，足搏距者，武也，敵在前敢鬥者，勇也，得食相告，仁也，守夜不失時，信也，雞有此五德……

博聞。

（二）、寫實述懷

詩人每於新春時節、中秋佳辰心生無限感慨，但有別於一般傷春悲秋之呻吟語，常能翻出新意。且看〈癸酉新春感懷〉四首：

〈癸酉新春感懷〉之一　　《詩報》51 昭和 8.1.15

金雞三唱報新年，草木逢春鬥色妍。

爆竹一聲驚鬼走，大家共享太平筵。

〈癸酉新春感懷〉之二

年中美景在春天，萬象翻新鬥艷妍。

但願同胞能奮志，從茲共結翰林緣。

〈癸酉新春感懷〉之三

萬象更新景色幽，光陰似波最難留。

天增歲月人增壽，詩債愧儂尚未酬。

〈癸酉新春感懷〉之四

草木逢春萬象幽，迎雞奉送金絲猴。

雙親若得長康健，富貴浮雲何用求。

一二句都以春到人間萬象更新、草木爭奇鬥豔勾勒出春的輪廓，也藉此直接點題；收尾或祈求天下太平、或勉同胞奮志共結「翰林緣」、或自慚詩債未酬、或慨言父母健康更勝富貴榮華，形式極為統一，但變化不大。可貴的是立意積極純正，可以看出詩人渴望和平、雅好詩文、深具孝心等品格，略補我們對詩人生平所知不足的空白。

　昭和六年詩人另有〈辛未元旦〉詩，其作風形式似與此四首雷同，但僅存殘句一聯，「雞聲三唱報新年。萬物逢春鬥色妍。」，於此暫且存而不論。再看〈中秋賞月〉：

〈中秋賞月〉之一　　《詩報》45 昭和 7.10.16

一年佳景此中秋，三五成群樂玩遊。

最喜嫦娥經露面，和詩酌酒好消愁。

〈中秋賞月〉之二

月到中秋徹夜明，遊人乘興過三更。

光輝普照無差等，更有伊誰喚不平。

第一首先點出時節後轉為敘述三五遊人嬉玩賞月，收束時筆鋒一轉，竟以「和詩酌酒以消愁」作結，與前言之「最喜」形成一強烈對比，跌宕不已。作此詩時詩人四十九歲，為目前輯錄所得二十幾首詩中唯一觸及「愁」緒者，但也只是側寫而已。詩人要消的是情愁、鄉愁，或是被殖民者的家恨國愁?或者竟如李白之「萬古愁」?若據此以推論詩人具有民族情感或許失之武斷，但詩人在原本一派歡樂景象中卻無端勾引愁懷，難免費人疑猜。

第二首詩同以中秋月明，眾人乘興夜遊起筆，但採反詰法作收：「光輝普照無差等，更有伊誰喚不平。」對比「徹夜明」的暗示，分明「詩中有話」，隱約有「眾人皆醉我獨醒」的況味！

至於「遊關子嶺有感」呈現的，則是完全不同的心懷：

〈遊關子嶺有感〉 《詩報》25 昭和 6.12.1

山明水秀景清幽，滾滾靈泉石上流。

惟愛聖堂新改築，秋晴曳杖此來遊。

關子嶺位於臺灣省臺南縣白河鎮，為枕頭山的高嶺，原名高仔嶺，是白水溪的發源處。日據時代因有溫泉，乃開山闢道，大事經營，是觀光勝地之一，與北投、陽明山、四重溪並稱為臺灣四大溫泉。

此詩寫景清新，充滿閒適心情，張作珍《北港地區傳統詩詩研究》中分析汾津吟社的作品取向，以為：汾津呈現了「謳歌友情」及「自然悠閒的閒詠取向」，本詩堪稱後者之典型。

以下兩首為嘉社春課之作，分類上頗費斟酌，姑且暫置於「寫實述懷」之下：

嘉社春課 《詩報》22 昭和 6.10.15

〈吟聲〉（左二右十九）

不同瓦釜作雷鳴，三百篇中盡正聲。

海島瀛洲都响應，千秋絕調仰劉楨。

〈吟聲〉（右十）

逸調悠揚慰苦吟，陽春白雪譜唐音。

何當入耳嘶天馬，响遏行雲入翰林。

兩詩用典繁複，極盡炫才之能事。「瓦釜雷鳴」指陶製的鍋具中發出

如雷的巨響，典出《楚辭》〈卜居〉[21]：「世溷濁而不清，蟬翼爲重，千鈞爲輕，黃鐘毀棄，瓦釜雷鳴，讒人高張，賢士無名。吁嗟默默兮，誰知吾之廉貞！」後世用以比喻平庸無才德的人卻居於顯赫的高位[22]。「正聲」則是純正無邪，合於韻律節拍的雅正音樂。《荀子》〈樂論〉：正聲感人，而順氣應之。《文選》嵇康〈琴賦〉：爾乃理正聲，奏妙曲，揚白雪，發清角。形容聲音響亮高妙，能止住行雲謂之「響遏行雲」。典出《列子》〈湯問〉：聲振林木，響遏行雲。

　　劉楨(西元？～217)字公幹，三國魏東平人，東漢獻帝建安年間，與孔融、陳琳、王粲、阮瑀、應瑒、徐幹等七人同列建安七子，共居於鄴都（今河南省臨漳縣西），又稱爲「鄴下七子」[23]。

　　而「陽春白雪」爲古代樂曲名，傳說爲春秋時晉師曠或齊劉涓子所作。陽春取其「萬物知春，和風淡蕩」之義；白雪則取其「凜然清潔，雪竹琳琅之音」之義。又可解爲：較爲深奧難懂的音樂，相對於通俗音樂而言[24]。後亦用以比喻精深高雅的文學藝術作品。

　　天馬本指古代西域大宛所產之良馬，後凡駿馬亦稱之；「天馬行空」則比喻才思敏捷豪放，文筆超逸脫俗。

　　兩詩皆氣勢雄渾、格調不凡，詩人功力可見一般。論者或以爲擊鉢與課詩限題、限韻、限時等要求下，率皆「爲詩造情」之作，價值不高，其實不可一概而論。

（三）、詠史懷古

　　詩人詠史懷古的詩作僅見一首，雖能見出登壽先生別有見地，但

21　〈卜居〉乃屈原忠貞而被讒受害，心意迷惑之際，問太卜以決疑之辭。

22　宋黃庭堅〈再次韻兼簡履中南玉詩三首〉之三亦有：「經術貂蟬續狗尾，文章瓦釜作雷鳴。」

23　劉楨性格剛烈，善辭令，有逸才，以文章見重於曹操，並舉用爲丞相幕僚。劉氏長於五言詩，詩風勁挺，不重文辭雕飾，似古詩十九首。曹丕曾讚美其詩爲「妙絕時人」，鍾嶸詩品亦列爲上品，惜作品流傳甚少，僅存十五首詩。

24　詳見《戰國》楚・宋玉〈對楚王問〉（據《文選・卷四五・對問》引）楚襄王問於宋玉曰：「先生其有遺行與？何士民眾庶不譽之甚也？」宋玉對曰：「唯，然，有之。願大王寬其罪，使得畢其辭。客有歌於郢中者，其始曰〈下里〉、〈巴人〉，國中屬而和者數千人；其爲〈陽阿〉、〈薤露〉，國中屬而和者數百人；其爲〈陽春〉、〈白雪〉，國中屬而和者不過數十人；引商刻羽，雜以流徵，國中屬而和者不過數人而已。是其曲彌高，其和彌寡。……夫聖人瑰意琦行，超然獨處；夫世俗之民又安知臣之所爲哉！」

仍難據以論斷詩人之史識、眼界。

〈鄭旦〉　《東寧擊缽吟》前集

　　　天然艷冶比西施，也入吳宮作愛姬

　　　失寵那堪思往事，苧蘿村裡有齊眉

鄭旦是春秋末年越國美女，與西施同為苧蘿村人，同獻給吳王夫差為妃。詩人以同情之筆寫其失寵後不堪重憶往事的淒涼，而以東漢孟光送飯食給丈夫梁鴻時，總是將木盤高舉，與眉平齊，夫妻相敬如賓的典故諷喻：苧蘿村里尋常夫婦反而得以恩愛相守！

　　　此詩作於 1934 年，女權高張、文學批評亦普受女性主義影響的今日，展讀此詩，不知是否有人會據以批判作者？

（四）、反映社會時事

〈觀土庫青年團文化劇所感〉之一　　《詩報》42 昭和 7.9.1

　　　欲正淳風豈等閒。關心志士盡登壇。

　　　堪稱社會文明劇。莫作尋常俗戲看。

〈觀土庫青年團文化劇所感〉之二

　　　非因求利與求名。觀眾伊誰不動情。

　　　喚醒同胞須早覺。破除迷信吐光榮。

兩詩寫「土庫青年團文化劇」的演出旨在端正風俗、喚醒同胞破除迷信，非為名利，因此不能與尋常俗戲等同觀之。詩人盛讚志士的熱情參與及觀眾的深受感動，雖可視為溢美之詞、應酬之言，但這兩首詩是詩人目前可見之詩作中，正面觸及社會關懷層面者，意義極大，論其價值，不能純就文學欣賞角度著眼。

　　　兩詩皆文字淺白、幾近口語，顯見詩人於此並不以技巧取勝，而從其主題、立意、閱讀者立場出發，令人聯想到白樂天務求「老嫗能解」的新樂府精神。

（五）、贈詩以賀詩友

　　　前已言及應酬詩可據以發現作者身世、性格、思想、交遊……等，價值不容忽視。於此不再贅述。

〈祝陳敦厚君新婚〉之一　　《詩報》51 昭和 8.1.15

　　　陳黃二姓結良緣，琴瑟和鳴喜並肩。

戚友親朋同慶祝，夫妻偕老子孫賢。

〈祝陳敦厚君新婚〉之二

深歡才子配佳人，海誓山盟締晉秦。

此夜牛郎逢織女，明春應獲石麒麟。

登壽先生於此二詩中，將「琴瑟和鳴」、「秦晉之好」、「才子佳人」、「牛郎織女」等成語巧妙鎔裁入詩，使喜樂歡快的氣氛洋溢於字裡行間，最後以「明春應獲石麒麟」表達祝福。

「麒麟」為一種傳說中罕見的神獸，形似鹿，但體積較大：牛尾、馬蹄，頭上有獨角、背上有五彩毛紋、腹部有黃色毛，雄者稱為麟，雌者稱為麒，統稱為麒麟。性情溫和，不傷人畜，不踐踏花草，故稱為仁獸。相傳世有聖人時此獸才會出現。民間傳說麒麟會給人們帶來兒子，使家族興旺，稱為麒麟送子。稱讚他人兒子穎慧出眾則曰「天上石麟」，語本《南史》卷六十二〈徐陵傳〉：年數歲，家人攜以候沙門釋寶誌，寶誌摩其頂曰：天上石麒麟也。

〈祝虎尾王標先生三十壽並醫院落成〉之一　　《詩報》73 昭和 9.1.1

慈心愛眾繼前賢，濟世懸壺救大千。

醫德可嘉稱國手，院中親友慶雙筵。

〈祝虎尾王標先生三十壽並醫院落成〉之二

懸壺濟世術無邊，不愧明醫[25]繼聖賢。

三十來年逢祝壽，美輪高縱接雲天。

此詩應作於登壽先生五十一歲時，以年齡論，王標先生應為子執輩，但詩人對其醫德，醫術皆予以高度肯定，而以「國手、「明醫」稱之。二詩皆用「懸壺」、「繼」聖（前）賢之詞，推測王標先生若非傳統中醫而承繼父業，即是出於醫生世家。本詩具有應酬詩中「把相關的人、事、時、地、物交代清楚」之特徵，可做為繼續研究詩人交遊之線索。

25　「明醫」一詞或以為「名醫」之筆誤，實則不然。警世通言卷三〈王安石三難蘇學士〉：太醫院官乃明醫，知老夫乃中脘變症。卷三十〈金明池吳清逢愛愛〉：倘有四方明醫，善能治療者，奉謝青蚨十萬。

五、結　論

　　台灣文學研究曾經走過一段滿佈荊棘，卻又峰迴路轉的艱辛歷程：一開始如孤兒、孽子的不受重視，難以發聲，形容爲「棄學」並不爲過；後來慢慢有一批關心台灣鄉土的學者，努力想爲這塊成長、生活的土地盡一份心力，卻又迫於政治形勢的無形箝制，只能低調、壓抑的研究，唯恐因此賈禍，這一時期的台灣文學研究無疑的堪稱爲「險學」；解嚴以降，尤其是首次「政黨輪替」後，台灣文學的研究，不僅走出臺灣，甚且引起海峽對岸、歐美研究，此時的台灣文學，蓬勃崢嶸的氣象，有目共睹，謂之「顯學」，恐怕沒有人不以爲然。

　　然而，在目前眾多的台灣文學研究中，仍不免偏重於現、當代，至於明鄭以來迄今三百餘年綿延不絕的漢語傳統文學的研究，仍然有所不足。值得慶幸的是：在這些研究當中，區域文學已漸漸引起重視，雲林、台中、彰化、嘉義文學史的研究已漸萌芽、開花；而關於台灣詩社、詩人的研究也日漸蓬勃；至於雲林傳統漢詩研究園地的開墾，雖早已邁出了大步，但千頭萬緒、治絲益棼，仍待更多有心人投入。否則，湮沒無聞的又何只是一個蕭登壽？更多的「北港詩人」、「土庫詩人」、「雲林詩人」……恐將永遠埋沒於九泉之下了。

參考書目：

曾笑雲（編）：《東寧擊缽吟》前集（台北：青木印刷工場，昭和九年）。

曾笑雲（編）：《東寧擊缽吟》前集（台北：青木印刷工場，昭和九年）。

張作珍：《北港地區傳統詩社研究》，南華大學文學研究所碩士論文，2001 年。

黃永武《詩與美》（台北：洪範書店）。

黃永武《字句鍛鍊法》（台北：洪範書店，1989）。

許俊雅《臺灣文學散論》（台北：文史哲出版社，1994）。

許俊雅《臺灣文學論－從現代到當代》（台北：國立編譯館，1997）。

彭瑞金《臺灣文學探索》（台北：前衛出版社，1995）。

葉榮鐘《臺灣人物群像》（台北：時報出版社，1995）。

吳福助編《臺灣古典文學與文獻》（台北：文津出版社，1998）。

龔顯宗《臺灣文學研究》（台北：五南圖書出版有限公司，1999）。

賴子清：〈古今臺灣詩文社〉，《台灣文獻》十卷三期（台北：台灣省文獻會，1959 年）。

陳錫津：〈斗南吟社詩選錄〉，《雲林文獻》2 卷 2 期（1953 年）。

鄭定國：〈四湖旋馬庭主人林友笛漢詩析論〉，雲科大《漢學論壇》第二輯（2003 年）。

謝海平：〈論應酬詩在古籍整理的價值—以唐大曆詩人爲例〉，《逢甲人文社會學報》第 6 期（2003 年）。

網　站

http://140.111.1.22/mandr/clc/chengyu/mandarin/notfound.htm
教育部國語辭典

http://140.111.1.22/mandr/clc/chengyu/mandarin/index/i01154.htm
成語字典

http://iwebs.url.com.tw/main/html/hef/865.shtml
人本教育基金會電子報

附録一

牆壁斑駁的詩人故居

詩人舊居古厝頹圮，獨留院內蔥籠綠樹

附錄二　目前輯錄所得蕭登壽相關詩作一覽

出　處	期別	時間 昭和	詩　題	署　名	備註
《詩報》	9	6.4.2	〈辛未元旦〉	蕭登壽	部分 軼失
《詩報》	17	6.7.1	〈春睡寄登壽兄〉	龔顯升	
《詩報》	22	6.10.15	嘉社春課〈吟聲〉左二右十九	登壽	
《詩報》	22	6.10.15	嘉社春課〈吟聲〉右十	登壽	
《詩報》	25	6.12.1	〈遊關子嶺有感〉	土庫蕭登壽	
《詩報》	28	7.1.15	〈詠猿〉	土庫蕭登壽	
《詩報》	33	7.4.15	〈春花〉二首	土庫蕭登壽	
《詩報》	42	7.9.1	〈觀土庫青年團文化劇所感〉二首	蕭登壽	
《詩報》	45	7.10.15	〈中秋賞月〉二首	土庫蕭登壽	
《詩報》	46	7.11.1	〈秋扇〉二首	蕭登壽	
《詩報》	51	8.1.15	〈詠雞〉四首	土庫蕭登壽	
《詩報》	51	8.1.15	〈祝陳敦厚君新婚〉二首	蕭登壽	
《詩報》	51	8.1.15	〈癸酉新春感懷〉四首	土庫蕭登壽	
《詩報》	55	8.3.15	〈祝蕭登壽先生令郎完婚〉	斗南陳文鑑	
《詩報》	73	9.1.1	〈祝虎尾王標先生三十壽並醫院落成〉二首	登壽	

《東寧擊缽吟》	前集	9.3	〈鄭旦〉	北港蕭登壽	
《東寧擊缽吟》	前集	9.3	〈玉壺冰〉	北港蕭登壽	
《詩報》	252	16.7.22	〈和富山壽一先生韻〉舊姓名蕭登壽	斗南林瑞琚	
《詩報》	252	16.7.22	〈呈富山壽一先生〉	斗南林瑞琚	

製表：謝錦味

附錄三　日據時期雲林漢詩人蕭登壽生平及詩作繫年

中日紀元 26	西元	甲子	生肖	年齡	事蹟、相關詩作
光緒 10 年 明治 27 年	1884	甲申	猴	1	1 月，詩人出生於社頭，父名蕭石頭。
光緒 20 年 明治 27 年	1894	甲午	馬	11	中日甲午戰爭爆發，清連戰皆墨。
光緒 21 年 明治 28 年	1895	乙未	羊	12	清廷將台灣、澎湖割讓日本，日據時期開始。
明治？年					台北醫專畢業。[27]
明治 43 年	1910	庚戌	狗	27	結婚，妻李氏金（生於明治 26 年）。
明治 44 年	1911	辛亥	豬	28	長子松齡出生。
大正元年 民國元年	1912	壬子	鼠	29	中華民國建立。
大正 4 年	1915	乙卯	兔	32	生次男松元。
大正 6 年	1917	丁巳	蛇	34	髮妻李金病逝[28]。
大正 7 年	1918	戊午	馬	35	續絃，妻王氏梅桂。
大正 9 年	1920	庚申	猴	37	次男松元病歿。
大正 10 年	1921	辛酉	雞	38	「螟蛉子」登發出生。
大正 11 年	1922	壬戌	狗	39	北港街士紳曾席珍，邀該街同志十數名，設立汾津吟社。
大正 12 年	1923	癸亥	豬	40	汾津吟社加入嘉社。 三男松華出生。

---

26 所採紀元年、號以當時台灣歸屬爲據，必要時另行加註說明。
27 據詩人長孫之言，登壽先生應是先完成學業才成家，但詳細時間有待查證。
28 據詩人長孫之言，其父爲詩人元配所生，詩人元配病逝後旋即續弦，又有子息，並領養一子蕭登發，蕭登發後人今遷至苗栗，此處存其資料，或有所用。

大正 15 年昭和元年	1926	丙寅	虎	43	斗南吟社創立[29]，登壽先生列名其中。三女月瑕出生。
昭和 3 年	1928	戊辰	龍	45	登壽先生與陳錫津、李雲從等共八人共同創立斗南吟社[30]。
昭和 4 年	1929	己巳	蛇	46	嘉社社員名簿載社員十五人，登壽先生與王東燁、王金鐘、龔顯升、曾人潛等俱名列其中。
昭和 6 年	1931	辛未	羊	48	發表〈辛未元旦〉（部分軼失）；嘉社春課〈吟聲〉二首；〈遊關子嶺有感〉。《詩報》17 期刊載龔顯升〈春睡寄登壽兄〉一詩。
昭和 7 年	1932	壬申	猴	49	一月發表〈詠猿〉；四、九、十、十一月分別發表〈春花〉、〈觀土庫青年團文化劇所感〉、〈中秋賞月〉、〈秋扇〉各二首。
昭和 8 年	1933	癸酉	雞	50	一月發表〈詠雞〉四首、〈祝陳敦厚君新婚〉二首、〈癸酉新春感懷〉四首。《詩報》55 期刊載斗南陳文鑑〈祝蕭登壽先生令郎完婚〉一詩。
昭和 9 年	1934	甲戌	狗	51	發表〈祝虎尾王標先生三十壽並醫院落成〉二首。

29 據陳錫津氏於《雲林文獻》2 卷 2 期之〈斗南吟社詩選錄〉所言：斗南吟社誕生於　民國十七（公元一九二六）年十一月一日……參見注 1。
30 同前注。

					1 月 24 日長孫昭明出生。《東寧擊缽吟前集》收錄〈鄭旦〉、〈玉壺冰〉二詩。
昭和 10 年	1935	乙亥	豬	52	孫昭啟出生。
昭和 14 年	1939	己卯	兔	56	孫昭雄出生。
昭和 16 年	1941	辛巳	蛇	58	《詩報》252 期刊載斗南林瑞琚〈和富山壽一先生韵舊姓名蕭登壽〉及〈呈富山壽一先生〉詩
昭和 19 年 民國 33 年	1944	甲申	猴	61	孫昭平出生。
昭和 20 年 民國 34 年	1945	乙酉	雞	62	日本投降。詩人三子歿於菲律賓，得年 33。
民國 35 年	1946	丙戌	狗	63	螟蛉子登發結婚，妻李姬美[31]。
民國 36 年	1947	丁亥	豬	64	孫照仁出生。
民國 51 年	1962	壬寅	虎	79	詩人於十月十六仙逝。享壽七十有九。
民國 92 年	2003				詩人長子松齡逝世。

製表：謝錦味

---

31 其人尚在，據云詩人晚年多賴其照顧，仍待察訪。

黃傳心詩作探析

蔡 政 宏＊

摘　要

　　黃傳心，嘉義縣東石人，從小便開始精研國學，設帳授徒，桃李萬千，播遍嘉南等地，嘉南地方詩風之盛，其功莫大焉。本文即針對其在雲嘉地區帶領藝文發展的生平事蹟，探討其詩作對台灣漢詩文學的貢獻與影響。

一、黃傳心事蹟簡介

黃傳心肖像

　　黃傳心（1895-1979），名法，字傳心，號劍堂，東石人，乃是一位全方位的「怪才」。其自幼即師承於西瀛趙鵾沖秀才，又嘗結髮游學於新港林維朝秀才門下，蒙受薰陶，其字體鐵劃銀鉤，步史可法之筆，所作詩句，意超言外，韻饒逸響，豪放輕靈，百吟不厭，時人有青出於藍而勝於藍的美譽。嘉義名儒賴惠川獨愛其才學，每次遇見他，都會撫其背讚歎曰：「可愛哉！才人也。」

＊雲林科技大學漢學資料整理研究所研究生。

　　黃傳心先生年輕時曾隨父親經營家中「新鼎發」貿易行業，爲「船頭行」，即是所謂「船郊」，供兩岸船隻入靠，富傾海口，購有海埔地三十餘甲，先生兄弟遂得以延聘唐山名師在家課讀。同時，因爲東石與大陸的貿易頻繁，而先生家中經營的「新鼎發」貿易行，出入的名士、藝師甚多，皆愛先生聰穎有才，而盡授絕技，舉凡如堪輿、醫術、卜爻、詩詞、絃管、棋奕、書法、丹青、拳術、燈謎等百家技藝，先生幾乎是無不精通。雖然學識豐富、精通各項技藝，但是先生並不自傲，個性詼諧，慈祥豪爽，人緣極佳。

　　黃傳心先生曾幫五洲園木偶劇團的黃海岱寫過劇本，編寫過「虎兒道祖」、「瀟湘夜雨」、「紅巾、黑巾」等劇本，其中「虎兒道祖」乃是最精采的代表作。「貧道乃是虎兒道祖，妖道覺悟來！」在現今嘉雲南地區，五、六十歲以上的中老年人，幾乎無人不識。

　　寫此劇時，黃傳心先生最疼愛的姪子黃文薰也寄宿在虎尾的「劍堂」（黃傳心先生的住宅），他說：「阮伯仔真愛唱曲（南管），每遍由虎尾返來，就去招那些唱曲伴，把厝內的鼎、鍋仔、面桶、水桶通通搬出來，就損就唱了。」每回先生的弟弟黃秀峰去虎尾，先生便會與他商議劇情：「細的，細的，你看這個欲予死否？」

　　「虎兒道祖」曾多次於朴子廟會上演，一演輒逾月。初時，尚不知是黃傳心先生所編，曾有友人與他談論劇情：「不知何時虎兒道祖才會死？」先生回答：「編劇的未死，伊就不會死。」另一位友人向他抱怨：「不知佗一個夭壽死孩子，這麼會編劇，害我每下晡都要去看戲，工作減真多！」

　　台灣光復前後，黃傳心先生曾受聘至彰化縣大尾的「新錦珠」教授南管。但其實早在民國13年前，便成立南管子弟團。以「先天宮」爲界，廟的北庄，以黃傳心先生爲首，成立南管，而廟的南庄，以吳賜煙爲首，成立了北管，數年後，兩管合併，由黃傳心先生主持，編導南管戲。後來因爲先生遷居到虎尾，事業也繁忙，很少回到東石村，此團便暫停了一段時間。民國39年才又重新開始運作，直到民國64年，團長過世，成員皆有點年紀了，因而宣告解委。團裡約十餘人，在嘉義地區廣受好評，有著許多經典的人物臉譜，吳裝信的嗩吶、黃

秀峰的小旦扮相細緻，還有黃傳心先生的編劇，唱詞口白都是四句聯子，文雅又押韻，加上一些幽默的片段，不愧其「怪才」的稱號。

另外，先生看風水的本領亦是全省聞名，特別是宜蘭、彰化、雲林、嘉義這幾個地方，更是深得當地百姓的信賴與敬重。

先生失怙後，商程不振，乃遍遊嘉南地區一帶，各處設帳授徒，興辦漢學，鼓吹固有文風，啓發民族意識，爲台灣培育了不少英才。在日據時期屢屢遭日文警所注意，其子侄黃文薰曾憶及其幼年與伯父同住，親見先生居處屢被搜查，漢文圖書藏之不及，爲日警所得，幾成階下囚。

台灣光復後，應聘虎尾區署秘書，旋任虎尾中學教師、虎尾糖廠文書、雲林縣文獻委員會編輯等。時學生傳言「傳心老師教冊攏清采教教咧，就講欲去倒了，你若稍給問，伊就無歡喜，不過，你若是作詩予伊改，伊精神就來了，給你改得是真工夫。」因黃傳心先生教漢文時，不喜歡人家多問，以致學生們都能認真聽講，又因嗜好改詩教詩，故其徒輩漢詩造詣均甚可觀。

1956 年，黃傳心先生移居朴子街，並將平生所學之庶藝濟世，仍然喜歡閒詠消遣，以樂晚年。曾任嘉義縣詩人聯誼會、樸雅吟社、江濱吟社、石社等顧問、嘉義文獻委員會顧問；在台灣詩壇聲名顯赫，栽培後進不遺於力，桃李三千。特別值得注意的是，黃傳心先生是很少數跨越時代，同時創作新舊文學的嘉義詩人之一。著有《劍堂吟草》、《劍堂吟草續集》、《戲劇劇本》、《台灣童謠編》、《丹心集》、《雲嘉文獻》等。

二、黃傳心詩作探析

黃傳心先生一生多才多藝，不僅學識豐富，對於百家技藝也無不精通，表現在詩詞裡尤其能呈現與眾不同的風格，正因爲先生接觸的各種領域範圍非常之廣，發揮於詩詞當中，便常有出人意外的非常之作出現，嘉義悶紅老人（即賴惠川先生）評斷先生的詩作說：「絕其詞意超脫，往往出人意表，道人所不能道者，而其豪放處，幾如天馬

行空，不知所止。」此言誠然。

　　先生的詩作以七言爲主，無論是七言絕句、律詩或長詩，先生寫來無不精采，相較下，先生的五言詩較少，但所作五言詩無一不是短篇佳構，感心所發，至今傳唱不絕。

　　先生詩作題材，大抵可分爲以下幾類：

　　（一）贈詩酬唱

　　在先生現存的詩作中，這部份的詩爲數最多，包含了先生贈詩予友人、與詩社同伴相互酬唱、作詩相和、及祝賀詩或輓詩等等。

1．詩　社

　　黃傳心先生一生作詩繁多，而題爲「詩社」者，在先生的詩作中尤其佔多數。此應該是詩人作詩，不可獨居而成，更需有相同志向的詩友相互切蹉，陶冶彼此的性靈，故先生曾先後任樸雅吟社、石社、江濱吟社等詩社顧問，而其作品更廣在各個詩社的報刊、詩報或其他詩文類作品刊出。試觀以下四首：

　　　〈寄懷南社諸君子〉

　　　鯤門海水注情深，時趁鷺鷗結伴吟。

　　　南社因緣牽一線，燕臺聲價重千金。

　　　嘲花賭酒風流癖，看劍題詩錦繡心。

　　　重會羅山秋約半，先憑雁字寄佳音。[1]

　　　〈秋夜客羅山於宴上賦呈麗澤吟社諸詞兄〉

　　　心志相孚喜訂交，何妨引玉一甎拋。

　　　江山搖落寬詩境，鱸蟹鮮肥佐酒肴。

　　　蘭譜新盟香有韻，桂輪同泛月斜梢。

　　　年來吟思多牽繫，任誚身如五石匏。[2]

　　　〈呈在山吟社諸君子〉

　　　雄州此日駐吟鞭，旗鼓騷壇韻事傳。

　　　彩繪文章扛鼎筆，清揚詞派在山泉。

　　　一灣水媚懷西子，片石帆邀泛米船。

1　《詩報》289號。
2　《詩報》238號。

南國秋光同記取，蘆花如雪月如弦。[3]

〈席上賦呈石社諸詞兄次韻〉

春風隨處憶陪遊，心地光明韻事幽。

罵世不應頻打鼓，玩江深喜共撐舟。

中年絲竹多興感，末劫文章漫寫愁。

吾輩遭逢關運命，何須太息志難酬。[4]

〈寄懷南社諸君子〉寫黃傳心先生寄懷在南社時同眾位詩友一同活動的感慨，並期望能於羅山再會諸君子。〈秋夜客羅山於宴上賦呈麗澤吟社諸詞兄〉描寫黃傳心先生客宴羅山中時的心情和景況，初始興懷高烈，但到「年來吟思多牽繫」一句筆鋒一轉，抒寫因想起多年來的牽繫而心有感慨。〈呈在山吟社諸君子〉則是贈給在山吟社的多位詩人，前四句描寫黃傳心先生作詩的動機，後四句則引山水風光入境。〈席上賦呈石社諸詞兄〉乃黃傳心先生與石社諸詩友留別所作。同上三首南社、麗澤吟社、在山吟社一樣，均為先生作與詩社的。

從以上四首詩，可以看出黃傳心先生為詩社所作的詩，大多寄情詩友，相互勉勵之作，試觀「看劍題詩錦繡心」、「江山搖落寬詩境」、「彩繪文章扛鼎筆」等詩句，大略可以看出先生在茲唸聯於傳統漢詩之不傳，更有心與眾詩社詩友相砥礪，扛起此薪火相傳之重責大任。也正因此心境，所以先生會發出「吾輩遭逢關運命」的感慨，正是由於當時整個社會環境的不允許，先生為此開始萌志於漢詩之傳承，由此約可略見端倪。

2. 詩　友

在黃傳心先生的詩作中，題目顯見有關於詩友的，數目亦極繁多，有感懷的、有邀友的，更多的是寄呈或是相互酬唱的作品。以下列舉數首：

〈賦呈施梅樵先生〉

緣因翰墨證相知，逸少傳家喜有兒。

龍馬精神歌大衍，煙霞嘯傲覺真痴。

3　《詩報》287 號。

4　《詩報》294 號。

堅磨菱刺都圓滑，高舉鵬翔任早遲。

笨港猿江同指水，消閒願與話襟期。[5]

〈賦呈施梅樵先生〉

頻叨隆蔭有餘光，文物衣冠萃一堂。

春酒騷人歡介壽，瑤池案史倩添香。

三千白髮忘分寸，兩袖青衫任短長。

固結因緣同薛荔，攀高竟許施垣牆。[6]

此二首皆為贈施梅樵先生詩，黃傳心先生與施梅樵先生翰墨往來頻繁，互為相知，故在現存黃傳心先生的詩作當中，題為〈呈施梅樵先生〉的就有數首之多。[7]

〈留別溪湖何策強詞兄〉

松風謖謖上溪湖，蘿蔔花開似雪鋪。

投轄騷人留信宿，嫉才造物迫窮途。

燈窗共話詩心熱，灞岸分襟淚眼枯。

大地春光來咫尺，深期共與醉屠蘇。[8]

此詩為贈何策強先生詩，黃傳心先生於詩中表現出殷殷期待與何策強先生再會的日子。

〈小春之念遊三層崎呈金萬師〉

鐘聲引我度三層，方外談禪百感興。

十里提攜坑上路，一龕聚首佛前燈。

快參妙諦心花放，寒迫吟軀骨氣稜。

聞道枕山風景好，蒼藤掛杖約同登。[9]

此詩為先生邀金萬師登山之作。

---

5 《詩報》288 號。

6 《詩報》288 號。

7 案：鹿港施梅樵先生，於甲午中日戰敗，台灣淪陷時，覺時事日非，於是灰心進取，絕意人間。日惟以詩酒自娛，不願辱身於異族。乃與同志洪棄父月樵，許劍漁夢青，倡設詩社，聯絡南北詩人之聲氣，以郵簡唱和，無間晨夕。故海內無不知有詩人施梅樵者。中歲以後，到處設帳授徒，以延斯文一線於不墜。曾與黃青松等創洛江吟社、新聲吟社。

8 《詩報》147 號。

9 《詩報》238 號。

〈送凌霜詞兄榮轉斗六尾〉

平生和藹久尊崇，桃李門牆擅化工。

半世騷壇多戰績，十年學海建奇功。

詩才日變風雲態，道義心交水乳融。

自笑無緣陪祖宴，驪歌欲唱感無窮。[10]

此詩爲先生作與凌霜先生，詩中極之推崇凌霜先生對於詩壇之貢獻。

　　在先生的詩作中，或題爲呈某詩人，或送某詩人的詩，不可謂不多，而且很多爲重覆的題名，也就是說是先生先呈某詩人一詩，而此詩人再回先生，先生再回給此詩人的作品，如此重覆相疊者所在多有，如前面所舉〈賦呈施梅樵先生〉即是此類，作中相關的詩人多爲先生之好友，由他們的詩作往返中，我們也大概可以看出詩人之間的情感真摯。

　　另外一些則是題爲送某詩人、贈某詩人或邀某詩人的作品，如前面列舉的〈呈金萬師〉、〈送凌霜詞兄〉等作品，這些作品和前面的唱酬往返的作品合起來，就是先生詩作裡有關於詩友之作，佔先生詩作的絕大部分，從這些詩作中，我們不但可窺見先生的交友廣闊，更重要的是從這些詩作中，我們可以描摹出詩人間的交遊的輪廓圖，在這些詩作中，我們可以得到一些現今彌足珍貴的史料，由對這些詩作的解析中，我們將能更認識當時的一些詩人或發生於當時而如今不清楚的時事，有助於台灣區域古典詩史的進一步建構。

　　（以上參見王文顏：〈台灣詩社之研究〉，國立政治大學中國文
　　　學研究所碩士論文。）

3．賀喜、婚弔

　　因爲黃傳心先生的交友廣闊，在人情交際上，必有許多的賀喜詩，或婚喪喜慶之類的作品，以下各列舉數首：

〈喜一牧弟與施梅樵先生令孃婚約〉

珍緘一讀一開顏，入選東床豈等閒。

翰墨有緣生錯愛，葭蘿得附喜高攀。

絲牽繡幕盟鴛牒，筆起文峰傍泰山。

屈指佳期三十日，乘龍仙客近雲間。[11]

此詩爲賀喜詩，祝賀施梅樵先生與一牧弟兩家聯姻之喜。

〈祝笑園主人令郎兆庚君醫專及第〉

有心濟世此奇兒，滿面春風及第時。

深慕三彭闡仁術，敢辭數載下書帷。

醫關家國功非淺，學貫天下志不移。

願藉笑園開祝宴，殷勤晉酒獻新詩。[12]

此詩亦爲賀喜詩，祝賀笑園主人的兒子兆庚君醫專及第。

〈祝安奇詞兄華廈落成〉

稻田蔗圃接幽庭，卜宅相宜喜氣生。

棟宇風和歌玉燕，樹林日暖囀金鶯。

溪山景入天然畫，詩酒人多物外情。

漫道農家清福少，時聞喚鳥喚春耕。[13]

此詩爲賀喜詩，爲先生祝賀安奇先生新居落成所作。

〈謹輓嘉社社長蘇櫻村先生〉

老天偏欲喪斯文，旗鼓騷壇失統軍。

一代芳名齊軾轍，千秋碩望茁機雲。

馮園人去春無主，馬鬣封成日欲曛。

腸斷牛溪嗚咽水，替他鷗鷺哭訴離群。[14]

此詩爲輓詩，爲先生弔嘉社社長蘇櫻村先生所作。

在這些作品中，或爲婚禮、或爲弔唁，大抵人情交遊，彼此慰問本是人之常情，黃傳心先生又是當時地方名人，故這類應酬更是繁多。除此之外，還有一些輓聯、或爲寺廟所寫的對聯等等，在此不一一例舉。

總而言之，在先生的詩作裡面，贈詩之作可謂是其中大宗，在這

---

11 《詩報》238 號

12 《詩報》225 號

13 《詩報》160 號

14 《詩報》268 號

類的作品裡，或是詩社之作，或是詩友之作，或是婚喪弔慶之作，我們可以從中看出日常的交友、應酬是詩人作品中非常重要的一個活動，也就是從這些詩人與詩人間的互動中，無數的思想、情懷被激發出來，從而在詩人彼此的詩作往返討論中，爲後世留下瑰麗的詩篇。而其附加價值，則在於由對此類詩作的分析中，我們可以瞭解那個時代的概貌，以及發生的時事，十分有助於後人對當時史料的解讀。

　　（二）寫景記遊

　　台灣古典文學中，寫景記遊的作品特別豐富，其中，嘉義自然景觀佔有一席地位，嘉義人文以山川風物爲主題，發諸吟詠者，更是不可勝數，黃傳心先生有詩云：「江山材富任參稽，信手拈來作品題」[15]，故先生詩作中此類的作品亦是不少，其寓情於景的寫法更是讓人嘆爲觀止，以下列舉幾首：

〈新高秋望〉

雅號峰如玉，天高縱覽中。蒼頭羞積雪，遊目送歸鴻。

雲海西風浪，塔山夕照楓。蓬萊推第一，撫景快呼嵩。[16]

〈新高踏雪〉

新高山上險，遊客日何多。踏破千峰雪，如凌萬頃波。

來時追馬跡，歸道覓樵柯。滿眼成銀界，陶然發浩歌。[17]

此二首詩，爲黃傳心先生登新高山有感，前一首寫秋景，後一首寫冬雪，互爲輝映，令人讀來興氣雙爽發，暢然有感，「雅號峰如玉，天高縱覽中」，起勢雄偉，頗有杜甫「岱宗夫如何，齊魯青未了」[18]的氣勢，「蓬萊推第一，撫景快呼嵩」當也有「會當凌絕頂，一覽眾山小」[19]之感嘆，此寫秋意蕭索，雲湧西風，一路讀來，全詩不著一情字，而詩人登高之情盡於其中；「踏破千峰雪，如凌萬頃波」，此寫冬雪肅然，雪湧千峰，詩中端用白描，而遊人登山賞雪之景歷歷其中，眼望「滿眼成銀界」，不難令人領會詩人乃有「陶然發浩歌」之舉，

15 見黃傳心先生詩〈詩料〉，《詩報》39 號頁 7。

16 《詩報》114 號，昭和 10 年 10 月 1 日。

17 詩報 61 號。

18 杜甫〈望嶽〉詩。

19 同前註。

其寫情用景，寓情於景，筆態佳妙，端是不可多得之作。

　　在先生的詩作中，題爲登「新高山」，還有數首，寫四時不同景緻。另還有寫遊「富川」、「尖山」者，均爲情景並茂之作，而有別於贈詩類作品多爲七言，先生所作五言詩則多爲寫景之作，語言簡單凝鍊，氣勢清潔雄朗，由詩作推人品，可見先生其時之高風。

　　除此之外，先生另有其他記遊作品，或爲七言，或爲五言長詩，以下各列舉數首：

〈山行遊記〉

　　深山白雲封，絕頂無人蹤。遊心因之遠，荒路誰與從。
　　著我登高屐，攜我涉險節。荊榛何其莽，溪壑何其重。
　　危崖立如虎，老樹蟠如龍。聞道一葉蘭，生在千尺峰。
　　擷采亦非易，蓬蓬雜草茸。歸途憩古寺，又勞午飯供。
　　野榖半天笋，清茶萬年松。乃知方外友，依稀舊時容。
　　緜話別後情，不覺撞暮鐘。[20]

　　此詩寫黃傳心先生登山遊記，因何而遊？是因深山固白雲之所封，人蹤絕跡，故「遊心因之遠」，一路登山而行，愈行愈高，乃見「危崖立如虎，老樹蟠如龍」，危深險峻，其若如此，故知詩人山行之遊，於山水中見自然，出塵悠遠，以寫詩心，然詩人亦知「擷采亦非易」，故此情此境，只可得之於一時，山行終有盡時，反歸俗世，「乃知方外友，依稀舊時容」，話別後情，「不覺撞暮鐘」，故得山行之遊，餘味無窮。

　　先生寫此類詩作，以長詩體裁，主要是因爲短詩不足以記述，特用長詩表達，先生寫來，如敘事，如興懷，寫景有之，記事有之，寫遊記則如寫景，淡雅細繪，綿綿層層，寫一路眼之所見、心之所感，令人讀來不覺入詩、入景，如親身歷其所遊。

〈岱江秋望〉

　　菊酒招吟侶，鷗朋會岱湄。濤聲喧白水，帆影掛黃旗。
　　魚塭興家業，鹽田富國基。松江鱸味美，撫景入新詩。[21]

---

20 《中華藝苑》20 卷 4 期，又見《詩文之友》20 卷 6 期。
21 《詩文之友》21 卷 2 期。

〈猿江漫興〉

十里猿江淺水濱，星期多見釣魚人。

補餘苧網偏勞婦，著破煙簑尚稱身。

牡蠣佐餐原有味，鶯花過眼不留春。

尋常坐對波間月，習靜詩心絕點塵。[22]

雖然亦是記遊寫景，可是關注的層面卻與前面憬然不同。〈新高〉偏寫景，〈山行〉偏記遊，而此二首詩雖然亦寫景亦記遊，但所寫之景非山水，乃是平常人家生活，百業興作，記岱江之遊，以百工之景入詩，從詩中我們可窺見岱江當地平常人家賴以謀生的一些產業及特產，詩人以此入詩，也為後人欲研究當代留下一些可貴的材料，如先生另一首詩〈曬鹽〉：「區分疆域等田塍，煮海年來業正興。十里嶼汕風日好，晶瑩粒粒看初凝。」[23]寫當時人家曬鹽的景象，於今讀來，歷歷在目，也可知臺灣當時在當地的人也有以曬鹽為業者。

（三）興懷記事

此類詩在黃傳心先生所存的詩作中數量不多，大抵都是記先生一時之事，或訪友，或宴客，一時感興所作，且多為五言詩。且看以下各首：

〈訪嘯天詞弟〉

意外相逢日，春風臉上生，有心堅後約，握手問前程。

世味同甘苦，天時判雨晴。匆匆人境幻，寧忍坐愁城。[24]

〈中秋夜於林宅席上拈韻　得庚韻〉

勝會秋當半，詩攻五字城。南樓今夜月，曾照庾蘭成。[25]

前一詩寫黃傳心先生意外遇見楊嘯天先生，問其前程，心中卻是滿腹的憂愁。後一詩記中秋時宴於林宅所作。二首詩都是一時之感，一時之作，因靈感抒發如天外而外，故多用五言短詩，記以興懷，也因為如此，詩作讀來如渾然天成，不假造作。

〈訪笑林居士不遇〉

春風策馬訪知音，未覩丰標感慨深。

翰墨場中漸落拓，鷺鷗磯畔惜浮沈。

人懷蓬島三千里，月比明珠一片心。

俗累紛紛拋不得，何時聚首整弦琴。[26]

此詩則記黃傳心先生因造訪笑林居士不遇，而心有感懷所作。除此之外，先生另有長詩記當初爲南管劇者：

〈記爲南管新錦珠作劇本偶成一則〉

夜雨憶瀟湘，錦珠傳筆意。歌扇畫桃花，曾染編血記。

滄桑十八年，藝園縈寤寐。藻荇東西牽，南北逐流去。

原知遨遊班，勾留無定處。我老懶出門，暮境生離緒。

潛比書中蟲，日食神仙字。友自稻江來，偶談優伶事。

因之問鳳棲，登臺尚標緻。南管揚聲名，華僑愛古義。

一笑落人間，問誰不作戲。[27]

此詩乃是記黃傳心先生當初爲劇團「新錦珠」作劇本一事，當時由先生所編導的南管戲劇，於雲嘉地區一帶廣受好評。而此詩也可做爲先生之多材多藝之旁證，畢竟不是每個詩人都能像先生既能寫詩，又能編劇編曲，占卜看相，雜家百藝無不精通，而由此詩中，我們也略可看出先生編劇的功力。此詩題爲「偶成一則」，則當是先生於編劇本時，有感而以五言詩寫成，故此詩近乎白話，所述幾爲口語，蓋先生所編劇本一定是用於演出，以口語說出，故不需拗口典麗，所以先生以此詩記編劇一事，也只是隨興而成，如詩中所言「一笑落人間，問誰不作戲」，當爲先生心中語。

此類詩作，或者興懷，或者記事，在這些例舉的詩作中，前面偏興懷，最後一首偏記事，其與寫景不同，與記遊亦不同，故另成一類，而由這些詩中，我們更可以得知，黃傳心先在何時，發生了什麼事，或做了什麼事，有助於後人對詩人的研究。

---

26 《詩報》244 號。

27 《詩文之友》27 卷 4 期。

（四）詠史懷古

此類詩在黃傳心先生的作品中是另一重要的主題，雖然以所佔的分量而言並不多，但是間雜在先生詩作中的詠史詩，多是以懷古為主要課題，從這些詩中，我們也可以感受到先生詩中的另一天地與其心懷。

〈項羽〉

沐猴忍被誚重瞳，計誤鴻門易初衷。

赦季久存驕敵意，輕韓大失禮賢風。

美人飲劍千秋恨，義馬投江一死忠。

楚水秦山銷霸氣，不堪成敗說英雄。[28]

〈中和節懷顏思齊〉

二月春晴草木芬，朝天拜母憶將軍。

興居早定移民策，鑄像長昭護國勳。

笨水巍峨瞻寶塔，青山凹凸黯忠墳。

幾時遂得招魂願，三界埔前掃白雪。[29]

〈詩人節懷鄭成功〉

騎鯨人去隔仙寰，民族英雄紀克艱。

一角力爭明土地，孤軍誓復漢河山。

詩題午節同崇頌，像繪凌煙豈等閒。

眼見國花遺樹在，興基早肇古台灣。[30]

此三首詩，第一首是寫項羽，是很純粹的詠史詩，項羽做為歷史上倍受爭議的人物，歷來有很多詩人寫過關於他的詩，幾可以說凡是詠史，多有詠項羽者。而另二首，一是〈中和節懷顏思齊〉，一是〈詩人節懷鄭成功〉，則是詠頌此二位生前為臺灣所作之貢獻，詩人本身為台灣人，自然在其詩作中，多會出現有關於臺灣的先賢先烈，試看以下二首關於吳鳳的詩作：

〈弔吳鳳公〉

28　《詩報》234 號。

29　《詩文之友》23 卷 6 期。

30　《瀛社創立 80 週年紀念特集》第 2 輯。

行人下馬拜東風，廟貌雲旗祀典隆。

慨擲頭顱完大義，高廟碣石紀豐功。

江山歷劫英雄老，草木霑恩雨露融。

漫道音容無覓處，諸羅終古屬吳公。

〈詠吳鳳〉

聲聲遙聽鳳鳴梧，社口薰風日欲晡。

一自成仁留碧血，蠻花狉草盡昭蘇。

吳鳳的事跡在臺灣，尤其是嘉義地區，流傳廣泛，相傳當初漢人多欺番人無知，霸其耕地，奴妾其子女，賤易其物，訟不得直，番人憤遁入山，且因而有嗜殺漢人之風氣，至吳鳳理台，以身代之，為番人割其首，番人逐念其德，始革此弊。[31]也因為吳鳳之事蹟在台灣廣泛流傳，故臺灣詩人大多有詠頌其事的。

由這些詩中，我們可以知道形體存在是一時的，英雄的魂魄卻長久得以保留，對人們而言，項羽的傳說、顏、鄭的貢獻、吳鳳的事跡是不會因為歲月的侵蝕而消逝的，所以黃傳心先生的詩不僅展現了這些歷史的面貌，也描寫了對昔日英雄心中的感慨。

（五）生活感懷

此類詩大部份是黃傳心先生在日常生活中的一些有感而發的作品，從自然界的四季更迭，到日常生活中的竹筏等物，先生平日目之所見，有所感而作，有早年輕快活潑的詩風，也有老來對生命無常的感嘆抒懷。

〈新涼〉之一

何須裁扇到芭蕉，薦爽西風味漸饒。

滌暑人歡秋信早，詩心似我熱難銷。[32]

〈新涼〉之二

西風消息報今朝，秋興吟來分外饒。

桐月一天生爽氣，有人尋味捲簾腰。[33]

---

31 吳鳳事跡可參見賴子清《臺海詩珠》頁251。

32 《詩報》223號。

33 《詩報》223號。

〈新涼〉之三

　　西風浪說暑能銷，難滌詩心似火燒。

　　梧葉不知人皷熱，欲傳秋信早飄搖。[34]

此〈新涼〉三首詩皆為表達秋風之新涼，第一首描寫秋天之風令人暑氣全消，卻無法洗滌詩心，與第三首是相同的意境，也是有感於秋風之爽氣而詩興大發，故有「秋興吟來分外饒」之語，三首均以新涼為題，一抒詩人胸中之感懷，其中可見詩人之生活情趣，分外有韻味。

〈竹筏〉之一

　　細熨琅玕節節新，修籐固結泊江濱。

　　何當乘此浮家去，簑笠清閒隱富春。[35]

〈竹筏〉之二

　　掛槳安桅面目新，虛心高節更輕身。

　　即今苦海風波險，堪作慈航渡世人。[36]

此二首詩立意有別，前首「修籐固結泊江濱」指的是把竹筏修牢，停泊在江邊，於「簑笠清閒隱富春」此句，則可以窺見黃傳心先生有如陶淵明一般，希望隱居過著清閒的生活。第二首詩同樣描寫著竹筏，但表達的意思卻不相同，所展現的是修齊自我的心志，不管「即今苦海風波險」，也要「堪作慈航渡世人」。二首詩均是因寫「竹筏」之物，心有所感，發而為詩。

　　以上數首皆為詩人於生活中自得其情趣而成，詩人於日常中感受秋風新涼，見竹筏沈浮，故有所感，隨手拈來，吟詠成詩。再如詩人有〈竹聲〉一首言道：「高節虛心綠幾株，隨風響動接庭隅。搖搖音調多清脆，似把平安兩字呼。」[37]亦屬此類。因是詩人在生活中聽到竹聲而有所感受，故直筆寫來，即心所見，好像竹聲響動如呼平安二字，寫來平易自然。

　　先生另有詩云：「信手拈來便作題，搜材立意細參稽」[38]，詩人

34　《詩報》223 號。
35　《詩報》239 號。
36　《詩報》239 號。
37　《詩報》41 號。
38　見黃傳心先生詩〈詩料・四〉，《詩報》39 號

的生活感懷有時並不只表現在關注日常的事物上面，在先生的詩作中，有一部份的詩作是以書懷、傷懷為題的，這類詩多為先生晚年所作，正因為年華老大，思及往事，或有悔傷，或有滄桑之感，如果前面所列舉先生寫平常生活中事物的詩儘是輕快活潑、新奇有趣的，那麼這類詩則大多是感懷往事，或病苦，或書懷，感覺起來是較為沈鬱厚重的，風格差異頗大。

〈即席賦呈〉

喜讀諸羅竟日遊，快看花萼繪高樓。
清風得意攜双袖，恨鐵終慚鑄九州。
湖海蒼茫同作客，功名變幻誤封侯。
陽春消息傳來早，莫向梧桐問去秋。[39]

〈歲暮病中書懷〉四首

苦病奚堪復苦貧，江湖何處養吟身。
撩人臘鼓偏催歲，對我梅花不當春。
一世論交餘翰墨，三年採藥伴君臣。
誰云措大詩心冷，甘負騷壇未了因。

豈因今歲始呼牛，呼馬頭銜已數秋。
放浪詩仙懷賈島，迷離蝶夢笑莊周。
真貧轉喜多吟料，小恙奚妨有贅疣。
一例浮生同作客，世間何物是歡愁。

一軍自誚樹騷壇，轉眼光陰歲又闌。
門貼桃符增氣象，杯傾竹葉慶平安。
頭顱感逐冰霜老，詩境期同宇宙寬。
差喜清貧無俗套，慰心兒女坐團團。

浪跡江湖久未歸，詩情痛與俗情違。

工讒善媚真交際，置腹推心有是非。

桃李不言春寂寞，鄉關入望景依稀。

瀟瀟歲暮崙峰雨，誰憫孤征客道危。[40]

此四首皆為先生感懷之作，我們已依稀可以看見詩人對於年華老大的感慨。詩人開宗明義即有「苦病奚堪復苦貧」之嘆，可以想見，一因年華老大，病痛纏身，又因貧困不得不浮生作客，四處謀生。所以在詩中詩人表現出較多的困慨及歲暮多病的傷懷。

三、結　論

由以上的詩作裡，我們可看出黃傳心先生的詩風真實自然，在他的詩中並不特意追求文字的鍛鍊精美，但是遣字乾淨，用詞清新，純然是內心直覺的抒發，故真實而不妄作，自然典麗，有一份儒生的雅潔之美。也正由於他的作品中存在著最真摯真我的情感，其閒雅高潔的人品和縝密細緻的思維能力，足以體察台灣社會精神層面上的變化，且直指中國傳承五千年來的文人精神，這些素養已超過所謂文學家文字上的基本能力，故在他的詩作中，我們每每可以看見當時的人文景觀以及社會生活，見證其時歷史留下的痕跡。

從另個方面而言，黃傳心先生本身並不能算是一個單純的詩人或漢詩家，因為他在寫詩的同時，也會看相占卜，寫劇本、編童謠，基於他本身的多才多藝，所以他橫跨了包含詩以外的許多領域，這一方面擴展了他的詩材，一方面也富豐了他的文風，所以他的劇本既文雅又押韻，讀來韻味盎然，他的詩作既清新凝鍊又平易自然，讀來情趣橫生。

此外，由於黃傳心先生對於固有文化的熱衷，在他的一生裡，教授漢詩可謂是不遺餘力，於各處設帳收徒，興辦漢學，鼓吹漢人固有文風，啓發民族意識，並先後加入樸雅吟社、石社、江濱吟社等多個詩社，與詩友相互期勉砥勵，但也正因他如此大張旗鼓的復興文化，

40　《詩報》147 號。

甚至曾經一度差點成為日本警方的階下囚。無疑的，黃傳心先生對於
台灣文化的貢獻定有一個不可磨滅的地位。

林維朝詩作初探

黃　銘　鈺*

摘　要

　　日治時期，台灣地區文風興盛，詩社林立，觳音吟社是其中之一，林維朝是這一時期相當重要的人物。在提筆寫作之前，筆者蒐集有關林維朝先生的資料，試圖重建詩人作品的輪廓，並替其整理作傳。筆者希冀能透過這篇文章，將林維朝的其人其詩呈現出來，因為當中很多作品都是關懷這片土地的，希望經由閱讀這些作品，使我們更能了解台灣的風土及歷史，也希望透過這篇作品讓更多讀者能了解在台灣地區的文學家，進而更了解這一塊土地。

一、前　言

（一）、漢人來台最早之地 —— 笨港

　　笨港是位於嘉義西邊的小鎮，藉北港大橋和嘉義相連。而現在的北港就是以前的笨港，北港開發的很早，明朝天啓元年（西元 1621 年）顏思齊到了笨港，並陸續招募福建沿海居民入墾，爲漢人有規模

＊雲林科技大學漢學資料整理研究所研究生。

移民台灣之始，也爲笨港的開發奠下了基礎。清乾隆十五年（西元 1750年），笨港洪水氾濫，使得笨港街被一分爲二，稱笨港北街、笨港南街，但後來又發生洪水，使得笨港南街無法再居住，於是居民遷往麻園寮，並重建街庄，稱新南港街，即今天的新港。

　　笨港在明鄭時期是屬於天興縣所管轄，清朝佔領台灣之後改隸諸羅縣，光緒十三年又改隸雲林縣。清光緒二十一年（明治二十八年），日本據台，改行政區，廢雲林縣，笨港歸屬台中縣斗六廳管轄，昭和十年（西元 1935 年），行政區又改爲台南州北港郡。到了民國三十四年（西元 1945 年），台灣光復，改爲台南縣北港區，民國三十九年，再改爲現今的雲林縣北港鎮。

　　（二）、笙歌不輟 —— 登雲書院的歲月

　　道光 15 年（西元 1835 年）時，爲了教育新港子弟，由王得祿和地方士紳所捐資創建的書院，是孕育新港地區人才的搖籃。名爲「登雲」，則是因爲王得祿將軍地位顯赫，並希望後生子弟都能如彼「登步青雲」之意。

　　日本於西元 1895 年佔據台灣之後，在登雲書院設立保良局，書院也因此停止教學。在西元 1906 年時，新港地區發生大地震，登雲書院也被夷爲平地。新港地區因爲登雲書院的建立，有過文風鼎盛的時期，但由於文獻欠缺，使得後人已無法透過現存資料了解往日新港地區的文壇風貌。登雲書院現址在新港古民街 12 號的文昌國小內，在歲月及震災的破壞下，如今僅存「新建登雲書院捐緣金名碑」的石碑，供後人憑弔。[1]

　　依據西元 1898 年日本所頒布的「書房義塾規則」，登雲書院不能重建，林維朝自行在怡園開館。西元 1910 年，林維朝先生獲選爲嘉義廳誌編纂委員，完成新港地區「學制調查事項」謂新港有書院、義塾、書房、社學、學田、公學校等。而西元 1919 年，日本頒布「台灣教育令」，禁止私塾、書院教授漢文，「怡園」笙歌始終不輟。西元 1923年，林維朝先生集合新港文人組織「鷇音吟社」，冀能維繫漢文化。

---

1 廖家展，《老鎮新生 —— 新港的故事》，遠流出版社，頁 31。

　　怡園古厝位於新港中正路往北的方，也就是在林維朝先生宗祠後方，外觀雖然陳舊，但保存完善。看著這棟古厝，不禁讓人回想起百年前，這邊是教育鄉民的書院，引發思古之幽情。今怡園成為林家家廟。

二、林維朝簡述

　　林維朝（1868－1934），字德鄉，號翰堂，別號怡園主人，嘉義新港人。林維朝先生出生於清同治七年（西元 1868 年）。在二十歲時，考上秀才，取得功名，但不久即喪父，身為單傳便一肩扛起家業。中年時，和新港一帶的文人組織「鷇音吟社」，在怡園內吟詩教授。西元 1906 年，新港地區發生大地震，登雲書院也夷為平地，林維朝先生因此在自家開館授課，教育新港子弟。林維朝先生卒於西元 1934 年，年 67；其一生智膽謀略，給新港人留下無限的景仰。生有二子，長子名蘭芽，次子曰開泰。陳素雲老師在〈新港前清秀才林維朝傳〉中，述及當年與林維朝先生交好的徐杰夫先生曾經這樣形容林維朝：

> 性慷慨，富公法心，造輕鐵以便交通，建學校以興教育，廣賑濟以救貧窮，諸凡義舉，莫不首先樂為，當道亦曾以篤行表彰之，今也故園退隱，獨以吟詠為樂，暇時輒邀都人士擊鉢聯吟，竟夕不厭，然心愈勞而精神矍鑠，德彌厚而志氣堅強。[2]

著有《勞生略歷》、《文稿》、《雜作》，《怡園吟草》四冊、未署名詩集一冊，以及《怡園唱和集》等。

三、林維朝詩作風格

（一）、含蓄婉轉，抒發情懷 —— 詠古詩

　　由憑弔舊跡或身臨其地而有所感想，進而抒發心中的情懷，這類的作品就是詠古詩。詠古詩也可以列入詠懷詩之中，但詠古詩別具特

---

2 江寶釵，《嘉義地區古典文學發展史》，里仁出版，頁 145。

色。林維朝先生對台灣有著深厚的感情，他的作品中也流露出對台灣歷史的關切之心。詩作中表達出對台灣歷史的省思、及對這塊土地上的人民的感情，試看以下幾首：

〈弭兵行〉古風[3]

環球當廿紀，列國競文明，弱肉強者食，紛紛起戰爭。
智巧互矜尚，戰器日以精，槍炮飛紅雨，子彈散流星。
飛機潛水艇，海陸肆爭衡，兩軍相接處，人命比毛輕。
吁噫憶往歲，歐洲大戰爭，繼續經五年，慘狀不忍聽。
血流漂杵鹵，尸伏遍野城，商工業久廢，田疇蕪不耕。
居者轉溝壑，行者填禍坑，嗟彼戰渦民，九死只一生。
伊誰非赤子，罹災慘莫名，瘡痍今未復，元氣大凋零。
幸哉美總統，世界計安寧，華府開會議，歐亞倡弭兵。
國際所交涉，一一付公評，大者不少暴，強者不若并。
戰艦海陸軍，裁制立規程，願言歸於好，兵禍戢無形。
所望從茲始，列邦守盟約，事只憑公理，策不尚縱橫。
各自守疆土，不妄相侵陵，干戈化玉帛，造福及生靈。
戰塵永不起，烽火永無驚，熙熙宇宙內，長共享昇平。
吾人欣秉筆，為作弭兵行。

林維朝先生深受中國文化薰陶，因此對當於盛行的帝國主義，弱肉強食的國際情勢感到憂心，進而抒發自己心中的看法。

〈文姬歸漢〉古風[4]

蔡家有女字文姬，生小聰明絕世姿，
及笄許適衛仲道，和諧伉儷嘉相隨。
不圖一旦邊釁開，戎馬驚天動地來，
可憐窈窕如花女，被俘旋上單于臺。
淪落窮邊嘆不辰，偷生忍辱事胡人，
前後誕生有二子，荏苒韶華閱廿春。

---

3 錄自《詩文之友》。
4 錄自《詩文之友》，二卷四期。

塞外風光增愴惻，悵望故鄉雲冪冪，

撫時感事寫悲懷，自作胡笳十八拍。

籍籍流傳到中華，曹瞞一見為咨嗟，

黃金遣使贖峨嵋，漢關生入竟還家。

歸時年已三十六，非復當時顏如玉，

重抱琵琶過別船，青燈不耐守孤獨。

由來女子貴守貞，柏舟勵節有前型，

君不見，夏侯令女劓鼻守志矢不更。

又不見，閉門彈劍千秋貞烈誦秦嬴。

君為幼婦清才女，甘心再醮墜身名。

吁嗟呼！文姬有才而無德，百世人言長嘖嘖。

　　曷若沒身異鄉不歸來，猶得令後人傾慕才華，憑弔追思而痛惜。
這一首作品是對文姬未能守節的歷史評論；也反諷日治時期一些苟且
偷生而被日本利用的台灣人。

〈韓信論〉[5]

　　士生斯世，忠無才也，固矣。然有才矣，不幸遇忌才之主，始
欲藉其才以功，不憚禮意之殷勤。迨乎功之既成，則猜忌生焉。
不旋踵，而藏弓烹狗之禍作矣。吁！淮陰侯韓信之所遭正若是
也。按韓信，淮陰人也，負蓋世之才。自楚之漢，感漢王知遇
之厚，效命疆場，努力馳驅，涉西河，略魏地，拔趙下燕，遂以
破莫大之強齊，亡無敵之暴楚，其功在漢室，誠巍巍莫比矣。
厥後降封淮陰，居京師，會陳豨反代。信之舍人弟上變告，稱
其謀反應豨，呂后執而殺之，并夷三族。嗟乎、信果反乎哉。
欲加之罪何患無辭，藉端易耳。當秦失其鹿，楚漢共逐之。戰
爭累年，知勇俱困，斯時也、天下之權，唯在於信，為漢，則
漢勝；與楚，則楚勝。使信而果有異志也，當王齊之時，翻獨
立之旗，不為漢，不與楚，運其智謀，指揮趙燕，而向以爭天
下，則捷足先得。正未知鹿死誰手耳，然信終以受漢厚恩，不

忍背義以邀利。故其時武涉說而不從，蒯徹說之而仍不從，是其始終為漢之心，直可昭然共白於天下矣。且夫，處可反之時，居可反之地，已決心為漢而不反。迫乎徙居京師，無權無力，已非可反之時可反之地矣。此在尋常之人，亦必能審時度勢，不敢輕舉妄動，以自取滅亡。而謂才智如信，竟蠢然為之乎。且據舍人弟告變之言，謂陳豨以守代過辭。信辟人而與之密語反謀，夫既辟人矣，則言出於兩人之口，入於兩人之耳。彼舍人弟何從而聽哉，何從而知哉。至謂其與家臣定謀，欲夜詐詔赦諸宮徒奴，以襲呂宮太子。夫京師為根本重地，漢高雖自將討豨，別有重臣強兵，嚴防鎮守，豈少數之徒奴所能濟事乎？又云部署已定，待報未發。夫部署而曰既定，則弓滿必發，稍緩則謀洩而事敗。遑待報乎？且信之見執也，因蕭何紿以入賀，使部署而果定也，則反形以露，應自心虛。安肯坦然入宮，而自投死地乎。揣其告變之言，荒謬不根，殊難取信。大抵呂后與蕭何密謀，嗾一無賴之舍人弟附會其辭，因而文致其罪，以為殺之之名耳。不然舍人弟既有告變之大功，何以不著姓名，而亦不聞封賞。彼相與定謀之家臣，部署知卒伍，亦并不聞連坐誅及耶。以此論之，信實未嘗反也，然則信何以死，曰死於才耳。

蓋信之才，高祖之所深知，及高祖所深忌也，以為信而欲反，其臣下無可與敵者，故必欲死之而後快。況於自請王齊時以攖其怒，而觸其忌，特以強敵未滅，隱忍而不發耳。觀於項羽乍亡之頃，遽奪其軍於定陶，而改封於楚。未幾偽遊雲夢，執歸京師，降淮陰，而又不遣之國。是韓信一日尚在，則漢高之心一日不安。故特於自將討豨時，假手呂后，使殺之以杜後日之患，而免手戮功臣之名耳。

按綱目書曰：「春正月后殺淮陰侯韓信，夷三族。」夫不書曰謀反伏誅，而書曰殺，而仍具其官，則信之無罪見殺可知矣。

嗚呼！淮陰才為身累，更抱不白之冤，此天下後世之士所為撫膺而太息者也，漢誠殘忍寡恩哉。

這篇論文可以看出作者替韓信抱屈，以及對漢高祖殘忍寡恩的批評，進而引申日本對於台灣人的殘暴手段。

〈弔延平郡王〉

星殞東南傑士亡，殘棋一局著福桑，

空於十萬橫磨劍，遺恨還同宋岳王。

未成玉日補天宮，瀛島猶留霸氣雄，

一代英雄長不眠，安平海上起悲風。

鄭成功，福建安南石井人，雖然出生於日本，但是在南安長大。鄭成功在其父鄭芝龍降清後，毅然起兵反清，驅逐荷夷。他的豐功偉業，歷代都為人們所稱頌。明隆武賜國姓，誥封「延平郡王」，人們尊其為「國姓爺」。而林維朝先生這首詩作，是在描寫鄭成功死亡，心中有所感慨，所以寫下對鄭成功這個偉人的懷念，及感嘆英雄氣短的悲傷。

〈吳鳳墓〉

英雄立志在成仁，遑惜區區七尺身，

生不作悵全漢族，死能為厲靖蕃塵。

海枯石爛威猶烈，地老天荒澤為湮，

社口蒼涼遺塚在，後人崇拜仰如神。

吳鳳，福建省平和縣人，清康熙年間，隨親人移居諸羅，個性毅厚，二十四歲時即擔任理番通事。當時時有山胞出草殺人馘首為祭的習慣，吳鳳立志改其習，經過教化，山胞不殺人已四十年餘，故詩云：「番政賢能治，功高德澤長。」惟鄰社惡習未改，時值歲荒，山胞便以未取人頭祭神之故，執意恢復舊習，吳鳳制止無效，但恐山胞濫殺無辜，便決定犧牲自己；而與山胞約定，某日有穿朱衣紅巾者經過此時，便可殺之以祭神。「生不作悵全漢族，死能為厲靖蕃塵。」說的正是這一件事。後來當山胞發現殺的人竟是吳鳳，悲痛欲絕，於是埋石發誓，今後永不殺人，惡習遂除。後人感念吳鳳的精神，於是立祠以祀，曰「吳鳳廟」。林維朝先生這首詩便是感念吳鳳的事蹟，因而作詩表達自己的敬意。

〈王勃作滕王閣序〉[6]

> 髫年穎異號神童，名列初唐四傑中，
> 路出名區逢宴餞，文成末座騁豪雄；
> 名山秀水增佳色，賢主高朋拜下風，
> 傳誦千古長不朽，蘭亭一序漫稱工。

對歷史事蹟的見解，並抒發自己的感情。

〈洛陽銅駝〉[7]

> 京洛坵墟兆已形，儽危猶自立宮廷，
> 會看荊棘將埋汝，索靖傷時淚欲零。

緬懷歷史事蹟，暗喻國人在日本的統治下，心中卻沒有警惕而感慨。

〈紅線盜盒〉[8]

> 潛到魏城只瞬時，偷來金盒少人知，
> 如何絕代英雄女，只著青衣作侍兒。

對歷史事蹟的見解，並抒發自己的感情。

〈蘇東坡赤壁後遊〉[9]

> 攜來美酒與鱸肥，素壁偕遊樂忘歸，
> 記取前番臨覽處，江山如故景殊非。

藉這一首詩，來比喻台灣處在日本的統治下，景物人事有所改變。

　　林維朝先生的詠古詩大多是感嘆歷史興衰，亦或是緬懷古人事蹟；而這一類的作品，最能表現出歷史的更迭，也能表達出作者的胸襟。不論用平易近人的詞彙，或是獨特的用語，詩作所展現出的弔古惜今的意境，都讓看到詩作的人，感受到那股氣氛。

（二）、觀景抒情，賦情於文 ── 寫景詩

　　林維朝先生有不少刻劃景物的作品，展現出對這塊土地的關心。台灣風土的秀麗、山林的描寫，都充分在這一類的作品展現。詩中表達的情感真摯，在字裡行間蘊藏自己的情感；而技巧生動的摹寫台灣

---

6 東寧擊鉢吟後集，頁3。
7 詩報66，昭和八年九月一日。
8 東寧擊鉢吟前集，頁42。
9 東寧擊鉢吟前集，頁57。

景色，更顯現出對家園的深厚感情。

〈東山旅次〉

茫茫故國白雲橫，王粲登樓百感生，
未接雙魚傳好信，徒聞啼雁動悲情。
客心撩亂飛蓬轉，鄉夢參差夜兩鶯，
嘆我無方能縮地，未能瞬息到東瀛。

台灣割讓給日本之後，諸多士紳選擇返回大陸，但仍心繫台灣。

〈新高山看日出〉[10]

新高山上高崔嵬，攬勝尋幽絕頂來，
露宿一宵天未曉，攬衣推枕起徘徊；
徘徊昂首望東方，曙光隱隱色蒼蒼，
閶闔天雞才唱罷，一輪宏日出扶桑。
旭旭初昇天盡白，如車如蓋曉雲赤，
忽焉萬丈吐光芒，光怪陸離生五色；
一道流金如掣電，神為迷離眼為眩，
出嶺初林照四圍，煙消雪散山容見。
須臾騰耀玉山巔，象如玉赤如盤圓，
恰在當頭思手捧，捧之不得心悠悠；
聞昔秦王侈心肆，過海欲觀日出處，
填橋鞭石勞神人，畢竟迢迢遠莫至。
我今身臨絕頂間，東君近接與盤桓，
劇喜此行真不負，得睹為睹觀奇觀；
且喜麗天象離明，光臨四表照八瀛，
群陰盡伏群邪避，仰照欣將復旦膚。

第一句至第八句是描寫登新高山，而心中期盼日出的感受
第九句至第二十句是描寫日出時的景象。

第二十依據至第二十句是描寫自己觀日出的感受，似乎和古代秦皇欲觀日出的心情相似。

---

10 錄自詩文之友。

最後八句則是寫出自己對這趟行程相當滿意。

　　林維朝先生的寫景作品，不是用象徵的摹寫，而是以真摯的心，採用白描的筆法寫出自己心中對這塊土地的感情。文思洗鍊，沒有艱深晦澀之感；林維朝先生以自己的心當作書寫工具，寫下自己眼中的台灣，同時也紀錄台灣秀麗的風光，亦展現出文人高尚的國家情懷。

　　（三）、時令記事，生動寫實－節令詩

　　不同的節候，不同的感覺氣氛，這些是我們生活中的一部分，也是我們人生的感受。它能反映社會，表達心中的情感。詩人們也藉由這些作品來抒發心中的感受。

　　　〈龍舟〉[11]

　　　　錦繡旗帆入望迷，忠魂追弔楚江西，

　　　　畫船真個龍蟠似，攪起濤頭山與齊。

描寫在端午佳節龍舟競賽的熱鬧場面，和龍舟的精美。

　　　〈春燈〉[12]

　　　　寶炬千峰爛熳紅，九衢徹夜影幢幢，

　　　　馬龍車水嬉春客，看遍金釭與銀釭。

描寫元宵節時，遊賞花燈的遊客眾多及花燈的絢爛迷人。

　　林維朝先生的節令詩作品，用生動的筆法，採用寫實的方式寫出自己心中的感情。文思洗鍊，詞彩華麗；寫出自己的感受，同時紀錄節令時的熱鬧氣氛，嬉戲的場景，展現出文人的另一種風貌。

四、結　論

　　台灣文學是台灣人民思想的反映，林維朝先生的創作時期跨越清朝到日據時代；從日本禁止設書房，到詩社蓬勃發展，這一段時期可以說是台灣文學的的黃金時代，而林維朝先生正處於這個時代。

　　他的詩作以抒懷詠史、記遊寫景為主。日治時期，身處在異族統治之下，民族意識覺醒，也由於家國之痛及不得志的鬱悶，林維朝先

---

11 東寧擊鉢吟前集，頁91。

12 東寧擊鉢吟前集，頁28。

生的詩多反映時代；在記遊方面，以抒情的筆法，描繪美景的秀麗，實能表現出景觀。從其詩作中，我們也可以得知當時期台灣文壇的風貌。

　　綜括而言，林維朝先生的詩作風格多樣，或清新質樸，或生動寫實，都能寫出心中所要表達之意，更能抓緊時代脈絡，刻畫出自己的心境。林氏曾在雲林、嘉義地區執教，培育英才無數，我們從雲林這塊土地出發，紀錄台灣文學的一脈，林維朝先生實爲一位在雲林文壇，以至台灣文壇都具有一席之地的優秀作家。

參考書目：

曾朝枝《東寧擊鉢吟前集》　　　　　　1934 年

曾朝枝《東寧擊鉢吟後集》　　　　　　1936 年

　　　　日治時期《詩報》雲科大漢學所影本全套

洪寶昆《詩文之友》　　　　　　　　　1953 年

廖家展《老鎮新生 ── 新港的故事》　1995 年

江寶釵《嘉義地區古典文學發展史》　1998 年

附錄：林維朝先生年譜初稿

時　　　間	年　　齡	事　　　紀
同治七年 （西元 1868 年）	一歲	出生於嘉義新港，是家中獨子。
同治十三年 （西元 1874 年）	七歲	從林逢其學，讀孝經、論語、孟子。
光緒元年 （西元 1875 年）	八歲	讀毛詩。
光緒二年 （西元 1876 年）	九歲	讀易經。
光緒十三年 （西元 1887 年）	二十歲	考取秀才，但不久即喪父。
光緒十九年 （西元 1893 年）	二十六歲	督帶鄉勇，同新港縣丞陳仁山直搗樸仔腳。
光緒二十年 （西元 1894 年）	二十七歲	甲午戰爭開始，林維朝先生受命為民雄西堡團練分局長，團練局的辦公處設於奉天宮內。
光緒二十一年 （西元 1895 年）	二十八歲	台澎割讓給日本，林維朝先生與當時諸士紳選擇返大陸祖籍。
光緒二十三年 （西元 1897 年）	三十歲	林維朝因為水土不服，懷鄉心切，於是攜眷返台，並寫了〈東山旅次〉。
光緒二十四年 （西元 1898 年）	三十一歲	日本頒布「書房義塾規則」和「台灣公學校規則」，北港日語傳習所易名為「北港公學校」。林維朝先生在怡園開館教授。
光緒二十六年 （西元 1900 年）	三十三歲	林維朝先生就任新港區庄長兼保正。

光緒二十七年 （西元 1901 年）	三十四歲	內山土匪猖獗，延及東石海隅，侵略樸仔腳。林維朝先生督勵庄民與警官協力禦匪，逮捕匪首吳文、蔡水碓、蘇石頭、陳吉。
光緒二十八年 （西元 1902 年）	三十五歲	西元 1902 年至 1920 年，為台灣古典詩社和擊活動復甦期，結社聯吟和擊鉢吟創作隨處可見。
光緒三十二年 （西元 1906 年）	三十九歲	嘉南平原發生大地震，登雲書院倒塌。依日本在西元 1898 年頒布的「書房義塾規則」，不得重建；林維朝先生於是在自宅開館授課，教育新港子弟。
光緒三十四年 （西元 1908 年）	四十一歲	林維朝先生獲聘為嘉義廳參事。
宣統二年 （西元 1910 年）	四十三歲	林維朝先生被選為嘉義廳誌編纂委員，完成「學制調查事項」，謂新港有書院、義塾、書房、社學、學田等。
宣統三年 （西元 1911 年）	四十四歲	清亡。
民國元年 （西元 1912 年）	四十五歲	民國創建。
民國六年 （西元 1917 年）	五十歲	新港奉天宮重修落成祭典，林維朝先生將登雲書院在春秋二季祭孔的樂局，改為「鳳儀社」，取「簫韶九成，鳳凰來儀」之意。
民國八年 （西元 1919 年）	五十二歲	日本頒布「台灣教育令」，禁止私塾、書院教習漢文。
民國九年 （西元 1920 年）	五十三歲	西螺同芸會改稱菼社，斗六斗山吟社成立。

民國十年 （西元 1921 年）	五十四歲	由林獻堂先生所領導的台灣文化協會在台北成立。
民國十一年 （西元 1922 年）	五十五歲	王東燁、曾席珍等人創立北港汾津吟社；楊爾材等人創立朴子樸雅吟社；林維朝先生聯合新港文人創立新港鷇音吟社。
民國十四年 （西元 1925 年）	五十八歲	台灣古典詩發表園地《台灣詩薈》誕生。
民國二十二年 （西元 1933 年）	六十六歲	北港鄉勵吟社成立，黃篆為社長，敦聘李冠三、林維朝先生為顧問。
民國二十三年 （西元 1934 年）	六十七歲	卒於孟夏，年六十七。

曾人杰詩草初探

黃　銘　鈺*

摘　要

　　日治時期，雲林地區的文風以北港地區最為興盛，鄉勵吟社是其中代表之一，而曾人杰、黃篆更是鄉勵吟社的靈魂人物。在提筆寫作之前，筆者收集蒐集有關曾人杰先生的資料，試圖重建詩人作品的輪廓，並替其整理作傳。經過一番努力之後，資料逐漸齊全，也更臻完備。筆者希冀能透過這篇文章，讓更多讀者了解日據至光復時雲林地區的古典文學家。

一、鄉勵吟社沿革概述

　　鄉勵吟社，是由詩人曾仁杰於民國二十三年一月一日（農曆十一月十六日），在北港曾人岸寓，召開成立大會。當時有：曾仁杰、黃瘦峰（篆）、曾人岸、邱水謨、洪天賜、李水波、林國賜等七人，推舉曾仁杰為社長，社址設於北港鎮，其命名為「鄉勵吟社」之義，旨在鼓勵北港郡下的鄉村子弟，在異族統治之下，對固有之文化，能互

＊雲林科技大學漢學資料整理研究所研究生。

相切磋，並能保留國粹於不墜。光復後，社址改在口湖鄉湖口村「求得軒」書齋中，每月均有例會。

二、曾人杰及其作品

（一）曾人杰生平簡述

曾仁傑，字人杰、師魯，號金湖逸民，民國前五年（西元 1907 年）出生於金湖，殁於民國五十五年（西元 1966 年），在家中排行老大，下有三個兄弟。人杰先生自少聰穎，在「求得軒」書齋求學受李西端先生指導，博覽群書，學識淵博。其求學階段正值日治時期，但人杰先生極富民族意識，不僅拒受日本教育，學成後更於大林地區設帳教授漢文。

人杰先生除了熱衷於鼓吹詩風外，對鄉土文物的發掘，也不遺餘力。常利用閒暇時間，蒐集相關資料，並發表於雲林文獻，後將其詩集《金湖萬善祠沿革誌與金湖吟草合輯》刊行，人杰先生一生對鄉土文化之貢獻頗大。

光復後，人杰先生任職於口湖鄉公所，並致力於鄉土文化的保存，著有《金湖萬善祠沿革誌》。後來因被疑公款數額不足，自縊以明志。臨終前將其藏書、遺稿及吟社作品付之一炬。遺作僅存《金湖吟草》一卷。然而雲科大漢學所更有較完整的輯本，存詩至少百首以上。

（二）作品主題析論

其作品主要分為日治時期和光復後至民國五十七年兩階段。而形式大致可以分為：詩社月課、擊鉢吟、和他社聯吟及社員間的酬唱等。鄉勵吟社所在地為以農漁維生的濱海地區，社員生活並不寬裕，由於貼近人群，所以詩作能呈現地方風情；現實生活中的所見所聞，在他們詩作中也可見到。人杰先生的創作主題也是以鄉土風情、刻畫時事為主，其次抒懷、謳歌友情亦是主題之一。

1．清新質樸 — 自然及風土民情紀錄

在農民心目中最擔心的莫過於天災了，因為那是無法避免的，在仁杰先生的詩作中便可以看見農民對天災的害怕及無奈。除了抒發天

災的可怕之外，詩作也表達出天地萬物循環並不是你所能掌控的，期
勉人要把握當下，珍惜人生，如：

〈萬善祠懷古〉[1]

淒風冷雨鎖愁煙，低頭尋思往事牽；
記得當時遭海禍，萬人魂魄上西天。

巍峨廟貌鎮荒郊，鐘鼓高懸朔望敲；
欲慰災魂超度盡，晨昏經卷未曾拋。

海嘯曾經幾度秋，祠前祠後白雲浮；
古時罹劫悲哀地，遺恨長江水泛流。

乙巳夏天海嘯來，萬民遭厄劇堪哀；
我來吊古拈香祭，獨恨聾龍慘作災。

〈金湖竹枝詞〉[2]

生涯淡薄好維持，一月颱風做四期，
災號爭生兼拼死，半餐山菜半蕃芝。

婦女爭群拾苦螺，過江兒唱癮仙歌，
整容不解西洋式，嘴點胭脂筆畫娥。
橋北橋南好掘鰲，一斤八兩盡精膏，
臭酸菜與鹽湯戲，擬侍農村丈姆婆。

邊海漁民自結村，每于六月荐災魂，
對台歌劇獅公戲，為報先人一點恩。

〈金湖竹枝詞〉的第一首是描寫漁民為了生活，和大海搏鬥的險狀；
第二首則是婦女為了貼補家用，撿拾苦螺的情形；第三首則是寫丈母
娘來訪，理應熱情招待，但因生活困苦，只能以「臭酸菜與鹽湯戲」

---

1 錄自：曾人杰《金湖吟草》。
2 錄自：曾人杰《金湖吟草》。

來款待，再度寫出漁民生活的困苦；而第四首是描述金湖地區「牽水」儀式熱鬧的景象。西元 1845 年颱風來襲，造成金湖地區嚴重的災情，爲了祭拜前人，於是在每年六月舉行「牽水」儀式。「邊海漁民自結村」說明居民對信仰的虔誠；生動描繪居民演戲的情形，亦有保存民俗文化的功能。

　　另外對當時環境的困境，包括自然的及人文的，人杰先生都對這些情況有著深刻的描寫，如〈農家嘆〉三首：

〈農家嘆〉之一[3]

昆蟲水旱兩相攻，到處農家恨靡窮，

赤帝嚴威今漸展，困人天氣日初長。

〈農家嘆〉之二[4]

為耕畎畝野園中，觸目稻花偃草同，

遍地黃金民不富，應教無計慶年豐。

〈農家嘆〉之三[5]

不辭酷暑稼郊東，禹稷辛勤一例同，

雖有連雲多　稑，儘管糧吏制裁中。

描寫耕種辛苦，但收成不好，農民看到這種情形時心中的失望；而外在還有徵稅的不公平對待，深刻的摹寫出當時生活的困苦。

2．關懷鄉土 —— 對金湖風光的描寫

　　仁杰先生藉由對金湖風光的描寫，來抒發對時事的看法和心中的期許，而作品中也可以了解仁杰先生的性情及抱負，如：

〈金湖泛舟〉[6]

蘆花深處輕盪船，萬頃波光入眼穿。

我亦浮沉嗟一粟，歸遲涼月等鉤懸。

　　人杰先生以口語及寫意的筆法來描繪湖面風光，擺脫型式的刻劃，摹寫出金湖風光的秀麗，也表達出了自己心中之思。除此之外，

---

3 詩報 87，昭和九年八月十五日。
4 詩報 87，昭和九年八月十五日。
5 詩報 87，昭和九年八月十五日。
6 詩報 126，昭和十一年四月二日。

在曾人杰先生的詩作中，還有其他記遊的作品，舉例如下：

　　〈春日遊獅頭山〉三首[7]

　　艷陽天氣好春光，笑命奚奴背錦囊，

　　真箇入山忙不了，看山領略百花香。

　　風光如畫及春妍，息影來參古佛前，

　　多少僧尼齊合十，殷勤向客說隨緣。

　　千章古樹與雲齊，花自吟人鳥自啼，

　　我願買山來結屋，好攜妻子此幽棲。

寫出了人杰先生喜愛山中生活，更有意願想在此買屋居住。還有描寫
金湖地區阡陌相連，稻波萬頃的景象，如：

　　〈新港于拓地所見〉[8]

　　金湖開拓地，灌溉水痕平，曠野連雲耤，荒田帶雨耕。

　　農場寬萬頃，稻穗慶雙生，阡陌東西望，遙聞牝犢聲。

3．含蓄婉轉 —— 抒發情懷之作

　　表達出自己心中的看法，進而從中抒發自己的感受，如：

　　〈感懷淡交吟社諸先生〉[9]

　　擬向吟壇拓筆來，文章華麗見天才，

　　羅城雅事千秋契，淡社風流盛筵開。

　　世道沉淪憑挽住，詩星朗耀喜追陪，

　　江山代有賢人出，振起風騷又一回。

從加入吟社到現在，感受到社友的文章皆有才氣，促成了吟社的榮景，
同時盛讚諸社友的文筆之妙。而人杰先生也能用詩作表達自己心中之
思，以下幾首作品，便抒寫出他浮生中的諸多感慨，如：

　　〈感懷〉[10]

7　詩報 158。

8　詩報 218，昭和十五年二月十八日。

9　詩報 47，昭和七年十一月十五日。

10　詩報 79，昭和九年四月十五。

百感愁懷萬感牽，功名無分惜殘年，

寄言好學諸君子，急向騷壇共究研。

書生丰采本清標，半世終慚一折腰，

看罷人情心已冷，歸舟且泛武陵潮。

人杰先生感嘆自己到了老年，仍沒有功名，心中不免感傷。

〈感懷〉11

匣中鏽鐵且休談，能屈何嗟久不堪，

誰道書生無壯志，應時舉國皆丁男。

以難棲處強棲身，位小還知是不仁，

假使禹門得燒尾，伊誰都道敢批鱗。

對自己到了晚年沒有半分功名，有著深刻的感觸。

〈退職感賦〉12

勤勞報國閱三霜，豪氣橫天總不忘，

從此賦歸同靖節，盟鷗結鷺水雲鄉。

當年報國的熱心、氣勢仍在，但現在卻要退休，心中充滿不捨之情。

　　仁杰先生自幼家境清苦，經歷許多心酸，至今回想心中仍充滿感慨，如：

〈重遊大林偶成〉13

清貧欲解舊家風，歷盡辛酸又是同，

點石成金終乏術，徒教碌碌怨天公。

仁杰先生也有作品寫對詩友、知己的祝福、勉勵，如：

〈呈國鐵時報吳永福先生〉14

昔日紅花送客難，今朝啼鳥惹心悲，

斜陽深倚行雲暮，秋水長思落雁遲。

---

11 詩報 293，昭和十八年四月六日。
12 詩報 264，昭和十七年一月二十日。
13 詩報 41，昭和七年八月十五日。
14 詩報 32，昭和七年四月一日。

　　聚會受君多美酒，伸情愧我乏新詩，

　　憑箋託筆無他囑，努力加餐慰我思。

感謝吳永福先生的招待，對自己沒有以詩相贈，感到抱歉；並希望吳
永福先生，能多加保重。

〈贈青年〉15

　　男兒處世義為先，贈別何須酒肉筵，

　　忠信一言君記取，莫貪花酒誤青年。

說明年輕人對朋友應以「義」為優先，因此在離別時不須以酒筵相送，
而是要謹記朋友的告誡，且不要耽誤青春。

〈祝台灣漢學研究會成立〉16

　　台灣漢學會成來，蔚起人文亦快哉，

　　但願扶輪諸大雅，半途莫把熱心摧。

此詩除恭賀台灣漢學研究會成立，更滿懷期許，希望與會諸君子能不
忘成立宗旨。

〈敬贈慶泉君渡華〉17

　　飄龍攜劍上神州，試歷山川四海秋，

　　欲啟襟懷開眼界，不辭萬里作萍遊。

這是人杰先生朋友將遠遊大陸時，他送給朋友的詩作。詩中期勉朋友
能利用此次機會，開拓自己的視野。

〈敬祝陳汜濫先生納寵〉18

　　千古紅絲繫鳳緣，牽成一對賽神仙，

　　桃根柳葉堪為配，才子家人好並研。

　　寶帳夜深聽玉漏，香閨春暖徹金蓮，

　　風流寄取張京兆，合卺新裁卻扇篇。

　　先生艷福幾生修，靈鵲居然渡女牛，

---

15 詩報 33，昭和七年四月五日。
16 詩報 38，昭和七年七月一日。
17 詩報 78，昭和七年十二月一日。
18 詩報 79，昭和七年十二月十五日。

題葉宮人情繾綣，畫眉京兆態風流。

洞房富貴金為屋，繡閣玲瓏玉作樓，

自古神仙皆眷屬，團圓終得老溫柔。

對朋友娶小老婆，表達祝賀之意。

〈戲祝菊峰兄新婚〉[19]

既結同心一段姻，雙棲最好唱相親，

百年大事聯膠漆，莫為糟糠易怨瞋。

桃花灼灼室家春，美滿良緣特可親，

穀旦新婚符燕喜，他年預降石麒麟。

天上司香女，人間美玉郎，

多情成眷屬，乍不喜偏長。

寶炬雙輝日，迎來窈窕娘，

夜深交枕臂，真個喜非常。

池上比鴛鴦，同心逸興長，

良宵欣配偶，吐氣更眉揚。

締結三生願，姻緣一段香，

今年花灼舉，來獻弄詞璋。

林菊峰，名國賜，是鄉勵吟社的成員之一，民國元年（西元 1911 年）出生於北港，是一位漢詩詩人。菊峰先生在民國二十二年（西元 1933 年）和曾人杰、黃篆等人，成立鄉勵吟社，是創社社員之一。但其出現在詩社的時間並不多，只有數年而已。菊峰先生在民國二十四年（西元 1935 年）結婚，整個吟社籠罩在一片喜氣之中，曾人杰先生因而寫下這首詩，表達自己的祝賀之意。有關林菊峰先生生平的記載並不多，

---

19 詩報 96，昭和十年一月一日。

著作有《林國賜吟草》。

〈胞弟人岸任官喜賦〉[20]

文質彬彬得任官，春風滿面笑新歡，

龍山代有才人出，裕後光明一壯觀。

恭賀其弟人岸擔任官職，並形容其將來前途，必然是一片光明。

　　另外仁杰先生的作品還包括對朋友死亡的悼念、和社友之間的酬唱等，今各舉數例：

①朋友死亡的悼念：

〈哭蘇遠騰君三絕〉[21]

靈前憑弔劇堪哀，悼喪人亡玉已催，

何事天心妒文士，忍將黃土葬英才。

絕代才華空化鶴，一朝丰采竟騎鯨，

可憐芳草斜陽路，葉落鵑啼四五聲。

耿耿文星墜九霄，儒林秋到嘆蕭條，

一坏黃土成千古，冷雨凄風恨怎消。

這首是追悼蘇遠騰先生所寫的詩，可以看出人杰先生和他交情之深。

〈追悼李冠三先生〉六首[22]

剪紙招魂涕淚漣，松楸寒冷罩煙愁，

音容記得猶如昨，蘋藻供陳已隔年。

華表歸來知化鶴，坵墳是處亂啼鵑，

先生一去長千古，不盡悽涼痛絕絃。

哀詞重賦涕漣漣，痛悼追維李謫仙，

生餉心田存一點，死遺詩稿待千年。

風凄兩岸空楊柳，日黯孤墳哭杜鵑，

---

20 詩報 290，昭和十八年二月二十一日。

21 詩報 74，昭和九年一月十五日。

22 詩到 148，昭和十二年三月九日。

何處招魂兼剪紙，溪山幕幕起愁煙。

大雅扶輪痛失肩，風騷一代尚流傳，
修文應赴玉樓召，絕筆終歸青塚眠。
夙草西風悲掛劍，宵窗涼月讀遺篇，
可憐地老天荒後，無復吟壇共擘箋。

炯炯文星墜海邊，傷心桃李淚漣漣，
騎鯨寂寂悲長夜，倚馬翩翩憶壯年。
流水有聲同吊故，落花無語共悽涼，
騷壇失一扶輪手，牛耳伊誰再任肩。

良規矩節憶生前，大夢何堪去不旋，
召赴玉樓身化鶴，墳餘芳草夜啼鵑。
秋深零落蛩聲咽，日暮悽涼螢焰穿，
憑吊鮫人珠淚竭，銷魂未忍讀遺篇。

潔士佳城在碧巔，登臨觸目蕙情牽，
青山應合埋詩骨，黃土何堪掩世賢。
颯颯秋風魂不返，瀟瀟夜雨淚潸然，
追懷往事雲千里，空吊斜陽一杜鵑。

李冠三先生是鄉勵及汾津吟社的指導老師，從詩作中可以知道人杰先
生和李冠三先生有很深的感情。

〈輓曾謹來宗兄〉[23]

炯炯文星殞海涯，遙天萬里失光華，
詩書抵力求真學，勤儉支持算克家。
舉世瘡痍誰補救，一時親舊總悲嗟，
傷心最是閨中婦，愁听諸孤喚阿爺。

---

23 詩報 158，昭和十二年八月一日。

先生死亡是難以接受的事，而妻子是最難過的，她聽到小孩仍叫著父親，心中不免傷心。

②和社友之間的酬唱：

〈和韻張啓書懷〉[24]

煮史烹經兩不成，問心愧煞負平生，
祇因時代潮流急，懶向江湖結弟兄。

〈次韻奉酬〉[25]

擬尚吟壇共賦詩，秋風辜負半年遲，
許多花月如今日，無有江山似昔時。
名姓君應留簡籍，文章我尚識毛皮，
週來每欲談馮鋏，歸隱靈泉避故知。

過去已經成為歷史，現在只想隱居深山，躲避故友。

〈敬步諸君賦瑤韻〉[26]

慚無獨鶴冠雞群，妄向吟壇共策勳，
不效魏收暗藏拙，偏從曾鞏露人聞。
雕蟲薄技堪羞我，造鳳清才應讓君，
每自感時花濺淚，雙教心思竟如焚。

---

24 詩報 239，頁 35，昭和十六年一月一日。
25 詩報 69，昭和八年十一月一日。
26 詩報 69，昭和八年十一月一日。

三、教育子女，皆有所成

　　曾人杰先生和妻陳氏結褵，育有四男二女。長男新喜，普考及格並服務於警界，現居住高雄開設中新企業公司，從事皮包外銷；次男養甫，在北港經營木材；三男聖雄，開設金光興電器行；四男文魁，亦從事電器業。女淑真、淑吟皆已適人。

四、結論：書寫雲林的古典詩人 ── 曾人杰

　　曾仁杰的詩作以抒懷、詠史、記遊寫景和酬唱為主。日治時期，身處在異族統治之下，民族意識覺醒，親身投入漢學保存的工作。由於家國之痛及不得志的鬱悶，仁杰先生的詩多沉鬱、反映時代；在記遊方面，仁杰先生以口語之筆法，描繪出金湖的美景，很能表現出地方鄉土特色。從其詩作中，可以窺知日治時期台灣文壇的風貌。

　　綜括而言，曾人杰先生的詩作風格多樣，或清新質樸、或精練雅致、或閑適淡遠，都能有所發揮，更能抓緊時代趨勢，鋪陳出自己的心境。從雲林這塊土地出發，成為台灣文學的一脈，曾人杰先生亦堪稱是雲林文壇別具特色的傑出作家。

參考書目：

《金湖吟草》。
《曾人杰詩草》。
《曾人杰漢詩》。
《詩報》。
《鄉勵吟社》。

附錄：曾人杰先生年譜初稿

1907 年，出生在雲林縣口湖鄉。

1912~1920 年　投求得軒先生門下研究漢學。

1932 年 26 歲　四月一日寫下〈呈國鐵時報吳永福先生〉。

四月十五日發表〈贈青年〉、〈訪春德兄偶作〉。

五月一日發表〈蜻蜓〉。

五月十五日發表〈感作〉。

六月十五日發表〈晚釣〉。

七月一日發表〈祝台灣漢學研究會成立〉。

七月十五日發表〈溪邊觀水〉。

八月十五日發表〈重遊大林偶成〉。

十月一日發表〈入淡交吟社有感〉、〈即事〉、〈寄懷朱木通先生〉、〈與邱水謨君冒險渡牛稠溪作〉。

十一月一日發表〈旅次夜感〉。

十一月十五日發表〈感懷淡交吟社諸先生〉。

十二月一日發表〈敬贈慶泉君渡華〉。

十二月十五日發表〈敬祝陳氾濫先生納寵〉。

1933 年 27 歲　與黃篆、邱水謨、洪天賜、李水波、林國賜及弟曾人岸等七人，創立鄉勵吟社並擔任社長。鄉勵吟社是汾津吟社的友社，兩社往來密切。

一月十五日發表〈計懷林鬧砂先生〉。

三月一日發表〈偶感〉〈話舊〉〈謁龍台宮廟〉〈謁萬善同歸祠廟懷古〉〈新港橋上遠眺〉〈海岸〉。

三月十五日發表〈留別北港郡下諸芸友〉。

五月一日發表〈客中春夜〉〈客中偶成〉〈祝李宰弄璋〉〈敬呈何添旺老兄笑正〉。

六月十五日發表〈盤郢〉。

七月十五日發表〈並蒂蘭戲筆〉。

八月一日發表〈水門〉〈觀潮有感〉〈漁人〉〈養魚〉。

十月十五日發表〈祝傳心詞兄三十八歲得子喜賦〉〈訪崙峰吟社賦呈
　　　　　　　諸君子〉〈淡遊香園即景賦呈廖心鶴先生〉。

十一月一日發表〈次韻奉酬〉〈敬步諸君賦瑤韻〉。

1934 年 28 歲　一月一日寫下〈寒衣〉。

一月十五日發表〈哭蘇遠騰君三絕〉。

三月一日發表〈感懷俚詞三十韻〉。

三月十五日發表〈感懷（續前）〉。

四月十五日發表〈感懷（續前）〉。

五月一日發表〈春草〉、〈感懷（續前）〉。

六月一日發表〈感懷〉、（續前）〈四名〉。

六月十五日發表〈新婚燭〉、〈一名〉、〈呈龍潭鍾鑫先生〉。

七月十五日發表〈擇婦〉。

八月一日發表〈北港雜〉。

八月十五日發表〈農家嘆〉。

1935 年 29 歲　一月一日發表〈眼波〉、〈戲祝菊峰兄新婚〉。

五月十五日發表〈次舍弟人岸寄鄉勵吟社友原韻〉。

六月一日發表〈首夏即景〉、〈夏日過訪振化軒主人賦呈〉。

八月一日發表〈萬善祠懷古并序〉。

九月一日發表〈花〉。

同年歸隱金湖。

1936 年 30 歲　三月一日發表〈窮詞〉。

三月十五日發表〈舟出金湖港〉、〈外汕觀海〉、〈外汕夜宿〉。

四月二日發表〈大岸宗兄舉一男賦祝〉、〈金湖泛舟〉、〈春日郊外〉。

七月一日發表〈夏日即事感作〉。

八月十五日〈弄瓦喜賦〉、〈戰鬥機〉。

1937 年 31 歲　二月十九日發表〈偽富翁〉〈除夕〉。

三月九日發表〈追悼李冠三先生〉。

三月二十一日發表〈養親〉。

七月十八日發表〈旅中偶成〉。

九月一日〈上元夜訪新鷗吟社賦呈諸君子〉。

1940 年 34 歲　二月十八日寫下〈新港拓地所見〉。

十月一日發表〈與拙荊北上養有作〉、〈旅台北客新港拓農諸同僚〉。

1941 年 35 歲　一月一日寫下〈和韻〉、〈感懷寄答黃瘦峰詞兄〉。

三月二十一日發表〈送翁鎗君轉任崙背〉。

四月二日發表〈眼〉。

九月六日發表〈贈片野亭先生〉。

九月二十二日發表〈培士園春望即詠〉、〈讚培士園西天佛祖〉。

1942 年 36 歲　一月一日寫下〈新月〉。

一月十五日發表〈金湖萬善爺廟概介〉。

一月二十日發表〈退職感賦〉、〈金湖港簡介〉。

三月七日發表〈感懷賦呈台拓山一技師〉。

四月二十日發表〈塔影〉。

五月二十日發表〈春夢〉。

六月二十一日發表〈輓社友洪天賜令尊作古〉。

九月十五日發表〈月給生活〉。

1943 年 37 歲　一月一日發表〈農村青年〉。

二月二十一日發表〈胞弟人岸任官喜賦〉。

四月六日發表〈感懷〉。

九月二十四日發表〈歸隱十年感賦〉。

1944 年 38 歲　四月二十五日寫下〈賦示才去族弟從軍〉、〈雁影〉。

1945 年 39 歲　執教於金湖國校，任職於口湖鄉公所。

1953 年 47 歲　五月三十一日〈鄉勵吟社概略〉脫稿。

1966 年 60 歲　歿。

附錄一：

淺探蔡秋桐小說之主題意識

吳 叔 馨*

摘　要

　　蔡秋桐為三〇年代以台灣話文創作新文學作品的一位保正作家，如此的身份提供他以特殊的觀察視野，去挖掘、記錄殖民時代下農村社會的種種態樣。其小説作品善於運用嘲諷戲謔的語調裝飾，來揭露殖民統治者的荒謬政策與經濟剝削，以極具寫實的創作風格，勾勒出殖民時代下放屎百姓的浮世繪。本文藉由關照蔡秋桐小説文本，從中窺見其作品顯露之主題意識，以期了解作者創作旨趣。

一、蔡秋桐生平簡介

　　蔡秋桐（1900-1984），筆名有愁洞、秋洞、愁童、蔡落葉、匡人也、元寮等[1]，1900 年 4 月 18 日（農曆）出生於雲林元長鄉五塊村。八歲時在名師陳文章、林江湖的書房（私塾）接受指導，勤學漢文。

＊國立雲林科技大學漢學資料整理研究所研究生。

1 前衛版《台灣作家全集》及遠景版《光復前台灣作家全集》中蔡秋桐的作者介紹，張恒豪皆列有「秋闊」一筆名，但蔡秋桐在戰後接受黃武忠訪問時曾提到，他並未使用過「秋闊」這筆名，倒是在曉鐘雜誌上曾用「元寮」為筆名，見黃武忠：〈退隱田園的蔡秋桐〉，《台灣作家印象記》（台北：眾文圖書股份有限公司，1984年），頁 6。

十六歲入學北港公學校元長分校,接受日文教育,在公校期間,曾以日文在當時刊行的《子供世界》發表若干作品。1921年,公校畢業,當時二十二歲的蔡秋桐隨即以鄉村少見的知識份子當選當地保正。二十三歲時接管惠遠族第四房公業並受聘為日本「製糖會社原料委員」。二十四歲時創立「醒民社」,以啟迪民族思想與文化。二十八歲當選元長保甲聯合會會長。

　　1931年,三十二歲的蔡秋桐於12月創辦曉鐘社,與吳仁義、吳長卿、張水牛發行《曉鐘》[2]文藝雜誌,凝聚北港一帶愛好文學者於一堂,成為北港地帶的文學靈魂人物。1934年參加日據時期最大規模的新文學作家組織「台灣文藝聯盟」的台灣全島文藝大會並與鹽分地帶的郭水潭當選為台灣文藝聯盟南部委員[3]。1937年,台灣總督府廢止報紙雜誌中文欄,蔡秋桐即暫停中文小說創作,轉入舊詩寫作,參加舊文學活動的漢詩詩會「褒忠吟社」。光復後,1945年,出任第一任元長鄉鄉長,也當選過台南縣議員(是時雲林縣未單獨設縣)。其後歸隱田園,加入「元長詩學研究社」走入漢詩陣營[4],並捐資設立元長國民學校五塊分校(現雲林元長鄉信義國民小學)[5],1984年8月22日(農曆)逝世,享年八十有五。

　　蔡秋桐為1930年代台灣文壇中以台灣話文寫作的一位重要小說家,目前所見最早作品為1930年底於《新高新報》發表連載十回的〈帝君庄的秘史〉小說,其後1931-1936年陸續於《台灣新民報》、《台灣文藝》、《台灣新文學》等刊物發表小說、歌謠等作品。今日所見蔡秋桐之作品[6]計有小說〈帝君庄的秘史〉、〈保正伯〉、〈放屎百姓〉、〈連座〉、〈有求必應〉、〈奪錦標〉、〈新興的悲哀〉、〈興兄〉、

---

2 《台灣新民報》第389號,1931年11月7日,刊載〈文藝雜誌曉鐘來月一日發刊〉之新聞。
3 賴明弘、林越峰、江賜金:〈第一回台灣全島文藝大會記錄〉,《台灣文藝》第2卷第1號,1934年12月,頁7。
4 謝松山:〈蔡秋桐的文學生涯〉,《民眾日報》第27版,1997年7月25日。
5 見雲林縣元長鄉信義國民小學校史:http://163.27.222.193/sin2.htm。
6 謝松山在〈蔡秋桐的文學生涯〉一文中指出蔡秋桐尚未發表作品有,小說:〈開荒〉、〈顧雞〉、〈流年〉,新詩:〈弔蟻人〉、〈普渡〉、〈飼豬雙暢〉、〈雞兒〉,詞:〈播田〉、〈採取班之歌〉、〈滿堂春〉。

〈理想鄉〉、〈媒婆〉、〈王爺豬〉、〈無錢打和尚〉、〈四兩仔土〉
以及〈春日豬三郎搖身三變〉十三篇，歌謠〈歌謠拾零〉四首，新詩
〈牛車牛〉一首。

二、蔡秋桐身份背景對小說寫作的影響

　　研析作者的教育程度、生活背景與職業、思想意識等因素，皆可
豐富我們對作者背景的了解、掌握，以進窺其創作旨趣、創作意圖，
及作品中潛寓之主題。且有裨於探討不同作者之作品，其風格迥異之
因，其文學理念與創作態度歧異之由。由蔡秋桐年輕時即進入地方權
力核心且在製糖會社任職，又是保正的身份來看，我們可以了解蔡秋
桐在當時北港農村一帶相當有名望。以下就蔡秋桐所擔任保正一職及
所居處農村生活的身份背景來與其創作關係作一探討。

（一）保正視角 —— 殖民與被殖民之間的仲介位置發聲

　　日本統治台灣五十年餘，而蔡秋桐固守保正崗位長達二十五年，
蔡秋桐擔任保正一職為 1921-1946 年，而其文學創作則為 1931-1936
年間，作品幾乎都是他任職保正之內所完成，蔡秋桐曾言：

　　　　我當時是保正，兼製糖會社原料委員，與製糖會社有來往，與
　　　　警察也有聯繫，因此小說容鮮有激烈的反抗意識，只是真實的
　　　　記錄一些事情而已。作品的主題，大部分是寫自己心理的矛盾，
　　　　全部都是本地所發生的事情，只是名字更換一下而已，其人和
　　　　事皆是真實的，並沒以特意的去反抗。[7]

　　這個長期擔任基層公職的身份使蔡秋桐置身在殖民資本主義下日
本警察、製糖會社、資本家、保正、農民等階級關係中，以其特殊的
身份與視角，攫取現實生活中的經驗成為寫作素材，建立其寫實文學
的風格。因此其小說創作幾乎都是圍繞著「警察—保正—農民」三者
之主題來加以著墨。介於警察與農民中間的保正更是他小說作品中不
可或缺的角色，而刻畫保正矛盾的心理掙扎更是蔡秋桐獨特之處，例

---

7 黃武忠：《日據時代台灣新文學作家小傳》（台北：時報文化，1980 年 8 月初版），
　頁 47-49。

如：

> 真是左右做人難，居在中間的保正伯，確焦灼到有些程度，不
> 去做業呢？Ａ大人的謾罵、糟蹋，要叫你忍不過氣。硬叫保民
> 出去做業？稅金著納，三餐有沒有得吃還小事，稅金延納卻叫
> 你地皮都要起三吋，納稅，難道沒有耕種、收成，還有錢嗎？
> 然而現在又要叫人放下了田事⋯⋯保正想到處這境遇的保甲
> 民，險些兒把眼淚淌了下來。[8]

蔡秋桐選擇一個殖民與被殖民之間的仲介位置發聲，以諷刺的表現方
式，描繪一個又一個放屎百姓的無奈命運，將他最深沈的悲憤以輕鬆
詼諧的語調裝飾，直指殖民體制對台灣人民永無止盡的磨難。許俊雅
在《日據時期台灣小說研究》曾道：

> 日據時期台灣小說，擅寫日本警察與農民關係之作者，首推陳
> 虛谷、蔡秋桐。陳、蔡二人皆為地主，鄉居日久，目擊殘暴之
> 櫻幫警察，百般凌逼農夫小民，遂秉椽筆，為寫實支篇，諷喻
> 之作，亦可謂辣手寫文章矣。[9]

處理日本警察與台灣農民的關係，的確是蔡秋桐小說的重要主題，但
從內容的呈現來看，蔡秋桐與陳虛谷兩人的著眼點有所殊異。陳虛谷
的〈他發財了〉（1928 年《台灣民報》）、〈無處申冤〉（1928 年《台
灣民報》）、〈放炮〉（1930 年《台灣新民報》），以描寫日警斂財
淫色貪食等諸惡行，著重在塑造警察的惡劣形象，單方面的將焦點集
中在直述警察劣行。

　　蔡秋桐保正的特殊身份則提供了他一個與其他作家不同的觀察視
角去挖掘、省思。蔡秋桐的小說雖然也反映出了日本警察欺壓農民的
種種現象，但是，他在〈保正伯〉、〈新興的悲哀〉、〈媒婆〉這三
篇小說中更從台灣人的資本家、保正、甲長巴結日本警察的角度加以
著墨，這可能與他身為保正，需要和警察接觸，接近權力，使他頗為
熟悉統治圈中的阿諛文化有關。而在〈理想鄉〉、〈奪錦標〉、〈新

---

8 張恆豪主編：《台灣作家全集，楊雲萍、張我軍、蔡秋桐合集》（台北：前衛出版
　社，1991 年 2 月 1 日），頁 185-186。
9 許俊雅：《日據時期台灣小說研究》（台北：文史哲出版社，1994 年），頁 320。

興的悲哀〉小說中，蔡秋桐則是將日本警察問題放在當時台灣農村在殖民政策下生活改善與新建設運動的脈絡裡去諷刺新建設的假象。

　　同時代的作家，身份背景的不同，觀察庶民生活的立場自然也不同。蔡秋桐雖身為保正，不過他始終沒有離開殖民統治下的庶民，沒有偏離文學具備的人道特性，他的作品主題，可以說是直接卯上了整個殖民政權，完全站在被統治地位發出的對立性言論，其中寓有高度的諷刺與調侃。

（二）農民小說 ── 殖民地農村生活樣貌的社會寫實風格

　　蔡秋桐的小說場景始終以村落為範圍，顯然是以其擔任保正的村落為原型創作素材，因此其小說素材與農民生活關係頗為深刻，葉石濤〈文學來自土地〉：

> 在日據時代的土地和農民為主題的眾多小說中，以嘲弄、諷刺的筆觸，最透徹地把土地和農民的關係闡釋得最清楚的莫過於終生居住在農村，直接間接地與農民為伍，熟悉他們困境的作家蔡秋桐了。[10]

寫農民處境的作家如賴和以現代國家法律對台灣人的壓迫為重點，楊守愚以殖民資本主義體制的畸形發展造成的失業農工為重點，而陳虛谷則強調殖民警察對台灣人帶來的壓迫，蔡秋桐則是圍繞著日警在現代化建設下所帶來農民悲慘命運以及對蔗農的壓迫與土地掠奪為主。

　　然而蔡秋桐筆下的農民多半對現實壓迫採取順從的態度，庸懦退縮，憤怨不敢形諸於辭色的農民形象，忍氣吞聲、任人壓榨的農民在地主與鯨吏交相侵逼之餘，往往以認命、知足、掙扎之心態自處，有別於賴和和楊逵筆下具反抗精神與憤怒情緒的農民形象。

　　也許現實狀況使得蔡秋桐在處理小說方面有所保留，不敢有太顯露的反抗及批判情節和激烈言論，所以他在處理農民、蔗農的題材時也就不似楊守愚、陳虛谷等人的激烈，但是從文本中卻可以發現，蔡秋桐時時明褒暗貶殖民者的侵略與傷害，寫實描繪出人民掙扎的生活樣態，正因此種紀錄性質，我們得以看到更真實的殖民地農村的生活

---

10 葉石濤：〈文學來自土地〉，《台灣文學的困境》（高雄：派色文化出版社，1992年7月），頁9。

樣貌，也許因爲如此，當作品中這些農民陷入陰鬱的困頓時，蔡秋桐並不試圖處理，恐怕也是無能爲力爲他們尋找出路吧。

三、小說主題意識

透過蔡秋桐小說作品的凝視，我們得以經由他的文字，進入一九三〇年代台灣農村在殖民統治下所反映出來的各種現象，使我們得以重新回溯理解這些迷魅的歷史情愫。以下試由分析蔡秋桐小說文本來探討其作品中顯露的主題意識。

（一）諷刺統治者愚民政策下的虛設議會

於《新高新報》連載十回的〈帝君庄的秘史〉小說作品中，敘述肥力爺運用愚民政策，治理帝君庄以及操弄著古董會議爲主題。肥力爺當上帝君庄庄長後，享受各種特權，「又這個國家也是施那愚民政策的極合那肥力爺的頭槌。」[11]於是操弄著古董議會來進行各種愚民政策，例如，利用民間信仰來取得人心：

> 這肥力爺也就應那地方民的意思。來買那人心了（應民心施愚民政策）。不久媽祖廟果然著手興工。而這肥力爺。自此真得了住民的信用。當地方愚民。看見他所做的工作。日日親近佛道。也日日所做的無所不成就了。[12]

又肥力爺深知「有餅可食就不哭。將這個方法來應用。豈不妙哉。」[13]，因此以利益籠絡眾議員，使其連任：

> 今日採用盲議員的子。明日採用龜議員的兒。真真採用到全役場內的椅子位。專專是議員的兒子佔去了。肥力爺用這個方法。果然好勢一任過了又一任。都沒有人反對了。[14]

於是這個古董議會不但沒有監視庄長功能，反倒被肥力爺所把持操控：

> 田螺王將這假面具的議會。講是要監視庄長的機關。……。其

---

11 愁洞：〈帝君庄的秘史（四）〉，《新高新報》254 號，1931 年 1 月 15 日。
12 同註 12。
13 愁洞：〈帝君庄的秘史（五）〉，《新高新報》255 號，1931 年 1 月 22 日。
14 同註 14。

　　　　實這古董會那有勢力呢？（議員的任免皆在庄長之手）[15]
而描述古董議會的會議情況，蔡秋桐更直接對徒具形式的地方自治加
以嘲諷。

　　　　肥力爺兄！你都也不免氣呢。大氣對身體很大有關係影響。你
　　　　也是肥的。我也是肥的。我們兩人。就是肥兄肥弟。有骨肉的
　　　　至親。……像我靜靜坐較妥當。坐坐強強訟龜起來。有講的也
　　　　是二圓。我沒有講也是卜領二圓。我自做議員自今。一句我都
　　　　也沒有講。大家也免氣。時間又省。……。著啦。著啦。沒講
　　　　省了時間。筵棹緊食食呢。二圓領呢。返來去較好。[16]

其中肥力爺的愚民手法，莫過於荒廢學校教育，對庄民明智昏昧影響
最為深遠：

　　　　歸庄的愚民。被他的迷術迷入去迷魂陣中了。……。連讀冊囝
　　　　子也不去讀冊。三間學校放到經蜘蛛絲。
　　　　肥力爺看見歸庄的庄民的向學心。漸漸薄去。也就不去獎勵了。
　　　　先生也不請。學校也不修理。採用那倒退幾千年秦始皇的政策
　　　　了。[17]

因此蔡秋桐發出了深沈的感慨：

　　　　唉！。帝君庄的住民阿！。也在睡鄉嗎？。雞已報曉了！。[18]

嘲諷殖民統治下地方自治制度的有名無實還出現在〈王爺豬〉一文中：

　　　　議長席上的 L 聯合會長，移動那笨肥的大軀體，展起那威武的
　　　　笑容，發了那不像聲的話，旁若無人地，不知道由何處跟何人
　　　　學習來的那句套話，凡會議不加不減，他總是流著那句：
　　　　「大家有什麼協議的事項無？」
　　　　講罷，必定由甲長席中有一個應答一句：
　　　　「打算是無啦！若有，人就起來講咯。」
　　　　他聽見講沒有協議事項，就再立起來說：

---

15 同註 14。
16 愁洞：〈帝君庄的秘史（九）〉，《新高新報》266 號，1931 年 4 月 9 日。
17 愁洞：〈帝君庄的秘史（十）〉，《新高新報》267 號，1931 年 4 月 16 日。
18 同註 18。

> 「若無？對火災豫防，要怎樣來設法？……」
>
> 但是這句口頭禪，不知道重複過好幾遍了，怎有再協議的必要
>
> 呢？無過是 L 聯合會長親姆婆苦無話好講而已。[19]

簡單的對話之中，透露出保甲會議的徒具形式，所謂的「協議」，不過是日本統治者所創造，欺騙百姓的幌子罷了，離真正的自治還有一段長遠的路。

（二）揭穿警察政治與新建設的假象

1920 年田健次郎總督賦予警察絕對的力量，以警察制度牢牢地控制住台灣殖民地，警察是日本殖民政策於基層單位的執行者，因此與台灣民眾接觸最爲頻繁，卻也糾葛最多：

> 日本統治台灣，一言以蔽之，便是警察政治的徹底運用。因此警察往往成了殖民統治者的象徵，警察問題自然也成了當時小說的共同主題之一。筆伐他們的淫威與濫權，也形同筆伐日本統治者的淫威與濫權。[20]

以利益爲前提，爲求高昇不擇手段的日本警察大人在蔡秋桐的筆下比比皆是。〈奪錦標〉中的 A 大人、〈理想鄉〉中的老狗母大人都是因「愛民過切」而將其建設「文化村落」「理想鄉」的美夢，建築在百姓的痛苦上。以「現代化」爲名進行台灣農村生活改善運動，實際上是以日本殖民者利益爲前提的新建設，仍不脫其經濟詐取的本質。文化村落、模範農村之達成是以農民荒廢農事投入建設文化農村的無工錢與經濟破產爲代價。

〈奪錦標〉裡的 A 大人，爲了在「寒熱鬼撲滅表揚大會」上奪得錦標進而能榮遷高昇，逼老百姓刳竹刺、填窟仔「竹刺沒割到丈半高，罰金；竹節沒修到光滑，罰金；窟仔沒填平，罰金；草困要搬出庄外，不，罰金，……」壓迫得農民喘不過氣，這種生活改善目的並非如 A 大人所言是「專專爲著你們，要保護恁的健康，爲著放屎百姓的衛生上打算」，而是爲了個人升官發財。因此作品中表面上歌頌日本大人

---

19 張恆豪主編：《台灣作家全集，楊雲萍、張我軍、蔡秋桐合集》，頁 253。
20 張恆豪：〈蒼茫的時代觀照〉，《台灣作家全集，陳虛谷、張慶堂、林越峰合集》（台北：前衛出版，1991 年 2 月初版），頁 14。

愛民如子，謀福地方，百姓則感激涕零，文字背後則是指責日本統治者的剝削。

牛庄農民私底下的埋怨，「勞民傷財，足足了去二三萬圓，還驚中不著一等賞？」「幹恁娘，這統台舉 Ａ 大人升官，保正伯仔喰燒酒……」對照的參觀貴賓所發出的讚語，「果然清氣相，哼！咱們的村頭從前也和人講什麼文化村落，其實那裡及得這牛庄？連一間破厝也無。大概這地方的確真好額。」極具諷刺性。「其實呢？爲博這個好名而無飯可吃，無屋可住的，不曉得有多少呢？」這一切看似美好的家園，正是一針扎進就會流膿發臭的貧苦生活。

而類似題材的〈理想鄉〉作品中，表面上表揚老狗母仔中村大人是個老台灣，是鄉里中的大恩公，由於他夙夜匪懈的指導，才使得大家得到「理想鄉」的美譽。順著李大人與老狗母仔美化市鎮的指導方針，村民「勿論誰人有怎樣重要的工程。亦要放掉而服從這個美化工作」來努力建構金玉其外、敗絮其中的理想鄉。

> 在李大人的意思，厝內之如何他是不顧，總是外面眾人所看得著者，譬如一枝草一塊石也要清到乾乾淨淨，方使干休。雖是矛盾，那末爲著名聲，爲著賣名（出名），是在所難免！[21]

爲了表面幻象，住在牛寮與牛糞爲伍乞食伯，每天忙得身心俱疲，「下晡（下午）一時要道，違者罰。……十二點——一點，休息時間都沒有一點鐘久，煮食，飼牛草，怎麼辦得到呢！乞食叔很煩惱。」不得溫飽的乞食叔，在最基本需求都無法滿足的狀況下，還是得放下一切，趕緊向著美化作業道上跑，終究還是遲到的乞食叔，卻又得受李大人的謾罵與處罰「『駛恁娘，你慢來。』又賞他巴掌了。」於此我們透視了日本殖民新建設的功利面向，只求功績、枉顧人民生活的黑暗面。

另外，在〈新興的悲哀〉一篇中，描述由地方資本家與日警 ｃ 大人共同設下的新興市鎮計畫，表面上有地價騰昇、市街繁榮的願景：「Ｔ鄉是將來 Ｓ 會社第四工場建設有力的候補地，拓殖會社獻身的，願將自己的所有地，分讓給一般農民，組織自作農（合作社）。 海口

---

21 張恆豪主編：《台灣作家全集，楊雲萍、張我軍、蔡秋桐合集》，頁229。

將來築港，T 鄉是必由之地，自然而然成個重鎮。」然而卻是官商勾結，C 大人收受紅包，大飽私囊，掩護「嫖賭飲」等行業興盛，所犧牲的卻是誤信了「新興」口號而血本無歸的農民林大老，最後落得播秧不成，插蔗不准的下場，而唯一的收穫便是領悟到「唉，上當了，無一不是資本家的騙局……。」

打著「文化村落」「模範農村」「新興市鎮」等進步名目的殖民地下的口號，是因應日本殖民政權讓執法者的警察大人可以為了遂行其目的，不擇手段來矇騙、奴役放屎百姓，達成了「奪錦標」「理想鄉」之後，台灣農民的代價卻是經濟破產與無止盡的勞役。且隨著大人們因此紛紛榮遷後，所謂的文化村落也跟著荒廢，先前村民辛苦的代價，換來仍是困苦的生活。〈奪錦標〉、〈理想鄉〉、〈新興的悲哀〉，以具現代化、進步的象徵為作品題目，更反映蔡秋桐諷刺的寓意。

（三）控訴殖民統治下對農村經濟的剝削

西元一九二〇年到一九三〇年這段期間，正值第一次世界大戰後全世界經濟恐慌，台灣農村瓦解，田畝荒蕪，淪為日本殖民地的台灣農民面臨著苟延殘喘的生活困境。一九三〇年代開始，日本殖民者加強它在台灣的土地掠奪，以便擴充農業力量，支持它本土的工業發展。在土地掠奪中最明顯的，便是製糖資本家和台灣人買辦資本家攜手合作，對台灣蔗農採取高度的壓迫剝削。如同矢內原忠雄《日本帝國主義下的台灣》所說，甘蔗糖業的歷史是台灣農業的剝削史，那是台灣人民共同的痛苦歷史記憶。

身為保正兼製糖會社原料委員的蔡秋桐，其現實時經驗使他對蔗農被壓迫的情形更加了解，在〈放屎百姓〉中我們看到了與製糖會社一樣剝削人民的 K 組織，不顧農民的意願，強行收購發哥的田地：

> 講因為要灌溉 K 平野的看天田 —— 畑，組織了天大地大的 K 組合，開小水路的用地著無償寄附，大圳的地僅僅買收圳底，價錢是他們自己定。人講福無雙至，禍不單行，要死未得斷氣的發哥，現在一區生命根的呆園仔，已被這半官民的事業用盡去了，湊巧大圳開到發哥的畑中即打一字十字的大水路 —— 設水

門，這水路又各附帶了小水路，發哥這區生命根掘得無有留存。
22

這幾分畑是發哥的父親留給他的，可算是維繫生活命脈的祖田，然而
這勾結官廳的 K 組織，仗勢欺人，成為天大地大無人能與之對抗的合
法流氓組織，發哥只有在淫威下乖乖順從。

相同的情形發生在〈四兩土仔〉的蔗農土哥身上，在〈四兩仔土〉
中，蔡秋桐藉著反諷方式，嘲謔他為「落伍者」，因為四兩仔土無法
守住父親遺下的土地，任憑製糖會社收買：

> ……K 廳長要完成他之美中不足，也親身駕臨，向著留置中之
> 似是而非之犯人宣判說：「會社要買收你們的土地，你們要賣
> 它，九則畑甲當百零五圓，十則六十五圓，池沼五時圓，原野
> 十五圓。」如是，承諾者使之回家，不承諾者關到承諾，不使
> 他回去。可憐土哥所有的土地，從此也被人霸佔去了。賣三甲
> 來買五分，土哥自此由上流降下中流了，現時，就連中流也無
> 份了。土哥很不能守，田也賣，厝也不能改築，他完全是一個
> 落伍者！23

因此本有土地的土哥，遭受官廳私心壓迫，平白無故的被糖業會社強
制收買了父親遺留下來的厝地，賣三甲地來買五分田，從中上層階級
降為中下層階級，只好每日做工兼做田，靠苦力賺三角半養活自己和
母親，生活蕭條困苦，最後還淪落到可以領補助金的窘困地步，更加
荒謬的是，他的補助金二圓五角，竟有兩圓是要納租稅的，極具諷刺
意味。

蔡秋桐筆下的農民形象是由種族、階級到資本主義與殖民主義層
層壓迫所塑造，農民的命運多半陷於貧窮與飢餓的泥淖之中。在〈放
屎百姓〉中，發哥的困惑也許可以視為殖民地下農民的共同困惑吧！

> 農也做，商也做，工也做，怎樣逐日得不到三頓飽？他愈想愈
> 不明白，他也沒有像人去上菜館，也沒有賭博過，又是勤勞，
> 又是檢省，怎樣愈做愈窮，畑也愈做愈細區，到如今只剩得一

22 張恆豪主編：《台灣作家全集，楊雲萍、張我軍、蔡秋桐合集》，頁182。
23 張恆豪主編：《台灣作家全集，楊雲萍、張我軍、蔡秋桐合集》，頁270－271。

區畑而不成畑的草埔。[24]

農民個性遜順，凡事隱忍，對於既存狀態雖然極不合理卻強爲忍受，只任人宰割。〈四兩土仔〉的發哥，土地爲強梁霸佔，仍毫無怨言，此故農民之忠厚純樸，然自另一觀點言之，當時農民也是懦弱無知，極爲可憐。台灣農民典型的性格，竟變成吞噬他們自己生命的原罪。蔡秋桐藉由發哥、土哥隱射台灣農民被奴役的習性，也訴說農民的素樸情懷，在帝國侵略、殖民統治下，只有不斷被剝削、直到枯竭。透過對蔗農被製糖會社榨取的敘述，反應殖民地經濟被掠奪的情形，蔡秋桐筆下蔗農的生活寫實即呈現了殖民地農民悲慘的命運縮影。

（四）批判舊社會的迷信思想

　　一九二〇年代的民族自覺與新文化的提倡，一方面是反抗日本殖民主義，一方面也企圖改造舊社會。冷眼嘲諷殖民地台灣所遭受的不平等待遇之際，蔡秋桐也嘗試經由寫作批判舊社會的迷信，這成爲他的作品中所蘊含另一個重大的主題。

　　例如，〈帝君庄的秘史〉中利用民間信仰欲取得人心的肥力爺，興建了媽祖廟，自此果真得了住民的信用，蔡秋桐在文中敘述「住民也很愚蠢見烏也拜。見白也拜」，隱射了台灣人民的迷信思想。同樣也是利用村民迷信思想的是在〈保正伯〉，李桑爲了翻修他搭建在土地公廟的官舍，因此想了一個方法，煽動村民捐錢出工翻修廟宇：

> 土地公顯赫了，聖（靈驗）、真聖，庄頭豬哥的「牽手」（老婆）生子三日生不出來，服下一服爐丹（香灰），隨時生出來；老呆失落五十元，土地公說不出三日便能尋得，果然第二日便在桌櫃腳搜出來；福壽嬸手風（風濕）帶（罹患）三四年了，只求去香腳（祭拜用的香燒剩的竹籤）煎水洗了兩次，現在已能捧碗夯箸。土地公聖，真聖，庄民熱狂起來了。近圍庄聽見這風聲，燒香下願，禱病乞子的善子善女人，陸續於道，廟裡香煙不斷，廟前的戲鼓聲，激動了四圍庄許多的男女的狂信。[25]

於是，善男信女出錢出力，不多時日，土地公廟果然煥然一新，而保

---

24 張恆豪主編：《台灣作家全集，楊雲萍、張我軍、蔡秋桐合集》，頁181頁。
25 張恆豪主編：《台灣作家全集，楊雲萍、張我軍、蔡秋桐合集》，頁175頁。

正伯的官舍也堂堂落成了。

另外在〈有求必應〉中，故事從「下愿愿敢有應效？沒有應效。怎樣彩裡攏寫著『有求必應』？」進入主題，才叔、和嬸因受平白無之冤而身陷囹圄，才嫂、和叔紛紛尋求有應公保佑，終至兩人均平安釋放，於是在有應公生日做掌中戲和大戲來叩謝，然而卻下起雨，最後蔡秋桐以「究竟有應什麼？」來質疑人民的迷信，深具啓蒙思想。而從另一層面來看，我們也看到了處於殖民統治下的人民，深受不白之冤而屈打成招，卻無法以法律途徑平反，只能尋求神明的庇佑，揭露了殖民統治者苛刻殘酷的虐政。

而在〈王爺豬〉中則是描繪某庄鄉人信奉王爺公爲地方守護神，爲了五年一度宴請王爺，家家戶戶宰王爺豬，大張旗鼓，全庄出動，善男信女莫不沈浸在忙碌之中。

> 豬的慘嗶，羊的哀嚎，更不絕於耳，整個的庄裡，都被哀慘聲音充塞著了，將死的王爺豬，已經被細縛在個人的庭前了，保正伯三副，甲長兄二副、或一副，或刣豬、或刣羊，乞食叔也刣豬，圭屎哥也刣豬，就是年間著受庄役場救助的 P 伯也都有刣豬呵！[26]

孰料大夥跪在壇前口，以待王爺公的啓示時，卻陡然地冒出了一批批日本人的應援部隊來，每人手提拷案的鈎，搜查偷刣豬羊的嫌疑者。庄人見此景，個個驚惶失措，結果爲了省稅偷刣豬宰羊的人們，一一落網，並繳交加倍的罰金。結壇祭祀，無非對神祈福，以求五穀豐登，平安如意，但卻惹禍上身，增加杌隉。通篇以戲劇性手法嘲諷迷信神明的盲目行爲。

台灣民間祭祀之神，其所以能普獲廣大之信徒信奉，誠由於早期台灣的社會經濟之現實背景，反映出台灣早期民間生活之艱苦與困難，人們祈求能藉由超乎超人力的神來慰藉心靈，安撫身心，或引導其精神，使不再空虛，增進其求生本能的潛在力量。他們虔誠而隆重的禮神，甚至不惜犧牲個人財富，毫不吝惜的獻給神明，以求達成願

---

26 張恆豪主編：《台灣作家全集，楊雲萍、張我軍、蔡秋桐合集》，頁 255-256 頁。

望,他們誠然有不得不然的現實困境;然而,面對殖民統治,蔡秋桐深知唯有台灣人民自覺,透過文化力量的向上提昇,而非迷信的寄託,才有機會成為具備「現代」內涵的新國民,也才有和不義政權抗衡的本錢。從這一面向看來,蔡秋桐在作品中諷刺台灣人的迷信,其實是深具「啟發蒙昧」的意涵。

(五)反應殖民統治下人性的迷失

在不義政權下,人人自危,人性美善遭受扭曲,人的尊嚴也喪失殆盡。蔡秋桐不但批判日帝的殖民政策,同時也對人民在殖民體制下,貪圖短暫安逸、淪喪反抗意識的劣根性,做了嘲諷。

〈保正伯〉中,李桑在未擔任保正之前是地痞流氓,「亭仔腳是他的宿舍、豬砧是他的眠床,賭博是他的正業,打架是他的消遣」,他和以往保正具有地方名望的身份大相逕庭,而專以阿諛諂媚為能事,這在殖民時期似乎是常見的。保正伯這種建立在密報與送禮之上的登龍術,雖然讓他比別人有更多獲利的機會,例如擔任甘蔗委員、開賭場等等,但他在殖民地體制內作為一名被殖民者的身份仍不會自動消失,蔡秋桐透過保正娘憤怒的一席話把這種殖民與被殖民的關係予以拆穿:

> 你真忝阿!你也敢和人飲到這款!那無毛刮頭,你來我們驚你饑,驚你餓,恐怕不會得你好,一年請你到暗,你請人一次就不甘願。人說交官窮,果然不錯。像你這忝大豬,一年和他禮素暗暗,他們那有一次來和我們禮素過。我們「進財」滿月也無,到四月日也無,週歲又是無。[27]

這裡其實也在嘲諷台灣人的奴隸性格,對一些向統治者舉順風旗的御用小人,極盡加以責難,也揭露了日本殖民時代的荒謬性和怪現象。

還有〈媒婆〉裡纏足、吃檳榔的小三嫂,為圖自己的利益,勤於奔走為人作媒;得兄也因為諂媚奉承掌管官有地的丁區長,而晉升甲長、富甲一方、為子迎娶:

> 得兄算起來,是個善諂媚的人,他不時藉著大躶的勢,非為亂

---

27 張恆豪主編:《台灣作家全集,楊雲萍、張我軍、蔡秋桐合集》,頁178頁。

> 作，勿論大風小事都攏奉承區長啦，大躲的啦，如今日是不用
> 說了，得兄娶媳婦豈有沒有請大躲到曆。
>
> 新娘到位了，其他的人落也齊到了，奈因大人未到，真使得兄
> 憔悴得很！有時走出，有時走入，得兄走到庄外去，扒起樹頂
> 望望看：「奇怪？到今怎樣大躲未到？」他和大人那樣親像很
> 知交，不但不稱呼大人，尚且叫伊大躲的，因為他能夠替大人
> 走踪，倌白鹿酒、掠閣雞公、進貢柴草、鼓舞保甲民去和大人
> 交陪。

這一段寫出得兄特意討好大人的情形，因為大人遲遲未到，所以得兄
著急爬到樹上去觀望，這種急於和大人交結的情形，蔡秋桐描寫得活
靈活現。

〈無錢打和尚〉一文中的和尚，貪圖利益，將漢子最後的遺產「三
尊七寶銅的和尚像」拿走。〈新興的悲哀〉台灣人資本家與日警共同
以「新興市鎮」之名，圖謀剝削利用，以榨取利潤。台灣社會因為有
了這些人，更鞏固了殖民者超額剝削的姿態。

然而，這也是放屎百姓在殖民強權下自尋的出路，整個社會的錯
亂、人性的糾葛、與貪圖利益的折衝，在在顯示出台灣人遭受殖民的
難堪、憤懣。蔡秋桐以幽默的筆調，包容了這一塊土地上的放屎百姓，
且以這些放屎百姓的浮世繪，解剖殖民政府的荒謬政策，和警察、官
吏嚴酷的統治方式。他指控的正是殖民體制的蠻橫，以致造成放屎百
姓各圖利益、各尋出路的景致。

〈春日豬三郎搖身三變〉蔡秋桐戰後初期的作品，文中相當諷刺
了改朝換代後奴性依舊的三腳仔人物，顯示了蔡秋桐對「身份認同」
問題的專注。

四、蔡秋桐小說特色

蔡秋桐小說具有明顯的個人獨特風格，其中諷刺筆法的運用與台
灣話文的行文最為人矚目。以下就這兩點來加以論述。

（一）諷刺筆法的運用

古繼堂《台灣小說發展史》曾評論：

> 和同期的小說家比較，蔡秋桐突出地發揮了他諷刺藝術的才
> 能。他的所有小說，幾乎都是運用諷刺手法寫成的，他是台灣
> 新文學初期集諷刺藝術大成的重要小說家。[28]

在日據時代，高壓統治牢牢控制住人民的言行和思想，執政者不會容
許有異議的聲音存在，所以作家在下筆時，自然不能無所顧忌。尤其
碰觸到當權者的政治禁忌或危及其既得利益，因此在敘述上不能直言
無諱，必須加以修飾，因此適時地採取略帶詼諧、諷刺的筆調，就成
爲當時寫實作家所慣用的技巧。而蔡秋桐慣用諷刺筆法可謂最爲淋漓
盡致，張恆豪如是描述其寫作技巧：

> 他那嘲諷的戲劇性手法，使得人物凸顯，情節緊湊，結構完整，
> 將他的小說推向藝術的高峰；以今日眼光看來，雖不免有些用
> 語過於囉嗦和粗陋，但瑕不掩瑜，其嬉笑怒罵的技法，可說是
> 另闢蹊徑。他以最詼諧、最輕鬆的形式，來暗藏最無奈、最嚴
> 肅的主題，而表現得維妙維肖，無跡可尋。他不像賴和，守愚
> 的「正面寫實」，而是自成「反面寫實」一格，因此，他的小
> 說在日據時代台灣新文學中可說是個異數，也不愧是「成熟期」
> 的重要作家之一，晚後吳濁流的出現，就是繼承他這種技法的
> 一個顯例。[29]

蔡秋桐「反面寫實」黑色幽默的藝術手法常能強化作品的嘲諷力
量，例如〈奪錦標〉中，在「寒熱鬼撲滅表揚大會」上，表面上歌頌
日本Ａ大人愛民如子、造福鄉里：「爲的撲滅寒熱鬼，用到這樣心神，
不能不叫咱們感激流涕。大人們的如此煞費苦心，其愛民之切，更不
是從前那個老大清國所能及。」其實字裡行間盡是挪揄與嘲諷，譏刺
統治者以預防瘧疾爲由，壓榨村民百姓的勞力。在歡迎Ａ大人升官的
宴會上，聯合會長說：

> 我們這一個牛庄，本來就是喰第一歹，穿第一歹，住第一歹，

---

28 古繼堂：《台灣小說發展史》（台北：文史哲出版社，1989年7月出版），頁60。
29 張恆豪主編：《台灣作家全集，楊雲萍、張我軍、蔡秋桐合集》，頁170頁。

> 工作第一艱苦的，兼之這番又受 A 大人的福庇，鞠躬盡瘁地指
> 導我們，為了這文化村落的建設，又奪來了一個第一，會說得
> 世間上的第一，都給咱牛庄獨佔了。我想，全村的人，誰也應
> 該感激到流出眼淚吧。最怕的，還是 A 大人去後，不知道後者
> 的那一個第一，會跟著大人去麼……。30

A 大人對人民的謾罵、糟蹋、恐嚇，才是他給的「福蔭」，而村民更
要「感謝」的是，在他嚴厲的監督下，牛庄終於成為一個美化的農村，
但人民每天勤奮努力的結果，卻是無飯可吃、無屋可住，起碼的生活
都有問題。

　　〈理想鄉〉裡也採用反話正說的技巧，來加強作品的嘲諷力量。
小說中的中村大人為了加強殖民統治而來台灣，作者卻故意寫道：「他
因為要吾鄉好，拋棄他底故土而就吾鄉指導員之職。」隨即寫到這個
以「吾鄉的大恩公」、「吾鄉的慈父」自居的中村大人，搜刮民脂民
膏，建了他的高樓，購置了他的家產。「指導員老狗仔，為要吾鄉好，
不但盡力指導工作，也為全庄人們接洽經濟，如有人資力不接，伊也
要勞心苦戰，流通金融」然而，接洽經濟、流通金融的結果，使得「現
時全庄的經濟機關也被他握在手中。不！是吾鄉的生死關隘，不知不
覺之間全庄的經濟攏都受他的支配了。」，「為要吾鄉好」的實質，
就是「儼然像吾鄉的霸者」，讓他無盡的使喚台灣人。文中一再說到
他是「為要吾鄉好」，其實是說老狗母仔並非對吾鄉好，所以當眾人
議論著要為他「立個功勞碑」、「建銅像」、「起廟奉祝」，其實帶
有極度的諷刺意義。最後寫著「哈哈，功勞者？哈哈！理想鄉？」則
用哄笑的形式、幽默的手法，斥責飛揚跋扈的統治者。

　　蔡秋桐以幽默諷刺的語調來敘述，使小說讀來有趣且發人省思，
在當時的小說寫作中算是自成一家的，黃武忠也曾針對他這種小說特
色，做了如下的評論：

> 雖無情緒化的特意反抗，只是真實的紀錄事情而已，但是這些
> 作品於現在讀來，卻帶著深遠的意義，含有「反面寫實」的嘲

---

30 張恆豪主編：《台灣作家全集，楊雲萍、張我軍、蔡秋桐合集》，頁 193 頁。

諷意味，比反抗的文字更能讓人接受，這種戲劇性的寫法，對
於日本人的戲謔，似乎比反抗文字更能反抗。[31]

（二）台灣話文的行文

日據時期，台灣淪於日人之手，台灣、大陸隔離數十年，許多台
灣人民對於中國白話文並不熟稔，小說作者為了如實傳達人物之個
性、神情，為了讓小說真實可信，遂以文字實錄台灣人口語，因此台
灣話文乃與小說人物伴隨出現。人物之年齡、性別、階層、行業各異，
其口語方言亦從而異趣。如〈保正伯〉中的保正李桑，〈四兩土仔〉
中的農夫土哥，他們都是中下階層社會的人物，平時都講閩南語，在
小說中，他們的語言就是閩南語，性格不同、身份不同，其口語亦有
雅俗精粗之別，這種方言對話的運用，把小說人物之身分、階級、性
情烘襯得恰如其分，使讀者彷彿如對其人，若將小說中之方言對話都
改成中國白話文，那麼這些作品恐將削弱幾分動人的力量了。

一九三〇年代鄉土文學、台灣話文論爭在文壇燃燒，蔡秋桐也進
入了創作的顛峰期。1931 年間，他的小說〈帝君庄的秘史〉、〈保正
伯〉、〈放屎百姓〉、〈連座〉、〈有求必應〉、〈奪錦標〉、〈新
興的悲哀〉陸續在《台灣新民報》以及《新高新報》上刊載。這些小
說均呈現出大量使用台灣話文書寫的特色。在論爭之火燒遍文壇之
際，雖未曾見到蔡秋桐關於論爭的回應，但他實際的台灣話文創作，
展現對人民與土地的深層情感，相較於紛擾的論爭，更具說服力。

1935 年 4 月起蔡秋桐再度發表了〈興兄〉、〈媒婆〉、〈王爺豬〉、
〈四兩土仔〉等小說以及被收入於李獻璋編輯的《台灣民間文學集》
中的民間故事〈無錢打和尚〉。〈無錢打和尚〉與蔡秋桐其它作品相
較，可發現文本除了對話中摻雜了少數台灣話文外，其基調可說是中
國白話文，這和蔡秋桐之前的文風顯然有所不同，回溯到蔡秋桐文學
語言抉選過程之轉化，或許可以看出其端倪，黃武忠以下的說法，極
具關鍵性：

蔡秋桐從公學校畢業後，便放棄日文寫作，所有作品都是用漢

---

31 黃武忠：〈北港地帶的代表人物 —— 蔡秋桐〉，《台灣作家全集，楊雲萍、張我
軍、蔡秋桐合集》（台北：前衛出版，1991 年 2 月 1 日），頁 278。

文來表達，大部分作品發表於「新高新報」，這個時期以台灣土話來寫小說，直到在「台灣新民報」投稿時，才用白話文寫作。當時在東京發行的「台灣民報」常有刊登用白話文創作的作品，也有一些教人寫作白話文的文章，因此蔡秋桐常買來閱讀，學習寫作白話文的方法，並常閱讀張我軍、賴和、楊守愚的白話文作品，一面欣賞，一面研究學習白話文的寫作，最後終於能寫一手流利的白話文，創作了多篇極具價值的小說。[32]

蔡秋桐早在公學校時期即以日文寫作，發表於「子供世界」。畢業後，他自發地以「台灣土話」創作小說，以自己的話文創作是再自然也不過了；況且，他有這方面的天份，將「台灣土話」運用在作品中，寫來得心應手，有若天成。他在〈帝君庄的秘史〉中運用台灣話的創作技巧達到了相當的水準，後來應是受中國白話文影響，模擬《台灣新民報》上的中國白話文，漸漸地也能應用在作品中，而使作品呈現台灣白話與中國白話混雜的現象。一九三六年六月他在民間故事〈無錢打和尚〉中已經可以使用相當流暢的中國白話為主調，而表現無礙了。但以同時代的作品而言，蔡秋桐小說中方言詞彙及擬音字出現率仍然偏高，對於不懂閩南語的讀者而言，必深感詰屈聱牙，晦澀難讀。

日據時期的台灣小說，對現今的研究者而言，存在著語言文字陌生性的溝渠，除了中國白話文外，舉凡日文、文言文、台灣話文、羅馬字等，對國民政府遷台之後的戰後出生者而言，這些話語已成為非官方的邊緣話語，喪失了它的話語權力，因此在深入研究時常產生尷尬的困境。針對蔡秋桐的小說來看，我們一般的第一個印象就是大量使用台灣話文，這些頗具鄉土味道的作品，讓懂得台灣話的讀者，倍感親切且傳神，但對於不懂得台灣話的讀者而言，卻成了致命傷。

蔡秋桐小說中台灣話文、中國白話、日文的交雜，使得小說文本更加難以閱讀理解。然而這樣的語言文字雜陳，正真實地表現出中國漢文化、日本大和文化、與台灣本土文化的衝突與融合，形成了不同文化間的互相對話。

---

32 黃武忠：〈北港地帶的代表人物—蔡秋桐〉，頁 278-279。

五、結　語

　　蔡秋桐主要文學成就爲三〇年代新文學小說作品，但他也參與漢詩創作，可說是鎔新舊文學於一爐，然而關於戰後他轉入漢詩陣營的資料研究卻付之闕如，其相關的文學資料也逐漸亡佚而無可蒐尋，可知資料的及時收集實爲台灣文學共同的課題。

　　蔡秋桐新文學小說作品，大抵以社會寫實的風格，記錄了殖民時代下爲求溫飽而掙扎的芸芸眾生相，其筆下無奈的放屎百姓命運，正如同蔡秋桐〈牛車牛〉一詩給人的感覺：

　　　　輪浪輪浪，積載得這樣重負；

　　　　輪浪輪浪，道路又這樣崎嶇，

　　　　輪浪輪浪，又是無有盡頭的前途。[33]

參考書目

一、專　書

黃武忠：《日據時代台灣新文學作家小傳》（台北：時報文化出版，1980 年 8 月）。

黃武忠：《台灣作家印象記》（台北：眾文圖書股份有限公司，1984 年）。

古繼堂：《台灣小說發展史》（台北：文史哲出版社，1989 年 7 月）。

張恒豪主編：《台灣作家全集—日據時代短篇小說卷/日據時代 2 楊雲萍、張我軍、蔡秋桐合集》（台北：前衛出版社，1991 年 2 月 1 日）。

許俊雅：《日據時期台灣小說研究》（台北：文史哲出版社，1994 年 2 月）。

---

33 摘自愁洞：〈牛車牛〉《台灣新民報》第 395 號，1931 年 12 月 19 日。

二、期　刊

陳家煌：〈保正伯的矛盾─論蔡秋桐其及小說〉，《台灣文藝》166、
　　167 期，1999 年 2 月，頁 40-57。

陳建忠：〈新興的悲哀─論蔡秋桐小說中的反殖民現代性思想〉，《台
　　灣文學學報》1 卷，2000 年 6 月，頁 239-262。

陳淑蓉：〈論蔡秋桐及其新文學運動〉，《第六屆府城文學獎得獎作
　　品》，2000 年 12 月，頁 305-355。

附錄：蔡秋桐的古典詩作品集佚　鄭定國輯

〈和詹作舟被雨薯簽〉　愁洞

素來經過未時乾，天命推移莫測看。
一日三餐簽重用，神仙不體我心酸。

〈歡迎詹作舟先生〉　愁洞

訪友驅車步步開，南風送我快輪哉。
登龍拜聽寒喧語，自愧無知恨慢來。

〈秋色〉　蔡秋桐（褒忠吟社課題）

費籌淡筆寫金風，九月榴花尚冶紅。
信是南陲霜雪少，賣水聲裡滿天鴻。

〈雞〉　蔡秋桐（褒忠吟社課題）

一生交結只泥沙，良友盡都兩鬢華。
問我囊中貯多少，搖頭笑指破牛車。

〈秋聲〉　詩鐘　魁斗格

秋風無意摧人老，春雨多情留客聲。

附錄二：

朱芾亭《雨聲草堂吟草》探析

吳 叔 馨[*]

摘 要

　　朱木通（1904-1977），筆名芾亭，嘉義詩人，長於詩文外，還能書善畫，堪稱三絕之秀。朱芾亭先生先後加入「鴉社」、「春萌畫會」、「墨洋社」等畫會，「鷗社」、「讀書會」等詩社，與詩友、畫友互相切磋砥礪，對嘉義地區美術及文壇貢獻良多，著有《雨聲草堂吟草》。本文即針對朱芾亭先生《雨聲草堂吟草》作品予以探析，並對上述畫會、詩社加以概述介紹，以期了解詩人生平梗概以及作品內容。

一、朱芾亭簡述

　　朱木通（1904-1977），筆名芾亭，嘉義詩人，長於詩文外，還能書善畫，堪稱三絕之秀。生性好客，常與文士騷人交遊，平時有所吟詠，造句清新，恰與其性格相符合，詩乃心聲誠不謬言。先生識廣學博，個性剛直有氣量，詩富性靈，談鋒亦利，所詠多有諷刺時弊之作。

_____

[*]國立雲林科技大學漢學資料整理研究所研究生。

其女朱佩蘭的一段記錄中可以見識到朱芾亭先生之剛正氣節：

> 記得我小學一、二年級時，那時父親經營的印刷廠在當地是屈
> 指可數的印刷廠之一，主要的生意對象是糖廠和學校等公家機
> 關，而當時的公家機關都是在日本人的控制下。戰爭末期，許
> 多本省人被迫改換日本式的姓名。因為改了姓名和沒有更改
> 的，糧食的配給量不同，其他方面的待遇也不一樣。改了姓名
> 的，好像高人一等似的。我看到同年齡的小朋友們叫做綾子、
> 淑子、菊子，而且過年過節穿著七彩繽紛、顏色鮮豔的垂長袖
> 和服，總是很羨慕，但父親絕對堅持不改換姓名，他說那是拋
> 祖宗的行為，儘管為此生意大受影響也在所不惜。我還記得父
> 親曾恐嚇我說，假使我想改換姓名，就要把我改成「山中豬子」，
> 嚇得我再也不敢盼望叫做什麼「子」了。而在推行日語家庭的
> 時候，父親常抽空教我們漢字，「人之初，性本善。」就是在
> 那時候背出來的。

朱芾亭先生之詩富有靈性，可讀性很高，且有警世、傲世、諷世、玩
世的超逸之作，如〈再寄鑑塘詩〉：「過眼煙花過眼空，休教落絮再
隨風。少年多少風流債，猶在分期付款中。」此中頗有警世而耐人尋
味。又如「劫後文章逐下流，鳳凰無語鳥喁喁。野狐讓彼稱詩伯，從
此彈琴莫對牛。」此中諷世。他的詩有的妙語如珠，有的直追唐音，
有的見解獨到。先生不僅有才氣，一方面也很用功，如遇到古今名人
的好詩，必抄錄起來，以便隨時吟味參考。如有名人箴言警語，必書
於座右，如錄茶餘客話：「詩以理勝，不可有語錄氣。詩以情勝，不
可有尺牘氣。詩以識勝，不可有策論氣。詩以韻勝，不可有世說氣。
詩以新勝，不可有詞曲氣；兼五之長而無流弊，則詩之詩矣。」他紀
錄白居易句：「生前富貴應無份；死後文章合有名。」是的，先生用
此兩句以鼓勵自己。

　　朱芾亭先生不僅為騷壇健將，亦為杏苑名醫，最得意的一件事，
就是以六十三歲的高齡考取中醫執照。在正式考取執照以前，朱芾亭
先生連考了六次，每次都差幾分，敗在憲法或三民主義。很多人勸他
死了這一條心，因為年紀大了，記憶力衰退。朱芾亭先生硬是不服輸，

愈考愈起勁，最後終於考取，可謂有志竟成，這種不屈不撓的精神，足為後人楷模。先生亦曾將中醫臨床經驗編輯成書《中醫臨床廿年》，破受研究中醫者喜好。

在書畫方面，朱芾亭先生書法特別傾慕襄陽米家（宋米元章體），所臨運筆瀟灑，有韻有神，頗有造詣，晚年大有接近米法之妙諦。書畫之道本均須注重骨法用筆運使，固有書法之長處，兼有研究繪畫者，於運筆上可獲無窮之活用。先生善山水之畫，他精於傳統書法之外，又善於取材當地風光以作畫。桃城南郊、北廊村莊都是當時朱芾亭先生寫景勝地。若論朱芾亭先生之山水畫，如僅說「有書管氣」，或恐未盡達意，所謂「畫中有詩」較為貼切。

朱芾亭先生其齋名先後更改四次，首先謂「塵海樓」，民國三十四年改為「抱冰室」，民國四十三年改為「晚晴堂」，五十一年以後改稱「雨聲草堂」，直至晚年都沿用此齋名[1]。其字稿、詩稿、畫稿等，經生前好友林玉山先生及黃鷗波先生熱心協助下，已整理編印成書。稿冊有的沒有記明時間年代，因此未能把作品以年齡順序編輯，而大概分為五絕、七絕、五律、七律、慶弔、題襟等幾個大類。除了《雨聲草堂吟草》集外，朱芾亭先生於三十九歲時亦曾出版他的第一本詩集《苔岑集》，然此集於今已佚。

朱芾亭先生精於詩文以及書畫創作，其繪畫作品曾入選第四、六、七、八、十屆臺展以及第三屆府展，並曾參與「鴉社」、「春萌畫會」、「墨洋社」等以繪畫為主的集社，另有「鷗社」、「讀書會」以詩文為主的詩會。以下即針對朱芾亭先生之美術創作以及上述社團作一概述。

二、畫會與詩社

「臺展」開辦前，台灣畫壇已略有畫家組畫會以及南北各地的一些展覽會，如七星畫壇、赤島會等，唯此大型官辦展覽會推動後，產生了很大的影響力。傳統文人畫在首屆「臺展」遭排斥，因而造成一

---

1 黃鷗波〈雨聲草堂詩草編後記〉，《雨聲草堂吟草》（台南：長流印刷，1982 年 10 月），頁 189。

種反彈，促使企圖振作者有一九二八年台灣新聞社舉辦「全島書畫展覽」；善化有「善化美術展覽會」；一九二九年有新竹益精書畫會主辦「全臺書畫展覽」，尤其後者規模之大足以與「臺展」比美。另有小團體或個人的組織，多屬順應「臺展」新潮流者，以嘉南地區而言，有嘉南畫畫家組「春萌畫會」、嘉義畫家組「自勵會」、「墨洋社」、等，屬較多元性或兼含新舊畫風者。這些畫會藉由共同研究及自由開辦展覽會的形式，雖不若官展之展覽規模與正式性，但對於助長文化及推動美術的發展，扮演了重要且積極的角色。而身為當時嘉義畫家之一的朱芾亭先生亦先後參與了諸多畫會，以下便就朱芾亭先生曾參與之畫會作一簡單介紹。

（一）官辦美展

日據時期由台灣教育會主辦的台灣美術展覽會，簡稱「台展」。係自 1927 年（昭和二年）起，至 1936 年（昭和十一年）為止，共舉辦十屆。因 1937 年恰逢日本領台四十年，舉行所謂始政四十年博覽會，臺展因而停辦一年。翌年（昭和十三年）改由總督府主辦，簡稱「府展」，共舉辦六屆（自 1938-1943 年），後因戰事，日本於 1945 年無條件投降，結束台灣的統治。整個日本當局主導下的美術展覽會於是劃上休止符。由於臺展和府展皆由官方機構主辦，故又統稱為「官辦美展」，簡稱「官展」，此有別於民間美術團體或學校單位所舉辦的公開展覽。官展因受到日本當局的重視與主導，以及民間畫家、新聞報導、媒體等的全力配合，逐形成一股潮流，可說主導了日據時期台灣美術史的發展。[2]

（二）鴉社書畫會

一九二八年大陸來台畫家王亞南訪問嘉義，在琳瑯山閣盤桓多日。王氏儒雅，與嘉義文人交遊甚歡，促成組織畫會的動機。一九二九年，林玉書、吳文龍發起組「鴉社」兼取「鴉」與「亞」諧音，也有隨意塗鴉之意。會友在張李德和之琳瑯山閣聚會或吟詩、寫字、作畫，時亦一起合作揮毫。鴉社成員除吳、林之外，尚有蘇孝德、蘇友

---

2 李進發：《日據時期台灣東洋畫發展之研究》，（台北市：北市美術館，民 82），頁 212。

讓、賴尙遜、郭炳均、張長容、朱芾亭、林東令、徐清蓮等人。3

（三）春萌畫會

一九二八年林玉山與潘春源結合台南、嘉義兩地水墨畫家發起組織「春萌畫會」，其目的乃在於因應臺展，平日應有互相切磋之活動，以提升創作水準。創立會員有林玉山、潘春源、林東令、徐青蓮、施玉山、蒲添生、黃靜山、吳左泉、陳再添、朱芾亭等十人。作品包含重彩寫生、傳統水墨、南畫影響的水墨作品。林玉山較偏向膠彩、日本畫，而潘春源爲首的台南畫家，因爲位於素有文化淵源之古都，較重視傳統，後因觀念、風格的差距而退出春萌畫會。一九三九年改稱「春萌畫院」，一九四九年林玉山與畫友移居台北，在台北國貨公司舉行展覽，後即停辦。「春萌畫會」是日據時期除「臺陽展」外活動最久的畫會組織，也是最能代表嘉義地區的畫會。4

（四）墨洋社

一九三〇年在嘉義琳瑯山閣詩會活動的仕紳，台籍人士如張李德和、賴尙遜、吳文龍、張長容、朱芾亭、徐清蓮等人，日籍人士有國松善四郎等，邀請林玉山指導他們作畫，以四君子爲學習內容，其宗旨爲學習簡易傳統繪畫，陶冶身心，做爲詩詞書畫相結合的文士繪畫。因爲是每週四聚會，取日語木耀日（星期四）的諧音爲「墨洋社」。

數年來嘉義地方的美術受臺展開設影響，以及美術愛好者的熱心與獎勵的結果，具有空前的發展，書畫家之多，愛好者之盛，在台灣畫史上僅次於台北。

參加「臺、府展」的嘉義東洋畫家中，僅林玉山曾赴日本接受美術預校及畫塾的訓練，其他畫家都是自學，或受林氏影響。朱芾亭先生之繪畫即師承於林玉山。不過林玉山先生在官展時期較偏重工筆重彩，以花卉翎毛爲主，亦畫山水、人物。而朱芾亭先生則偏好於水墨畫，且以山水畫爲主。

朱芾亭先生有傳統詩書畫之觀念，然受「臺展」新美術潮流的影響，感受到不宜再依循舊風貌作畫，於是以工筆淡彩自行寫生嘉義公

---

3 林柏亭：《嘉義地區繪畫之研究》（台北：國立歷史博物館民國 84 年），頁 127。
4 見表一，春萌畫會活動記錄。

園一角，入選四回「臺展」，但他覺得工筆細描不適其本性，遂恢復以水墨作畫。於第六回以畫「雨去山青色」，第七回畫「雨霽」（宿雨收），是他的重要代表作。後者，池畔農家，屋後層層雲山，竹林雜木也各具林木樹種的形象特性，融合在雨霽的雲氣中，畫樹、雲山已脫去芥子園式的定形方式，自能從實景中領悟表現法。第八回「水鄉秋趣」，與林玉山在同一回展覽中的「西北雨」（白雨迫）有相近處，均略受日本南畫家安田半畝的影響。朱芾亭以水墨淡彩來表現；林玉山則以重彩較寫實的形式來表現。「水鄉秋趣」雖獲好評，如評其畫「極有質素、墨色豐富」等。但也被批評「結構鬆散，忽略遠近，前景與後景分離為二。」[5]為就其畫來看，因著意於景物實感之描寫，筆墨略不及其「雨霽」自然活潑，但有新意。至於構景屬傳統的多視點結構，在盛行西式風景寫生時，會以西式透視法的觀點來批評，當可能被認為有遺憾。第十回「臺展」作品為「返照」，則求摒棄雜多的影響，自行運筆畫椰林。可惜在第三回「府展」以後，即停止參加官展活動，但仍斷續參加春萌畫室。1935 年遊大陸曾拜訪賀天建、劉海粟等畫家。[6]

（五）讀書會與鷗社

　　除了在繪畫社團的參與外，朱芾亭先生原本即為詩人，因此也參與了許多詩社活動，並且影響了許多畫友投入詩文創作。民國二十一年，因「鴉社書畫社」的關係，許多畫家與詩人能有機會相互切磋，因此更進一步推朱芾亭先生為中心，與林玉山、簡竹村、盧雲生、黃水文等人組成「讀書會」以研究詩文。在繪畫上影響朱芾亭極深的林玉山，也因朱芾亭先生的介紹，加入了「鷗社」詩會。從朱芾亭先生詩作可以窺見，其與鷗社成員蘇鴻飛、林玉山、黃鷗波等人，交往甚深。

　　鷗社創始於 1918 年，原名「尋鷗吟社」，成員有方輝龍、王甘棠、賴柏舟、蔡明憲、黃水文等十五名。1923 年秋，五週年紀念，改稱「鷗

<hr>

5　〈臺展會場一瞥〉，《台灣日日新報》，昭和九年（1934）10 月 25 日，10 月 29 日。

6　邱奕松：〈朱芾亭二三事〉，《嘉義市文獻》二期，民國 73 年 9 月 6 日，頁 47-60。

社」，遍邀嘉義廳轄內一市六郡等詩友一百餘人於三山國王廟，開擊鉢吟會；倡議以一市六郡下十詩社，共組嘉社。一九三七年，抗日肇起，社員星散，鉢聲沈寂。直至一九四九年復會，得賴柏舟、蔡水震諸人分班教導，並設鷗社台北分社，月會一次課題擊鉢，已繼續一百六十期，南北輝映，互通聲氣。成員中著名畫家即有林玉山、盧雲生、黃鷗波、黃水文、朱芾亭、賴柏舟等。

三、《雨聲草堂吟草》作品探析

朱芾亭生前作品經好友林玉山先生及黃鷗波先生熱心協助下，已整理編印成《雨聲草堂吟草》一書。因稿冊有的沒有記明時間年代，因此未能把作品以年齡順序來編輯，而大概分為五絕、七絕、五律、七律、慶弔、題襟等幾個大類，先生詩作多以七言為主，五言詩相對為少。以下即對朱芾亭先生《雨聲草堂吟草》之詩作進一步探析。

（一）世亂窮愁夥、猶有挹冰心 —— 反映時勢與心志

詩人歷經日據時代、日本戰敗國民政府接收台灣等變動的歷史中，其剛直的個性使其保持著不妥協的詩魂，多有諷刺時弊之作。

〈世亂〉（頁 82）[7]

世亂窮愁夥；年慌食客多。天公偏作旱；碩鼠善營窩。

孤島驚沈陸；長貧惜逝波。戎裝酣醉者；無暇問干戈。

詩人引用詩經《碩鼠》，運用「比」的手法，將貪鄙的統治者比作田鼠，「世亂窮愁夥；年慌食客多。天公偏作旱；碩鼠善營窩。」在對「田鼠」的斥責中，表現了百姓不堪重壓的悲慘境況。

〈悶紅館話舊分韻得談字〉（頁 145）

主客忘形縱劇談，香溫茗熱興初酣。

中年盡著亡羊感，斯世偏多腐鼠耽。

運危文章悲墜劫，詩如橄欖喜回甘。

平生繼往開來志，贏得孤懷憤不堪。

此寫作年代正是日治結束，進入國民政府時代，詩人欲言又止，憤世

---

7 朱芾亭：《雨聲草堂吟草》（台南：長流印刷，1982 年 10 月），頁 82。以下所例舉詩作，皆從《雨聲草堂吟草》摘錄，故只標頁數，不再作注。

之懷溢於言表。其他如〈乙酉寒食家園遭戰火毀盡舉家避難村賦此示碧珠〉五首（頁114）、〈避亂村居暮春偶成〉二首（頁86）、〈秋感〉四首（頁125）、〈戰爭中立秋日〉（頁152）等詩，皆記錄了當時的戰亂家園與時勢。

　　而在戰亂下，詩人依然剛直清廉，不願意逢迎拍馬，而喜歡攤案讀書，寫字遣興，與志同道合的鄰叟交遊。

〈故吾〉（頁104）

浩劫餘生愧故吾；懶揩倦眼看榮枯。

是何世界難啼笑；傲對虛名不屑沽。

〈冬日雜興〉（頁76）

便典裘謀醉；奚愁晚雪侵。誰知老骨風；猶有挹冰心。

蕈蕨連根嚼；碑銘秉燭臨。村莊來往久；樵牧結交深。

由此我們可以見識到詩人不屑沽名釣譽且孤高自賞的品格，「誰知老骨風；猶有挹冰心。」就如同王昌齡詩：「一片冰心在玉壺」般的清高志節。

（二）田園稼穡、自然恬淡 —— 田園詩

　　詩人性格不但耿直清高，且喜好徜徉於山水田園之間，過著與世無爭，悠閒自在的田園生活。

〈田家樂〉（頁69）

歲熟收成早；農閒樂事多。稻梁倉廩滿；稼穡子孫和。

葺圃晒新穀；分流灌晚禾。時邀鄰叟飲；擊壤共酣歌。

〈村居初夏〉（頁68）

久愛煙霞癖；難忘水竹居。留賓收筍蕨；話舊半樵漁。

繞屋泉聲細；將晴雨點疏。晚年親野老；生事在耕鋤。

〈暮秋偶成〉（頁80）

老屋圍黃樹；蕭蕭落葉飛。徑荒菊晚放；稻熟蟹初肥。

故舊殷存問；田園無是非。秋深墻圍冷；吟望倚斜暉。

「葺圃晒新穀；分流灌晚禾。時邀鄰叟飲；擊壤共酣歌。」頗有「開軒面場圃；把酒話桑麻。」的情境，而老屋、黃樹、落葉飛、小徑、菊花、稻熟、蟹肥…等，則生動的構成了一幅鄉村風情。另外，從詩

人作品中「田園無是非」一句來看，詩人生性喜好自然外，現實環境的不堪與挫折，應該也是導致其人生觀偏向恬淡田園生活之因。

（三）晚年親野老、垂老酒腸寬 —— 生活閒情

從詩人作品中也可發現，詩人喜愛田園生活，而在農閒時刻特愛與鄰叟酒伴小酌一番。

〈暝色〉 （頁70）

暝色滿村墟；天寒歲欲除。農閒親酒伴；身老怯樓居。
坐有漁竿客；門無問字車。明朝過生日；留取半畦蔬。

〈郊居秋日其二〉 （頁72）

昨日西風起；初添薜荔裳。隔籬呼酒伴；倚樹看斜陽。
蔣徑秋先到；陶家菊正黃。折肱吾豈敢；慚愧舊青囊。

〈冬日雜興〉 （頁75）

十月猶炎暑；村居稍覺寒。入冬農事少；垂老酒腸寬。
爭樹歸鴉鬧；敲窗落葉乾。晚來幽興發；吟倚竹欄杆。

（四）夜寒硯池知、耐冷索枯腸 —— 詩思興詠

朱玘亭先生向來晚睡早起，晚上是他讀書寫詩作畫、練字的時間，因此從其詩中也可窺見詩人每每於寒夜中寫字作詩之光景。朱玘亭先生詩雖快捷，但一字一句非常小心謹慎。如遇自己認為不妥當之句，即書寫在其懸壺之「春陽堂」中的小黑板，在診病或抓藥之餘，無意中吟味，思考再三，靈機一到改一兩個字，有時很快完成長篇佳構，因此概觀其作品，索句用典皆很穩健。

〈冬夜〉 （頁69）

寒月窺寒士；相看引興長。夜深呵凍硯；不覺有微霜。
穿牖梅花影；鄰家補藥香。陽生詩思動；耐冷索枯腸。

〈元旦偶成〉 （頁75）

歲旦無機事；臨池消晝閒。舊研磨宿墨；春酒上酡顏。
俗尚恒循例；詩成數改刪。更須迎賀客；蓽蓽不教關。

〈寒夜〉 （頁89）

夜寒先有硯池知；凍墨凝毫筆力痴。
薄醉未醒吟興冷；半窗梅影又催詩。

（五）劫後莊嚴空色相；悟餘因果證菩提 ── 宗教感懷

　　朱苔亭先生另有關於禮佛、聽經、遊寺等具有宗教意境之作品，例如〈彌陀寺訪如平上人不遇〉（頁82）、〈遊半天巖〉（頁95）、〈依彌陀寺齋壁竹語題詩韻〉（頁107）、〈月夜宿竹溪寺〉（頁112）、〈宿寺〉（頁127）、〈法華夢蝶〉（頁131）、〈遊法華寺〉（頁141）等等。

〈秋日陪惠川老師藜堂瑞貞漁笙諸先生遊彌陀寺〉（頁153）

木落山門暮靄浮；佛陀無語自低頭。

半溪斜照隨人淡；一院清鐘動客愁。

塵夢乍醒霜後課；吟懷先感劫餘秋。

聽經聽偈留題慣；唯有歸依願未酬。

〈聽如平上人講藥師經〉（頁105）

生公坐上聽談經；瓔珞華鬘倩夢醒。

五蘊已空詩未就；一龕花雨洒閒庭。

〈遊竹溪寺〉（頁141）

野鳥飛飛野草齊；禪關靜掩水雲低。

梵音一院僧歸寺；清磬數聲竹滿溪。

劫後莊嚴空色相；悟餘因果證菩提。

攜家禮佛慚檀越；聽罷心經日未西。

竹溪寺，位於台南市南側，相傳此寺創建於明末永曆年間（西元1647-1661年），初稱「小西天寺」。根據史學家盧家興考證，竹溪寺為台灣第一座寺院。竹溪寺寺內徑曲境幽，茂林修竹，為參禪攬勝、吟詠詩篇之最佳聖地。「野鳥飛飛野草齊；禪關靜掩水雲低。梵音一院僧歸寺；清磬數聲竹滿溪。」意境悠遠。

（六）台灣古蹟、雄渾滄桑 ── 詠史懷古詩

　　朱苔亭先生亦有不少刻畫台灣歷史古蹟、地方風土的詩作，表露其對家園的深情關注、對鄉土的關懷。詩中或以白描手法寫景、或寓情於景，筆調雄渾滄桑，意象鮮活。例如〈登八卦山〉（頁145）、〈秋日與施秀才梅樵先生登八卦山〉（頁82）、〈台灣雜詠〉六首（頁101）、〈秋日陪蔡漁笙譚瑞貞遊蘭潭〉（頁105）、〈定寨懷古〉（頁118）、〈日月潭〉三首（頁155）、〈重遊日月潭〉三首（頁115）、〈北園東

霽〉二首（頁 134）、〈金城春曉〉三首（頁 131）、〈赤崁樓〉二首（頁 143）、〈安平晚渡〉二首（頁 133）、〈妃廟飄桂〉二首（頁 134）等等。

〈秋日與施秀才梅樵先生登八卦山〉（頁 82）

> 共覓興亡跡；扶筇背夕陽。鴉爭黃葉樹；人弔黑旗軍。
>
> 風急疑寒角；天陰憶陣雲。倘逢舊遺老；往事不堪聞。

1895 年 4 月 17 日，清政府同日本簽訂了《馬關條約》，將台灣割讓給日本。台灣軍民的抗日之戰，從 1895 年 4 月 20 日開始，到 10 月 21 日日軍佔領台南府，歷時 6 個月。光緒二十一年（1895）閏五月初一日，日軍攻占新竹，旋又向南推進，六月二十四日、七月四日，相繼陷苗粟、大甲溪。8 月 28 日，日軍氣勢洶洶地猛撲彰化城東的八卦山，守軍奮勇抵抗。徐驤率部組織反擊，多次打退日軍的進攻。湯人貴、沈福山等率部同日軍展開肉搏戰，壯烈犧牲。守軍將領吳湯興也中炮殉難。在山下追擊敵軍的吳彭年，冒死率黑旗軍 300 餘人來援，不幸中炮陣亡。在這次戰鬥中，日軍的近衛師團也傷亡 1000 多人，是侵臺以來受到最沉重的一次打擊。

〈謁吳鳳公像〉（頁 123）

> 辦香來拜吳公像；颯爽英靈猶似生。
>
> 群犰未馴頭可斷；此身不殺德難成。
>
> 義人遺烈瞻規躅；蕃社承麻靖甲兵。
>
> 凜凜威儀昭日月；藻蘋俎豆薦嘉城。

吳鳳的事蹟在台灣，尤其是嘉義地區，流傳廣泛，相傳當初漢人多欺侮番人無知，霸其耕地，奴妾其子女，賤易其物，訟不得直，番人憤遁入山，且因而有嗜殺漢人之風氣，至吳鳳理台，以身代之，為番人割其首，番人逐念其德，始革此弊。[8]因此吳鳳事蹟在台灣廣為流傳，台灣詩人亦多有詠頌其事。

〈億載金城〉（頁 131）

> 地控鯤身鐵砲堅；金湯形勢舊巍然。
>
> 寧南鎖鑰珠還浦；左股蓬萊浪拍天。

---

8 吳鳳事蹟可參見賴子清《臺海詩珠》頁 251。

雉堞近鄰荷堡壘；旌旗重拜漢戈船。

萬流砥柱台疆固；盛典皇皇頌百年。

〈赤崁樓〉（頁 143）

桔柣門空賸此樓；興亡閱盡幾春秋。

朱明覆滅遺民老；碧瓦淒涼落日愁。

斷陛荒階眠大豕；蠻花狋草弔貙貅。

鄭王已去荷蘭杳：故壘徘徊感白頭。

〈北園別館〉（頁 129）

別開行館費經營；想見當年孝養情。

數盡大鯨悲渡海；劫餘巨佛厭言兵。

霸圖零落菩提樹；王氣消沈梵唄聲。

留得孤臣遺跡在，疏鐘清磬弔延平。

赤崁樓為台灣第一級古蹟，原稱普魯民遮（Provintia）城，遠在明永曆 7 年（1653）即由荷蘭人所建。清兵入關後，明朝危在旦夕，鄭成功仍奉明正朔，矢志復明，規劃收復臺灣，於是率二萬五千人攻打台灣，由<u>鹿耳門</u>（<u>台南市</u>西北方）登陸，經過九個月的苦戰，方於永曆十五年十二月（西元 1662 年二月）荷軍不敵，終訂城下之盟，光復了台灣，使台灣成為抗清復明的海外基地。然而同年七月，<u>鄭成功</u>因病逝世，享年 39 歲（1624－1662），其子<u>鄭經</u>繼位，明朝的希望仍在海外延續。北園別館在台南郊外，係鄭經奉母之處，即今之開元寺。

（七）遊歷大陸之記

民國二十四年，朱芾亭先生獨往上海旅遊，亦到過蘇杭二州各地寫生不少江南名勝古蹟，返上海時拜訪國畫大師賀天建及劉海粟先生等，以寫生集面呈請教，蒙兩位大師讚譽即席賜以題跋，為一件難得之藝壇逸事。而在大陸遊歷期間，朱芾亭先生不僅以繪畫捕捉了大陸錦繡風光，且以詩文記載了遊歷心情。例如，〈將之大陸別諸知己〉（頁 149）、〈將之上海留別廈門諸同鄉〉（頁 149）、〈廈門留別黃仲甫〉（頁 85）、〈將杭遊留別上海周夢花畫伯〉（頁 108）、〈與陳天送泛舟西湖〉（頁 108）、〈西湖泛舟晚歸聚英旅舍〉（頁 108）、〈湖心亭泊舟〉（頁 109）、〈將之蘇州寫生賦呈賀天健畫伯〉（頁 109）、〈松

江舟次遇雨〉（頁110）、〈蘇州雜詠〉（頁110）等等。

〈登孤山放鶴亭〉（頁108）

放鶴亭荒鶴未歸；古梅零落傍岩扉。

孤山不見逋仙跡；唯有茶寮對夕輝。

此詩為詩人遊放鶴亭所感，頗有詩人崔顥：「昔人已乘黃鶴去，此地空餘黃鶴樓。黃鶴一去不復返，白雲千載空悠悠。」之韻味。

〈鴻飛兄書來詢江南旅況賦此答之〉（頁110）

禿筆貪描白下山；鄉愁如蝟未遑刪。

江南江北黃梅雨；一片孤帆獨往還。

〈過嘉興驛〉（頁108）

鴛鴦湖上雨紛紛；煙雨樓邊客斷魂。

最是鄉愁消不得；熟梅時節近黃昏。

詩人獨自一人旅遊大陸其間，屢屢浮起的鄉愁，在煙雨霏霏的湖邊過客心中，更是愁上愁，「熟梅時節近黃昏」猶如賀鑄之詞：「試問閒愁都幾許？　一川煙草，滿城飛絮，梅子黃時雨。」更加渲染了那一份鄉愁。

〈旅西湖作畫廿餘日將回滬悵然而作〉（頁109）

水榭山莊繫別愁；吟魂猶滯木蘭舟。

滿囊畫稿揚鞭去；留與他年作臥遊。

詩人此行旅途必定收穫無窮，「滿囊畫稿揚鞭去；留與他年作臥遊。」，實為一次日後回味不已的難得之旅。

（八）詩社詩友、贈答酬唱

傳統詩人結社以詩文締交是一種普遍的風氣，朱蒂亭先生曾組讀書會、參加鷗社等等。一九四九年鷗社復會，得賴柏舟、蔡水震諸人分班教導，並設鷗社台北分社，月會一次課題課擊缽，南北輝映，互通聲氣。朱蒂亭先生〈北鷗吟社月會蒙柬邀未能赴約裁此奉寄〉一詩中「南鷗北鷗本同氣」，即見當時詩社情況。

〈壬子端午後北鷗吟社雅集柬邀未赴賦此遙祝〉（頁69）

薄醉雄黃酒；長懷白社賢。盍簪端午後；觴詠稻江邊。

節紀靈修魄；天慳翰墨緣。遙知臚勝會；傳遍薛濤牋。

〈北鷗吟社月會蒙柬邀未能赴約裁此奉寄〉（頁88）

南鷗北鷗本同氣；詞賦北鷗獨出群。

遙憶夢花莊上會；未能秋色與平分。

〈北鷗吟社二十週年回顧〉（頁121）

騷壇旗鼓此論兵；廿載匆匆憶過程。

王俊盧前誰月旦；南金東箭愧鏗錚。

唱酬酒杯無虛夕；聲價雞林有定評。

小技雕蟲回首處；不須聚散問君平。

〈除夕喜鴻飛兄過從〉（頁73）

積愫傾除夕；留君有薄醨。坐談辭歲事，歸及祭詩時。

老馬途空識；亡羊路更歧。明朝尋戴興；莫遺俗人知。

另外，從先生與詩友唱和之作，亦可窺見詩人相濡以沫的友情。朱芾亭先生與蘇鴻飛先生往來頻繁，互為相知，故在朱芾亭先生詩作當中，與其唱酬之作就有數首之多。例如，〈立秋日懷鴻飛兄並詢歸期〉（頁180）、〈酬鴻飛久別寄懷〉（頁179）、〈初春送鴻飛歸台北〉（頁177）、〈辛亥歲暮空齋與鴻飛夜話〉（頁71）、〈春日偶成戲呈鴻飛〉（頁118）等等。

四、結　語

綜觀朱芾亭先生之詩作，詩風真實自然，純然為畫家內心直覺的抒發，故真實而不妄作，具象典麗，有一份儒生的雅潔之美。作品中存在著最真摯真我的情感，其閒雅高潔的人品和縝密細緻的思維能力，在在顯露在詩中。而朱芾亭先生先後加入「鴉社」、「春萌畫會」、「墨洋社」等畫會，「鷗社」、「讀書會」等詩社，與詩友、畫友互相切磋砥礪，對嘉義之美術及文壇貢獻良多。他與雲林詩壇多有酬唱，特研究之，而附錄於本文。

參考書目

朱芾亭：《雨聲草堂吟草》（台南：長流印刷，1982年10月）。

李進發：《日據時期台灣東洋畫發展之研究》，（台北市：北市美術

館,民 82)。

林柏亭:《嘉義地區繪畫之研究》(台北:國立歷史博物館,民國 84 年)。

江寶釵:《嘉義地區古典文學發展史》(嘉義:嘉義市立文化中心,民國 87 年 6 月)

邱奕松:〈朱芾亭二三事〉,《嘉義市文獻》二期,民國 73 年 9 月 6 日,頁 47-60。

表一:春萌畫會活動紀要

姓　名	參展屆數	畫　會　活　動　記　要	
潘春源	1 2 3 4 6		
黃靜山	1 2 3 4		
吳左泉	1 2 4	1929	籌組畫會
陳再添	1 2 4	1930	在台南市公會堂舉行首屆之春季展覽,秋季在嘉義市公會堂舉行。
林玉山	1 2 3 4 5 6		
朱芾亭	1 2 3 4 5 6	1931	在嘉義旭小學校舉行第二屆覽
林東令	1 2 3 4 5 6	1932	在嘉義市羅山信用組合舉行第三屆展覽
徐青蓮	1 2 3 4	1933	在嘉義市羅山信用組合舉行第四屆展覽
施玉山	1 2 4	1934	在嘉義市公會堂舉行第五屆展覽
蒲添生	1 2 4	1935	在嘉義市公會堂舉行第六屆展覽
吳天敏	2 3 4 6	1938	江輕舟入會
周雪峰	2 3 4 6	1940	在嘉義市公會堂舉行小品展
野村誠月	2	1940	至 1942 年間改稱為「春萌畫院」以後因戰爭暫停活動
常久常春	2 3 4 6	1944	吳利雄入會
李秋禾	4 5 6	1948	在嘉義市吳鳳幼稚園舉行光復後首次畫展
盧雲生	4 5 6		
黃水文	5 6	1949	林玉山及數名畫友移居台北,在台北國貨公司行展覽,此後即停辦。
張李德和	5 6		
楊萬枝	6		
潘雲山	6		

表二：朱芾亭先生生平簡表

公　元	年　份	時歲	事　件　概　要
1904	光緒 30	1	朱芾亭出生
1929	民國 18	26	7/7 參加林玉山與嘉義文人墨客所組成「鴉社書畫會」。 12 月參加「春萌畫會」。
1930	民國 19	27	12/12-14 參加「春萌畫會」首屆第二次展覽於嘉義公堂會。 嘉義「墨洋社」習畫會成立。 朱芾亭作品「公園小景」入選第四回「臺展」。
1931	民國 20	28	參加「春萌畫會」於嘉義是旭小學校第二回展覽。
1932	民國 21	29	與林玉山組織讀書會。 參加第三回「春萌畫會」於嘉義市羅山信用組合之展覽。 作品「雨去山色青」（農村風景）入選第六屆「臺展」。
1933	民國 22	30	參加第四回「春萌畫會」於嘉義市羅山信用組合之展覽。 作品「雨霽」（農村）入選第七屆「臺展」。
1934	民國 23	31	參加第五回「春萌畫會」於嘉義市公堂會之展覽。 作品「水鄉秋趣」（農村）入選第八屆「臺展」。
1935	民國 24	32	2/21 春萌畫會六週年紀念會於嘉義召開。 5 月底朱芾亭載筆蘇杭二州。
1936	民國 25	33	作品「返照」（椰林）入選第十屆「臺展」。
1940	民國 29	37	作品「暮色」入選第三屆「府展」。
1942	民國 31	39	朱芾亭出版第一本詩集《苔岑集》。
1945	民國 34	42	改齋名〈抱冰堂〉
1954	民國 43	51	改齋名〈晚晴堂〉
1962	民國 51	59	改齋名〈雨聲草堂〉
1977	民國 66	74	逝世

附錄三：

雲林縣原住民文學初探

陳 南 榮[*]

壹、前 言

一、雲林縣概述

　　雲林縣位於本省西部中南地區，嘉南平原的北端；北面以濁水溪為界，鄰接彰化、南投兩縣；東面山區以清水溪、觸口山、阿里山為界，鄰接南投、嘉義兩縣；南面以石龜溪與北港溪為界，鄰接嘉義縣；西面臨臺灣海峽。東西長五十公里，南北長三十八公里，全縣土地總面積為 1290.8351 平方公里。共管轄有一市（斗六市），五鎮（斗南、北港、虎尾、西螺、土庫），十四鄉（古坑、林內、大埤、莿桐、二崙、崙背、麥寮、臺西、褒忠、東勢、水林、元長、四湖、口湖），二十個鄉鎮多為平坦的平原地區，土壤肥沃、物產豐饒。流經雲林縣的主要河川有濁水溪、北港溪、清水溪、虎尾溪。濱臨濁水溪的鄉鎮有林內鄉、莿桐鄉、西螺鎮、崙背鄉、麥寮鄉、臺西鄉。[1]（圖一）

＊斗六高中退休國文教師，現為台灣雅石文史工作室負責人。
1 雲林縣政府新聞網。

（圖一）雲林縣地區位置圖（取自雲林縣政府新聞網）

二、「雲林」的由來

　　雲林縣最早開發相傳是在明萬曆天啓年間，就有閩人顏思齊等先民，登陸北港一帶墾殖。清康熙二十三年雲林隸屬諸羅縣。雍正九年在雲林設縣丞。光緒十二年清朝有「開山撫番」之議，在林圯埔（今名竹山，又稱雲林坪）建築雲林城，號稱「前山第一城」地扼八通關咽喉、處平地與山胞交界地段，政治、軍事形勢地位十分重要。光緒十九年因濁水溪氾濫，居民來往不便，遷縣城於斗六，所以『雲林』曾經爲今之竹山及斗六的地名。[2]

　　『雲林』曾先後爲今之竹山及斗六的地名，這段歷史在《雲林縣志稿卷首》記載很清楚，是根據連雅堂《臺灣通史》云：『雲林縣始於建省之時，則爲撫墾之計爾，先是光緒十三年，劃嘉義以北之地，經營新邑，擇治於林圯埔之雲林坪〔今竹山鎮雲林里〕，故爲雲林縣。雲林縣之地名，在歷史上有二處，一爲林圯埔，一爲斗六，光緒十三

---

2 雲縣文獻志稿卷首。

年設雲林縣，初擇治於林圯埔林坪，並建雲林縣城，城爲東西交通之
衢，雲林實握其紐，故又曰『前山第一城』，因縣名大於地名，當時
改稱林圯埔曰「雲林」，旋於光緒十九年八月，移治於斗六，並設縣
城，襲用舊名雲林城，乃又名斗六曰『雲林』。至日據之初仍稱之，
後因雲林地方抗日事件震撼全台，日本國內亦無人不知雲林之名。以
致光緒二十八年十月二十日，台灣總督兒玉特令廢止雲林稱號，改設
斗六廳，光復後，於民國三十九年調整行政區域，復設雲林縣。』由
這段歷史記載，很清楚說明雲林縣的由來，在清朝時，雲林縣的縣治
在竹山鎮林圯埔的雲林坪，後來才移至「斗六」。

　　至於雲林坪的起緣還有幾個說法：

Ａ．爲連雅堂《臺灣通史》云：『雲林坪爲鄭氏部將林圯所闢者，故
　　曰雲林以旌其功。』

Ｂ．爲日本人安倍名義所著《臺灣地名研究》則謂：『光緒十二年新
　　設雲林縣，翌年二月，擇地林圯埔土名雲林坪爲縣治，雲林坪，
　　因此地東界一帶，山峰毗連，入夜雲霧深濃，呈關閉森林之形勢，
　　故名之。』因此【雲林】二字是取自雲霧、森林密集之意。

　　還有一說法，是斗六人士吳景箕，早年之作《斗六門懷古引言》
　　謂：『雲林者，實即竹山眼前實景，引自白樂天詩：『亂籬遮石
　　壁，絕澗護樹林』由句中之雲林而命名。』[3]

　　由以上幾種說法，雲林的命名，當初應該是由林圯埔（今竹山）
往林內方向看到森林雲霧密集、亂籬遮石壁，絕澗護雲林的靈感而來。

（圖二）

3　〈雲林縣文獻志稿卷首〉。

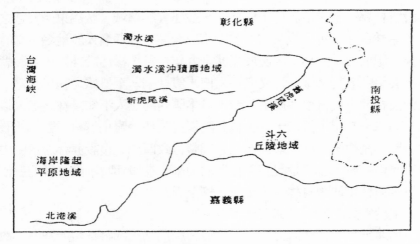

雲林地區關係位置圖（二）

貳、尋覓原住民在雲林地區的
族群分佈的線索

　　雲林地區的原住民資料十分稀少，歷年來很少人去探討，在學術上要探討雲林原住民十分困難，可是想探討雲林地區原住民的族群分佈，就目前可考証的資料推測，可從史前時期考古資料、文獻記載的先住民資料以及古文書中的資料，去嘗試追蹤其痕跡。

一、史前時期考古資料

　　雲林縣史前考古遺址的研究，長久以來就相當缺乏相關研究資料。日治時期僅紀錄有雲林遺址（森丑之助 1902：89）與斗六遺址（鹿野忠雄 1930：62），但這二處遺址日後都因資料描述位置不明，而無法繼續進行調查。

　　民國六十一年「濁大考古計劃」只作到濁水溪南岸南投縣竹山鎮為止，因此，雲林縣史前考古工作被忽略了，而有「文化沙漠」之稱，

實在冤枉。

　　雲林縣境內的史前考古工作，一直到 1980 年以後才有重大發現，1988 年中研究史語所考古組臧振華、高有德、劉益昌等進行國科會「台灣早期漢人及平埔族聚落的考古學研究計畫」時，才由劉益昌在崙背鄉與麥寮鄉境內發現崁頂、豐榮、雷厝等三處史前遺址。

　　到了 1993 年左右，雲林縣境內西濱快速道路及中部第二條高速公路（中二高）等重大工程將展開，工程單位將需要進行環境影響評估時，才由劉益昌進行西濱快速道路環境影響評估文化資產部分，又發現了施厝寮遺址。台灣省公路局西濱路南區工程處於是委託台灣大學人類學系黃士強等進行搶救發掘，並於 1997 年提出《雲林縣麥寮鄉施厝寮遺址搶救發掘報告》。

　　中部第二條高速公路（中二高）在 1993 年委託臧振華、劉益昌等進行中二高沿線文化遺址的調查，陸續發現湖本南、梅林、湖子寮、橫路、棋盤、林內坪頂等史前遺址。中二高在 1998 年委託台中自然科學博物館何傳坤進行中二高路權內調查研究；雲林縣政府則在行政院文建會的經費支持下，於 1999 年委託中研院史語所考古組劉益昌及雲林科技大學文資所所長陳木杉，進行梅林遺址路權外內涵範圍的研究計畫。由於上述這些計畫的陸續進行及研究報告的出爐，或多或少都足以彌補雲林縣史前文化遺址研究缺失。

　　因此雲林縣的史前文化遺址，至今可說已發現有至少十二處之多，分別為斗南、施厝寮遺址、崁頂遺址、湖子寮、橫路、棋盤、湖本南、雲林、雷厝遺址、豐榮、坪頂、梅林、番仔溝等遺址。

　　這些遺址可大致分為二區，一區為以崙背鄉崁頂遺址為代表的貓兒干遺址群，包括施厝寮遺址、崁頂遺址、雷厝遺址、豐榮遺址，位於雲林縣崙背鄉西部與麥寮鄉東部兩鄉交界處，科學測定的年代距今四百年至一千年前，學者認為應該與平埔族貓兒干社群有密切的年代關係，有人就認為他們就是貓兒干社的遺址；另一區的位置在雲林縣東部沿山地區，包括梅林遺址、坪頂遺址、湖本南遺址，番仔溝遺址

等，科學鑑定的年代都遠距今 3900 年至 400 年前。[4]

這些雲林縣史前考古資料，經正式考古試掘結果，証實與後來活動在雲林地區的平埔族，有著某種程度的關係。（圖三）

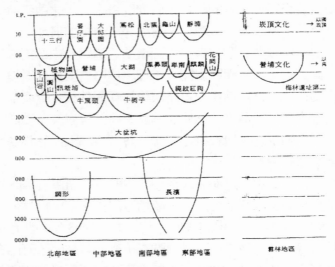

台灣地區史前文化的時空架構〈仿繪自劉益昌《台灣的考古資料》〉（圖三）

二、平埔族分佈概況

台灣平埔族分佈概況：

台灣原住民除高山族之外，還有平埔族；平埔族爲臺灣原住民之一，爲南島語系之一支，高山族指住在山上，保存其語言和文化的族群，平埔族指居住在平地，與漢人接觸早，並失去其固有語言和文化的族群。事實上，從語言、社會、文化、體質上的特徵來看，和現在我們所熟知的高山原住民一樣，都是屬於「南島語民族」。

清代對台灣原住民族群依教化程度之深淺而有「熟番」，和「生番」之分。「熟番」就是平埔族。又有「平埔番」之呼。日據時期以

---

4 貓兒干社屬平埔洪雅（Hoanya）族群，諸羅縣志漢名記載爲貓兒干或麻芝干社，也就是現在的豐榮村，但根據考古挖掘和調查結果範圍頗大，包括崙背、寮寧、台西一帶。

來，將台灣原住民分成兩類，「高山族」與「平埔族」。

　　若依其居住地而分，則僅有原住民、平埔族兩族，住於深山密林區者稱「山地族」：日本人稱「高砂族」，國民政府原稱「山胞」，現稱「原住民」；住於平地或沿海地區者稱「平埔族」。原住民在明、清時期及日本時代概稱「生番」，平埔族則稱為「熟番」。

　　文獻上對台灣平埔族稱「土番」，有文字記載者，最早見於清康熙二十六年（一六九七年）抵台灣採硫磺之郁永河，沿途見聞撰寫之《裨海紀遊》云：「……台之民，土著者是為土番，言語不與中國通，況無文字，無由記說前代事……。」

　　清雍正年間（一七二三至一七三五年）藍鼎元於《鹿洲初集》記載：「台灣土番有生熟二種，其深居內山未服教化者為生番，皆以鹿皮蔽體，山耕食芋，弓兵鏢鎗其所長，其雜居平地遵法服役者為熟番，耕鑿相安，與民無異。」

　　又根據道光年間（一八二一至一八五〇年）周璽的《彰化縣志》（番俗考）也記載：「山高海大，番人稟生其間，無姓有字，內附輸餉者曰熟番，未服教化者曰生番或曰野番……。」以上所謂「熟番」就是本文所探討的台灣平埔族。

　　台灣的平埔族原屬於南島系民族，大約在五千年前就已經移民台灣，最晚在五百年以上。有關平埔族的分類，各家說法不一：清領時期，巡台御史黃叔璥將它分為"北路諸羅番"一至十，以及"南路鳳山番"一至三，日治時期，學者將它分為九族或十族，1991年，語言學者李壬癸則提出分成七族十四支的新分類法，儘管目前無定論。

　　明鄭時期，軍隊屯田拓墾，平埔族人相率離開原住地，清康熙五十年前後漢族接踵而來開墾，取得平埔族土地，或與平埔族結親，使得平埔族迅速漢化。而部份平埔族人遷離原住地而到他處謀生。如嘉慶年間之巴則海、巴布薩、巴布拉、道卡斯、凱達格蘭、洪雅諸族移往宜蘭，道光年間巴布薩、巴則海、柏布拉、道卡斯、洪雅等族移往埔里。道光年間西拉雅及四社熟番移往東部及宜蘭葛瑪蘭族的南遷。現在，平埔族幾多漢化，在文化上僅東海岸的葛瑪蘭人尚保有其語言，但在文化上也漸消失。平埔族的分類有分八族，也有分為十族，山北

至南，我們以人類學家分類的標準，將其分為十族。

（一）葛瑪蘭族（Kavalan）：或稱「卡瓦蘭族」主要分佈在宜蘭平原，共有三十六社，以濁水溪為界，兩側各有十八社，如宜蘭頭城一帶有奇武社，新仔罕社等在羅東五結一帶有加禮宛社，歪仔歪社，流流社等。

（二）凱達格蘭（Ketagalan）：分佈在桃園、台北縣、台北市、基隆市一帶之平地，如里族、北投、祺里岸、秀朗、八里全、小雞籠等社。

（三）雷朗族（Luilan）：分佈台北盆地南部及桃園台地，以雷朗社為名，根據日本學者小川教授以語言學所作分類而列為一族，有學者將其列為凱達格蘭一支。

（四）道卡斯族（Taokas）：分佈在大甲鎮北至新竹市一帶之地方，主要部落有竹塹社、日南社、大甲東社、苑里社、吞霄社、後龍社、新港社、貓裏（苗栗）社等。

（五）布拉族（Papura）：又稱拍瀑族，分佈在台中縣海岸附近一帶平地，主要部落有沙轆社、牛罵社（清水）、大肚社等。

（六）巴則海族（Pazeh）：或稱拍宰海族，分佈在豐原，神崗及東勢一帶，主要有烏牛欄社，撲仔龍社（包括水底寮、大馬璘社）、阿里史社，岸埋社等。

（七）巴布薩族（Bapuza）：分布在鹿港、北斗、彰化等地，主要部落在東螺社、二林社、半線（彰化）社、西螺社。

（八）洪雅族（Hoanya）：分布在台中、霧峰以南到台南、新營以北之平原地區，涵蓋台中、南投、彰化、雲林、嘉義、台南等區部份範圍，主要部落有南投社、諸羅山社、斗六門社。可分三群：Hoanya，原分佈於台灣中西部接近山麓之平地，主要在台中霧峰以南、台南新營以北一帶，涵蓋現今台中、南投、彰化、雲林、嘉義、台南。伊能嘉矩最將此區的洪雅族平埔族分為二支：

甲、阿里坤　Arikun：在較北的現今彰化、南投、和台中一帶；包括南投社、大武郡社、北頭社、萬斗六社、貓羅社等。此一支系各社後來也多遷至埔里。

　　乙、**魯羅阿** Lloa：在較南的今雲林、嘉義、台南境內；包括倮囉國、他里霧、貓兒干、柴裡斗六等社。由於地處和西拉雅緊鄰的早期開發教化中心區，因此很早即被漢化。

　　（九）邵族（Sao）**或**（Sau）：分佈在日月潭附近。主要是德化社。有學者認為邵族與布農和曹族有關。

　　（十）、西拉雅族（Siraya）：分佈在台南縣麻豆以南及屏東、東林一帶。西拉雅族可分為三支，即西拉雅 Skaya、馬卡道（Makalao）和四社熟番（Taivoan），主要部落有新港（赤崁）社、大目降社、蕭壠社、麻豆社、阿猴社（屏東）等社。平埔族之居住區域，在荷領時期，台灣西部地方，從南到北，均有平埔族之聚落，根據荷蘭戶口表（一六五〇年）統計，計有一萬一千三百三十一戶，五萬五百一十七人。平埔族的人口，日據以前缺乏資料，光復之後，沒有將其分離出來，所以無法估計。

三、雲林縣原住民平埔族文獻記載資料：

　　雲林縣內的原住民，由其聚落發展遺跡及舊地名中有「番」、「社」等字，如：番仔溝、新社、舊社、社口等，皆可找出早期原住民的發展脈絡。據『雲林采訪冊』的說法，原住民為洪雅平埔族，其番社分佈在斗六柴里社及他里霧社。

　　根據文獻和近代學者的研究調查，洪雅平埔族的羅阿亞族是日據時代學者不經意製造出來的族名；族名應為費族。這個族群居住或活動在雲林縣的平原和丘陵邊緣，主要是斗六門柴裡社、他里霧社〔斗南舊社里〕、貓兒干社〔崙背豐榮村〕以及屬於巴布薩族的西螺社〔西螺鎮番社路一帶〕。自從漢人大量移民後，向山區遷移，除了少量移到埔里盆地之外，大多已漢化，因此尋覓雲林縣平埔族的工作，十分困難，唯有大家一起尋覓，尋覓方法除文獻資料，就是靠田野調查尋覓可靠證物了。

　　『雲林縣志稿』在做原住民的論述時，說明了雲林縣有平埔族的番社族群分佈，根據雲林縣志稿卷首 史略篇記載：本縣之開拓，明鄭

之前先住民於國人未大批移住前，是屬於馬來族系之「番」人居住。
臺灣之「番」族，大別爲兩種，一爲熟「番」之平埔族，現稱爲平地
山胞；一爲生「番」之高山族，現稱爲山地山胞；平埔族居西部平野，
高山族居山地與本省東部。居住本縣之平埔族，大部份屬於洪雅族，
一部份屬於巴布薩族，根據荷蘭戶口表，裨海紀遊，諸羅縣志等文獻
記載，當時本縣平埔族之社名（圖四）：

（圖四）

屬於洪雅族有五社：

1. **斗六門社**：一名柴裡社，亦有連稱斗六門柴裡社者，位置在現
   斗六鎮三光里。
2. **猴悶社**：位置在現斗南鎮將軍里。
3. **他里霧社**：位置在現斗南鎮舊社里。
4. **貓兒干社或稱麻芝干社**：位置在現崙背鄉豐榮村。
5. **南社**：位置在現崙背鄉豐榮村，有謂該社爲貓兒干之南社，實

即一社。屬於巴布薩族一社。[5]

因此雲林縣最早之地名已如前述，然國人未經營臺灣之前，本縣先住民為平埔族之洪雅族與巴布薩族居住，地名即以平埔詞命名漢音譯，惟因該族部落有限，地名不多，早期之地名仍以我漢語命名為多。以下再詳述各族記載情況：

A 斗六柴里社：

雲林文獻創刊號謂：「斗六」二字為「番」語「捕鹿」之意，更有地方耆宿有謂「斗六」二字為「番」語「打鹿」之轉音，依據雲林采訪冊及諸羅縣志等書所載之「番」語對照，音、義均不符，此說亦屬人云亦云，難以置信。

斗六地名之由來，以荷蘭時期之臺灣番社戶口表，黃叔璥《臺灣使槎錄》，孫元衡《赤崁集》，鄭津梁氏《斗六滄桑》等均謂：「斗六」是由平埔族「番」語譯出，且多擇近音漢字以譯番語，譯音多以官話發音為準，但亦時以閩語、粵語之發音譯成者，如「斗六門」即以閩語之發音譯成漢字。平埔族中有一社位於柴裡〔現斗六鎮三光里〕，致有「斗六門社」，或略為「斗六社」，以及「柴裡社」之稱，亦有連稱為「斗六柴裡社」。至康熙三十三年高拱乾纂《臺灣府志》有「柴裡斗六社」、「斗六門汎」、「斗六門山」等記載，由此可知最初以「番」社名譯出之「斗六門」，轉而為山名，又為地名，後來街市形成，於康熙五十六年修諸羅縣志，稱為「斗六門街」，光緒以前均以「斗六門街」「斗六門保」稱之，光緒間刪去「門」字，簡稱「斗六街」「斗六堡」。日據後至光復均於行政組織單位之支廳、郡、鎮之上冠以「斗六」，斗六之為地名，迄今未變。

斗六名稱來源，筆者是根據《雲林文獻創刊號》記載：『斗六兩字是番語『捕鹿、打鹿』而來。在荷蘭人佔據臺灣時代，就有『斗六柴裡社』或『斗六門柴裡』之稱，後來為省略稱呼，作為斗『斗六』或『柴裡』或『柴里』〔今為斗六市三光里〕等稱呼』。文中柴裡社係洪雅平埔族的一個社名，因洪雅平埔族狩獵時，捕獲山鹿喜歡之餘，

咆哮『ㄅㄨㄅㄡㄇㄣ』，此歡呼聲是平埔族歡喜慶賀之感嘆詞。斗六門實爲『ㄅㄨㄅㄡㄇㄣ』轉音而來。臺灣已故的民俗專家林衡道先生，也在《鯤島探源》書中明確記載：「斗六原名斗六門，其得名的經過相當原始，也很有趣，以前居住此地的平埔族，他們在狩獵時，每次捕獲了山鹿，就會發出『ㄅㄨㄅㄡㄇㄣ』的歡叫聲，當年斗六門的地名，確實與平埔族有關。」

筆者又根據《雲林縣志稿卷一·土地志·勝蹟篇》記載：『斗六地方，本來係平埔族中洪雅族，於清康熙末年移住在此開拓，結成部落。將洪雅族之歡喜感嘆詞作爲地名，斗六乙句，意味深長，斗爲泰山北斗，六爲六合和平，日據時代亦沿用斗六街，光復後才改爲斗六鎮』，民國六十九年升格爲斗六市，目前人口已超過十萬人。

B 他里霧社：

開發早於斗六，康熙四十九年重修臺灣府志已有他里霧庄之記載，民國九年日人以其位在斗六之南，故改名爲斗南。

C 西螺社：

是巴布薩族社名，國人譯爲西螺，雍正年間國人始開拓，乾隆五年（公元一七四〇年 民前一七二年）重修臺灣府志已有西螺街和西螺保之記載，可推知當時之西螺頗爲發達。

D 貓兒干社：

貓兒干又作麻芝干（又有南社 舊社 等），乾隆十一年重修臺灣府志已有貓兒干庄之記載。[6]

E 猴悶、簡仔霧：

洪雅族社名，因地區偏僻，文獻記載有限。

F 布嶼稟：

康熙五十六年（以元一七一七年民前一九五年）諸羅縣志已有布嶼稟庄記載，至乾隆五年重修臺灣府志已改庄爲保。

---

6 台海使槎錄（頁 103：110）。

（圖五）雲林地區平埔族群社名變遷表

	他里霧社	猴悶社	柴里社	貓兒干社	南社	西螺社
臺灣府志（蔣）（1685）	✓	✓	柴里斗六社	麻芝干社	✓	✓
臺灣府志（高）（1695）	✓	✓	柴里斗六社	麻芝干社	✓	✓
諸羅縣志（1717）	✓	✓	柴里斗六社	✓	✓	✓
重修臺灣府志（周）（1720）	✓	✓	柴里斗六社	麻芝干社	✓	✓
番俗六考（1724）	✓	✓	斗六一名柴里社	✓一作麻芝干社	✓	✓
重修臺灣府志（劉）（1741）	✓		斗六門柴里社	✓	✓	✓
重修臺灣府志（范）（1746）	✓		斗六門柴里社	✓	✓	✓
續修臺灣府志（余）（1760）	✓		斗六門柴里社	✓	✓	✓
彰化縣志（1873）				✓	✓	✓

說明：「✓」代表與原社同。

　　關於雲林地區之平埔社群，首先就方志中的記載加以整理，如表一。從表中可以看出雲林地區平埔族社群包括他里霧社、猴悶社、柴里社、貓兒干社、南社、西螺社等，其中他里霧社、猴悶社、柴里社為十六丘陵地域之社群，屬於濁水溪沖積扇地域之社群則有貓兒干

社、南社、西螺社。此外對於平埔族的認知，在乾隆初年重修臺灣府志時起了些許的變化，猴悶社自此從歷史的文獻中消失，但原因並無法從文獻中復原，在社群名稱上，柴里斗六社成爲斗六門柴里社，麻芝干社成爲貓兒干社。

至於這些社群的生活狀況，文獻記載不夠詳盡，只能從古書、地方志中再找尋一些蛛絲馬跡。

甲、斗六門社（柴裏）部份

ㄅ、社　址：

伊能嘉矩認爲社址在斗六保斗六街，原社址約在今斗六鎮三光里，後來遷到今雲林縣斗六鎮忠孝、仁愛、四維等里，最後遷到雲林縣斗六市湖山寮（湖山岩）、和古坑鄉、尖山坑，埔里等地。

ㄆ、文獻記載與研究資料：

一、《台海使槎錄》載：「斗六門舊社，去柴裏十餘里，在大山之麓，數被野番侵殺，乃移出。今舊社竹圍甚茂，因以爲利；逐年土官派撥老番數人，更番輪守。」

二、《諸羅縣志》載：「斗六門舊有番長能長休咎，善射，日率諸番出捕鹿，諸番苦焉，共謀殺之，血滴草，草爲之赤，諸番悉以疫死，今斗六門之番，皆他社來居者。」

三、《諸羅縣志》「斗六柴裏社，額徵銀三百五十二兩八錢。」《續修台灣府志》載：「乾隆二年改則，額徵社餉改照民丁例（每丁徵銀二錢）…柴裏社番丁一百零八。」

四、鄭津梁（雲林沿革史略）曾提及，漢人與該社之水圳開闢關係，最早在康熙四十八年修築大竹圍陂（後改稱海豐崙陂），逐年要配納柴裏社社民圳底穀十石，一直到同治、光緒年間，柴裏社與民人間仍因該陂路被水沖崩，圳路改道而迭生衝突。

五、另據《臺灣南部碑文集成》〈募建捐山巖碑記〉：「柴裏社業戶大茄臘與湖山巖墾主林克明在湖山巖建立觀音佛祖廟，而於乾隆十七年，喜捨大租供佛祖香油」，顯示該社人彼時已開始接受漢人信仰。

六、乾隆五十五年軍機處奏議：「由蕭壠社一百一十里，至該縣

之柴裡社，接近水沙連，民番雜處，應設一小屯。」

　　七、光緒年間之《雲林縣採訪冊》〈斗六堡〉載：「柴裡社附城，共六十二戶，屯外委一員、屯丁三十八名，餘丁口五百零一。」又載：「柴裡社番潘姓，在縣城東門內，風俗與土著、客莊相似。…至於分住城外及尖山坑內者，男女多販柴爲活。言語一如漳人，詢其番語奚若，率無以應。」

　　八、伊能嘉矩在斗六採得之資料在《臺灣踏查日記》記載：「斗六門的社番自稱 Lloa。開基祖是一對兄弟，哥哥名叫做 Taokara（大加臘），弟弟名叫 Kairiri。最初在明鄭時已歸附，在清朝康熙中葉年代，頭人 Raovaite（老眉箸）再歸附清廷。未歸附以前叫斗六門社，但歸附以後改稱柴裡社。在康熙二十八年遷來本地，然移墾漢人又尾隨而至，在乾隆十七年建立斗六街，因此先住其地的族人逐漸離散，七十年前又有一群遷到東方十里處的湖山寮。」

　　九、斗六門社（柴裏）於道光年間亦遷入埔里。劉枝萬《南投縣志稿》載：「斗六（柴裡）社名見於道光八年承管埔地合同約字及道光五、十一年分墾噶美蘭鬮分名次總簿，故首批移住時，似未參加，承管埔地地合同約字代表爲王阿丹、潘順大夷二人。」本社與東螺社共分得埔地一大份。

乙、他里霧社部份
ㄅ、社　址：

　　伊能嘉矩認爲在他里霧保舊社庄（約在今雲林縣斗六市舊社里）。

ㄆ、文獻記載與研究資料：

　　一、一六五六年人口三五九人中，接受荷蘭教化知道教義的信徒人數一九七人（男子一〇六人、女子九一人），教化率達五五％。一六五〇年賰社之稅爲三〇〇〇Real，稅額之大僅次同期之諸羅山社、Davale 及二林社。

　　二、《諸羅縣志》載：「他里霧社，額徵銀五十兩零八錢三釐二毫。」若從「權社之大小，歲徵餉若干」之原則，則他里霧社可謂是小社。《續修台灣府志》載：「乾隆二年改則，額徵社餉改照民丁例（每丁徵銀二錢）…他里霧社番丁一百零八。」

三、《台海使槎錄》收有他里霧社土官認餉歌，含意為土目及通事認餉，鼓勵社眾耕種，切勿飲酒失時。

四、清代他里霧社位在南北交通要道上，故在他里霧舖，舖兵三名。諸羅縣令有曉發他里霧詩：「一枕清量覺夢頻，披雲驅犢散清塵；投分南北依誰定，螺列東西辨未真（路經南北投、東西螺四社）。向道但饒椎髻客，前呵不用放衙人。平明好逐東昇上，我亦從今莫問津。」孫元衡亦有過他里霧詩：「翠竹陰陰散犬羊，蠻兒結屋小如箱，年來不用愁兵馬，海外青山盡大唐。」

五、乾隆五十三年實施屯番制度：「打貓社屯丁一十五名，他里霧社屯丁二十五名。以上二社共三十五名，分給彰屬水底寮埔地四十九甲三釐三毫六絲，每名計一甲四分零九毫四絲」

「斗南」昔稱「他里霧」。「他里霧」三字係由平埔族之洪雅族TIALIRO社諧音而來。據荷蘭佔台文獻記載，平埔族昔日在雲林縣境曾設立五社，斗南地區即擁有兩社—他里霧社及猴悶社，五社之中以他里霧社人數最多。他里霧社原址是本鎮市區及舊社里，本鎮市區東南隅南台圓環一帶，舊稱「社頭」，即是和舊社相連接；而「猴悶社」（CNAUMUI）即今之將軍里溫厝角一帶（溫厝角過去曾叫猴悶社）。

日據時代大正九年（西元 1920 年），地方修制，將他里霧社改稱屬台南州斗六郡。民國 35 年 1 月成立斗南鎮公所，設置鎮長綜理鎮政。民國 39 年 10 月全省行政區調整，改隸雲林縣。

1 . 清康熙四十九年：「台灣府志」中有「他里霧庄」的記載。

2 . 清康熙五十六年：「諸羅縣志」中記載，「他里霧為諸羅十七庄」之一，當時稱為「他里霧街」。

3 . 光緒十三年：雲林設縣，斗南隸屬雲林縣十六保之一。

4 . 日本據台時期：初置「他里霧支廳」，明治三十年（西元 1897 年）設「他里霧街」，明治四十三年（西元 1910 年）改隸「嘉義廳」，大正九年（西元 1920 年）正式改稱「斗南」。

5 . 民國三十四年 10 月 25 日：台灣光復。

6 . 民國三十五年元月 11 日：設「斗南鎮」，隸屬「台南縣」。

7 . 國三十九年：行政區域調整為「雲林縣」。

丙、貓兒干社部份

ㄅ、社址：

日人伊能嘉矩認爲在布嶼堡貓而干庄（約在今雲林縣崙背鄉豐榮村）。

ㄆ、文獻記載與研究資料：

一、一六五六年人口四〇三人中，接受荷蘭教化知道教義的信徒人數三一二人（男子一〇五人、女子一二八人、兒童三九人）教化率達六七%，僅次於大武郡社及阿束社。一六五四年贌社之稅爲二三五〇Real。

二、《諸羅縣志》載：「貓兒干社，額徵銀二百四十六兩九錢六分。」若從「權社之大小，歲徵餉若干」之原則，則貓兒干社可謂是中型之社。《續修台灣府志》載：「乾隆二年改則，額徵社餉改照民丁例（每丁徵銀二錢）…貓兒干社番丁九十四。」

三、《台海使槎錄》載：「東螺、貓兒干間，有讀書識字之番。有能背誦毛詩者，口齒頗真；往來牌票，亦能句讀。」

四、《番社採風圖》：「南社、貓兒干社番，其祖興化人，渡海遭颶風，船破漂流到臺，娶番婦爲妻。今其子孫婚配，皆由其父母主婚，不與別番同。」

五、《台灣地名研究》載：「原書（番社採風圖考）把他說成兩社的名字，事實上乃是同一番社，只不過分成南北設置部落而已，也可以說是貓而干的南社與北社。」

六、乾隆五十三年實施屯番制度：「西螺社屯丁五十名，貓兒干社屯丁二十九名，南社屯丁一十二名，以上三社共九十七名，分給彰屬水底寮埔地一百三十一甲七分四釐五毫六絲八忽，每名計一甲三分五釐八毫」。

根據雲林縣志土地志、勝蹟篇記載：「崙背鄉鄉名由來，是由於崙背國小南邊有一處大沙崙，位於該砂崙南面稱爲「崙前」，位於砂崙北面的聚落就叫做「崙背」，意謂砂崙之背面。崙背鄉開發甚早，原爲土著貓兒干社及平埔族南社聚居之地，漢人來此拓墾，始於清聖祖康熙末年和清世宗雍正十三年（1735年），有閩人方高開墾大有水

圳，順便開拓附近砂崙地區，才逐漸繁榮。清光緒年間，行政區域隸屬諸羅縣管轄，直到日本侵台之後，成立斗六支廳，崙背鄉改為「布嶼堡」，民國前三年改為「崙背庄」，隸屬於台南洲虎尾郡管轄全庄三十八保。光復後民國三十五年一月二十日成立崙背鄉公所隸屬台南縣，民國三十五年十月與麥寮鄉分鄉，民國三十九年十月二十五日本省行政區域調整，改隸雲林縣。」

至於台灣西部平埔族相關文獻資料，在清代就開始有記錄風土民情的書籍出現，另外也有一些關於平原上的原住民的記載，從這些記載上我們可以從中獲得與遺址或文化可能相關的資料。

另外，自1949年迄今，在鄰近地區也進行了幾項重要的調查發掘研究。這些研究成果對本遺址的認識亦有很大的幫助，以下依序說明。

貓兒干社相關歷史文獻，如《台灣府志》、《諸羅縣志》、清道光年間周璽的《彰化縣志》、《番俗六考》等或多或少都記載了一些位於濁水溪沖積扇平原上的平埔族社，其中包括了貓兒干社（或稱麻芝干社）和南社（或稱貓兒干南社）等社名的記載，這些族群在分類上屬於洪雅族。崁頂遺址無論從年代或是地緣關係看來，可能和這些平埔族社有密切的關聯。

再根據清代周鍾瑄的《諸羅縣志》和清代郁永河的《裨海紀遊》等書的記載，平埔族生業主要為漁獵以及粗放式農耕；其建築房舍「規模壯敞，封土墩為址，作於室上，昂其前可五尺，門架木橋以入，大者廣五丈，身十丈許。」至於其他生活細節，在相關的文獻中也有零星記載。

漢人進入貓兒干，始於明鄭時期，鄭成功子鄭經於灣裡溪以北設北路安撫司，掌灣裡溪以北的雲嘉南地區至濁水溪南岸，並屯田於轄區各地；其中左先鋒鎮曾駐守貓兒干南社。而後據周鍾瑄的《諸羅縣志》中有關水利坡圳設施的記載，雍正年間，漢人到達濁水溪沖積扇地域進行開墾。現今的麥寮鄉境內，於雍正八年（1730）已有漢人前往開墾橋頭庄、雷厝庄、施厝寮庄、后安寮庄、沙崙後庄和麥寮庄等地。

漢人移墾此地之後，平埔族族群受到周遭環境轉變的影響，有些

遷移別處，有些則漢化了。連橫的《台灣通史》記載，道光三十年（1850）原居彰化芬園貓羅社及雲林斗六門社洪雅族，移居埔里；此外，平埔族漢化的情形，如黃叔璥《台海使槎錄》記載「東螺、貓兒干間有讀書識字之番，有能背誦毛詩者，口齒頗清，往來牌票亦能句讀。」在宗教信仰方面，平埔族社群也開始接受漢人信仰（梁志輝 1996）。

　　以上這些文獻顯示，幾世紀以來洪雅族曾佔居著濁水溪沖積扇平原，然後經過遷徙、漢化，現在已經不容易分辨平埔族或是漢人；由遺址的文化內涵判斷可能是由他們所遺留下來，屬於考古學上的「崁頂文化」或「貓兒干文化」。

　　除了濁水溪下游外，洪雅平埔族分布的區域還涵蓋了很多的地方。根據潘英《臺灣平埔族史》（1996）中的記載，洪雅族的社名與分布地區，至少有以下這些地點：

1．魯羅阿支族：
　　（1）倒咯「國社（倒咯國社）、哆囉國社，臺南縣東鄉東山、東正、東中等村。
　　（2）諸羅山社（嘉義市）。
　　（3）他里霧社（雲林縣斗南鎮）。
　　（4）猴悶社。
　　（5）柴裏斗六門社
　　（6）貓兒干社（麻芝干社，雲林縣崙背鄉豐榮村）。
　　（7）打貓社（嘉義縣民雄鄉東榮、中樂、西安等村）。
　　（8）南社（村南社，崙背鄉西榮、南陽、崙前等村）。

2．阿里坤支族：
　　（1）大武郡社（彰化縣社頭鄉舊社、松竹、東興、廣福等村）。
　　（2）貓羅社（彰化縣芬園鄉舊社村）。
　　（3）北投社（南投縣草屯鎮北投里）。
　　（4）南投社（南投縣南投鎮）。
　　（5）大突社（彰化縣溪湖鄉大突里）。
　　（6）萬斗六社（臺中縣霧峰鄉萬豐、舊正、峰谷、大股等村）。
　　　　（潘英 1996：58）

貓兒干社及南社這兩個社都是魯羅阿支族的，目前行政區域屬於雲林崙背豐榮村（豐榮為貓兒干今名），是崁頂文化的代表的遺址，定名為「崁頂文化遺址」或「貓兒干社文化遺址」。

丁、西螺社部份

ㄅ、社址：

平埔族巴布薩族西螺社（今西螺鎮漢光里，舊地名番社）。

ㄆ、文獻記載與研究資料：

（一）《雲林縣采訪冊》：「風俗與斗六堡同，番話米叫打思，食叫打彎，地瓜叫打麵麵，水叫打胸胸。」

（二）《台海使槎錄》：「東西螺食豬肉、連毛燔燎；肝則生食，肺腸則熟而食之。」

（三）《台海使槎錄》：「東西螺以北，番好飼馬，不鞍而馬驟；要狡獸、截輕禽，豐草長林屈曲如意。擇牝之良者，倍價而易之，以圖孳息。」

（四）《台海使槎錄》：「東羅、貓兒干間，有讀書識字之番。有能背誦毛詩者，口齒頗真；往來牌票。亦能句讀。阿束番童舉略讀下論，志大、諧栖俱讀上論，并能默寫。蒙師謂諸童聰慧，日課可兩頁；但力役紛然，時作時輟，不能底於有成耳。」

戊、雲林縣采訪冊記載一些有關斗六堡平埔族的情況：

《雲林縣采訪冊》是倪贊元光緒二十年任雲林縣訓導時所纂輯，書中記載一些雲林縣斗六堡平埔族的情況記錄如下：

斗六堡

斗六堡，附縣；縣城建於斗六街，周圍一千一百六十丈。土牆高五尺，寬八尺，濠深七尺，廣八尺，種竹為城，分東西南北四門。東以觀音山與鯉魚頭堡分界，西以大北勢莊與他里霧堡分院，南以庵古坑溪與他里霧堡分界，北以虎尾溪與溪洲堡分界。堡內東西相距十四里，南北相距十三里。

番 社

柴裏社番潘姓，在縣城東門內，風俗與土著，客莊大略相似。惟前番俗，臨喪則將屍扶出中庭，郡番歌舞為戲，以贈死者；既畢，哭

泣悲號。葬之日，視家貧富，分一股業以殉葬。婚姻，則將社中未嫁番女若干人同至壇所，擇番男，如數起步齊奔周圍一遍，約五、六里，先至壇所，則擇番女之尤者以配，爭便捷也；後至者論次擇配。無訂盟、納聘之禮。現則雜處居民，舊俗革除殆盡。第女無裹足，以烏布蒙頭為少異耳。至於分住城外及尖山坑內者，男女多販柴為活。言語一如漳人，詢其番語奚若，率無以應；即間有頭目老番，亦僅知一二如下所採番話云。

番話（多有音無義。惟就字、音之近者紀之）

天地呼亦干爾　吃飯呼滿允　銀呼簧　米呼得力　地瓜呼佛但豬呼肉毋　牛呼干望　羊呼失禮　狗呼阿註　雞呼啄瓜　鴨呼主鹿國　魚呼於時干　下雨呼高難難　煮飯呼必也　酒呼荖吻　鹽呼加至力　手呼陰馬　足呼邁達　眼呼馬答　間呼馬答　鼻呼五突　日呼馬麗　月呼滿星　間答干　有呼伊那　無呼靡著[7]

己、郁永河的《裨海紀遊》也記載一些雲林縣平埔族的情況：

記載雲林縣平埔族生活情況的書應屬郁永河的《裨海紀遊》記載最詳細，原文內容如下：

清康熙 36 年（1697 年）農曆四月初八日，仍糊原車，返麻豆社，易車渡茅港尾溪、鐵線橋溪。至倒咯國社，日已近暮。憶王君此時，乘南風，駕巨籃，瞬息千里，余至則後矣；乃乘夜渡急水、八掌等溪。遲明，抵諸羅山，倦極坐憩；天望曙，復渡牛跳溪，過打貓社、山疊溪、他里務社，至柴里社宿。計車行兩晝夜矣。車中倦眸欲瞑，每至深崖陡塹，輒復驚覺。所見御車番兒，皆遍體雕青；背為鳥翼盤旋；自肩至臍，斜銳為網罟纓絡；兩臂個為人首形，斷胝猙獰可怖。自腕至肘，纍鐵鐲數十道；又有為大耳者。

初十日，渡虎尾溪、西螺溪，溪廣二三里，平沙可行，車過無軌跡，亦似鐵板沙，但沙水皆黑色，以台灣山色皆黑土故也。又三十里，至東螺溪，與西螺溪廣正等，而水深湍急過之。轅中牛懼溺，臥而浮，番兒十餘，扶輪以濟，不溺者幾矣。既濟，值雨，馬三十里，至大武

---

7 區域歷史與族群：清代雲林地區平埔族群討論梁志輝頁 160。

郡社，宿。是日所見番人，文身者愈多，耳輪漸大如椀，獨於髮加束，或為三叉，或為雙角；又以雞尾三羽為一翮，插髻上，迎風招颭，以為觀美。又有三少婦共舂，中一婦便有姿；然裸體對客，而意色泰然。

　　由郁永河的《裨海紀遊》可清楚看出，他對柴裏社的番兒形體描述十分法清楚「有文身、背為鳥翼盤旋，自肩至臍有佩帶網罟纓絡；兩臂各為人首形，斷胝猙獰恐怖。自腕至肘，佩帶纍鐵鐲數十道。」可想像柴裏社當時住滿柴裏番。可是現在的柴裡是很樸實的農村，百姓勤於耕種，村莊已找不出任何柴裏社的遺跡，只留下「頂柴裏」和「下柴裏」的地名，讓後人去追思懷古了。

庚、清、黃叔璥著的《台海使槎錄》也記載一些雲林縣
**　　原住民的生活情況：**

　　清、黃叔璥著的《台海使槎錄》卷六番俗六考中記載雲林縣原住民的居處、飲食、衣飾、喪葬、器用、番歌、詩句等比較詳細、茲錄如下（以供參考）

北路諸羅番三

　　大武郡貓兒干（一作麻芝干）　西螺　東螺　他里霧　猴悶　斗六（一名柴裏）二林　南社　阿束　大突　眉裏　馬芝遴

居　處

　　自新港、蕭瓏、麻豆、大武郡、南社、灣裏以至東螺、西螺、馬芝遴，填土為基，高可五、六尺；編竹為壁，以覆以茅。茆簷深邃垂地，過土基方丈，雨暘不得侵；其下可舂，可炊，可坐，可臥，以貯笨車、網罟，雞塒、豕欄。架梯入室，極高聳宏敞，門繪紅毛人像。他里參、斗六門，亦填基為屋，較此則卑狹矣。麻達夜宿社寮，不家居；恐去社遠，致妨公務也。

飲　食

　　飯：一白占米，清晨煮熟，置小籐籃內名霞籃，或午或晚，臨食時沃以水；一糯米炊蒸為飯。製酒兩哆囉嘓諸社同。每年以黍熟時為節，先期定日，令麻達於高處傳呼，約期會飲；男女著新衣，連手蹋地，歌呼嗚嗚。捕鹿、採魚，自新港以至澹水俱相等。各社俱不敢食犬。東、西螺食豬肉，連毛燔燎；肝則生食，肺腸則熟而食之。二林

捕魚，番婦或十餘、或數十於溪中用竹籠套於右胯，眾番持竹竿從上流毆魚，番婦齊起齊落，古魚籠內，以手取之。

衣飾

衣：達戈紋用苧織成，領用茜毛織以紅紋為衣，長只尺餘，釘以排扣。下體用烏布蔽，長二尺餘。炎天則結麻片為之；縷縷四垂，圍繞下體，以為涼爽，且便於渡水。他里霧以上，多為大耳。其始，先用線穿耳；後用蠔殼灰、漆木或螺錢或竹圈用白紙廣之，塞於兩耳，名曰馬卓。裸人叢笑篇云：「番造大耳，幼鑽困實以竹圈；自少至壯，漸大如盤；污以土粉，取飾觀云」。或曰：番婦最喜男子耳垂至肩，故競為之。二林不為大耳，皆帶銅錫墜，長衣。麻達頂髮分兩邊梳結兩鬐，曰對對。東、西螺番，幼時剔髮，約十餘歲留髮；待成婚後剔去周圍之髮，所留頂髮較辮稍大。臂腕束以鐵釧，有兩手用五、六十者；或用蛤釧，或縛手腕以草，長垂至地，如塵拂狀，曰下侯落。編篾束腹，每倒身為之，以圖就細。凡差役皆麻達所任，束腹奔走，倍為趫捷；成婚則去之。

馬芝遴番，頭帶木梳，或插竹簪，或插螺簪、鹿角簪，名曰夏基網。

婚　嫁

自幼訂姻用螺錢，名阿里捫。及笄，女家送飯與男家，男家亦如之。定婚期，番媒於五更引婿至其家，天明告其親，讌飲稱賀。亦有不用定聘；薄暮，男女梳妝結髮，遍社戲遊，互以嘴琴挑之，合意遂成夫婦。琴以竹為弓，長可四寸，虛其中二寸許，釘以銅片；另繫一小柄，以手為往復，脣鼓動之。其俗惟長男娶婦於家，餘則出贅。南社番夫婦雖反目，終不離異；下四社任意離合。東螺社，幼時兩家倩媒說合，男家用螺錢三、五枚為定；娶時再用數錢。或姊、妹、妯、重迎新婦入門，男女並坐杵臼上，移時而起；女戴搭搭干，用篾為之，嵌以蛤圈及燒石珠，插以雉尾為飾。三日後，新婦隨姑請母氏會飲。

喪　葬

父母死，服卑衣，守喪三月。屍瘞厝邊，富者棺木，貧者草席或

鹿皮襯土而殯；生前什物俱殉其半。

器　用

出入必佩小刀。舍中置鹿頭角；有疾者沐髮，用以擊之即瘥。夜無燈，用松木片植石上然之，名搭貯屢。番婦用圓木挖空為機，圍三尺許，函口如槽，名普魯。以苧麻捻線，或用犬毛為之，橫竹木桿於機內，卷舒其經，綴線為綜，擲緯而織，名達戈紋。又織麻布，名老佛。鼻簫長可二尺，亦有長三尺者；截竹竅四孔，通小孔於竹節之首，用鼻橫吹之，或如簫直吹，名獨薩里。又打布魯以木為之，如嗩吶狀，聲亦相似。皆麻達游戲之具。

附番歌

大武郡社捕鹿歌

覺夫麻熙蠻乙丹（今日歡會飲酒）。麻覺音那麻嘈斗六府嗎（明日及早捕鹿）。麻熙棉達仔斗描（品到社中）。描音那阿隴仔斗六府嗎（人人都要得鹿）。斗六府嗎麻力揩鄰隨（將鹿易銀完餉），嘎隨窪熙蠻乙（餉完再來會飲）。

二林、馬芝遴、貓兒干、大突四社納餉歌

吧圓吧達敘每鄰（耕田園。其嗎耶珍那（愛好年景）；夫甲馬溜文蘭（捕鹿去），其文蘭株屢（鹿不得逸），甘換溜沙麻力岐喬換（易餉銀得早完餉），馬尤耶哞耶其喇印耶（可邀老爺愛惜）；圍含呵煞平萬耶嚎其喃買逸（我等回來快樂。飲酒酣歌）！

南社會飲歌

吧老灣唭嗎流末矢（耕田園遇好年歲）。吧思沙螺吧思轆鎖（收得麻、收得米）。馬溜文蘭唭打咳（捕得鹿且多）。打茅打　打匏勾申耶奢（父子、祖孫齊來飲酒）。招彌流嚎唭喃買逸（歡呼歌唱為樂）！

他里霧社土官認餉歌

礁包須嗎喝嘶連（請社眾聽說），因納率束呀通事罕餉（我今同通事認繳）；因許麻吧那（爾等須耕種），愛化美忝無那（切勿飲酒失時），閑那束呀罕餉切耶（俟認餉畢），閔留美忝喃耶麼（請爾等來飲酒）！

斗六門社娶妻自誦歌

夜描拔屢描下女（今日我娶妻），別言毛哈耶呼（請來飲酒）！尤耶描咿林尤林（日後我生子、生孫），由拔屢別言毛哈耶呼（再娶妻又請來飲酒）！

東西螺度年歌

吧園吧達敍每鄰無那（耕田袁園），馬流平耶珍那麻留呵嗒（愛年歲收成）；夫甲馬溜文蘭（捕鹿），甘換麻文欣麻力（易銀完餉），密林嗎流耶嚎嗶含（可去釀酒過年）。

孫元衡過他里霧詩：「翠竹陰陰散犬羊，蠻兒結屋小姝箱；年來不用愁兵馬，海外青山盡大唐（番稱內地爲唐）」。「舊有唐人三兩家，家家後徑自迴斜；小堂蓋瓦窗明紙，門外檳榔新作花」。還過他里霧：「林黑潤逾響，天青山更高。諸番能跪拜，前隊肅弓刀。臥簀惟功狗（番人最珍猛犬），喧枝盡伯勞（林無他鳥，惟伯勞爭鳴）。不因程計日，待獵看風毛」。西螺北行：「秋陰近午喜妍和，綠野空明霽色多；雲盡山低應到海，沙奔水亂各成河。蠻阪蠢蠢妻和子，舌語醒醒歡且歌。未解卜居何地好，略關形勝有干戈」。

余壬寅仲冬過斗六門作：「牆陰蕉葉依然綠，壠畔桃花自在紅。冬仲何殊春候暖，蠻孃嬉笑竹圍東」。[8]

辛、古文書：

古文書，稱之爲「老字據」。也是探討雲林縣原住民的重要線索之一。

字據指契字、憑據，亦即與人民生活的身分、財產、權益相關而可資爲憑證的各種公私文件。

老字據則指根據中國傳統的律令、習俗而發生的行爲所立的字據。

台灣地區的古文書是：

一、研究地方開發史，拓墾史必需的資料。

二、研究土地制度必需印證的資料。

三、研究社會經濟史及土地經濟的良好資料。

---

8 《平埔百社古文書》劉澤民著，頁338。

四、研究財稅、金融、物價的資料。

五、研究法制史所必需的資料。

六、研究財產分配及宗族祭祀公業的資料。

七、研究民族學的一個資料來源。

古文書既然涉及人民生活相關的一切身分、財產、權益的行為層面，當然就可以做為各種研究的資料，尤其是追蹤平埔族的資料。

因此就整個雲林地區的開發而言，至遲在乾隆末年就已墾殖完成，其中早期的開墾地集中於斗六丘陵與濁水溪沖積扇，前者開發於康熙初年，後者於雍正年間已有墾戶承墾，這兩塊地域正好也是早在此地居住的平埔社群生存空間，當漢人開墾殆盡之時，其墾殖觸角也伸向平埔社群，從地契的資料也反映出這樣的事實，由此漢人與平埔社群也因生存競爭而衝突日益增加，另一方面也使得平埔社群必須改變其生活型態，甚至遷移至他地生存。

以平埔社群而言，雲林地區共有他里霧社、猴悶社、柴里社、貓兒干社、西螺社及南社等。其中他里霧社、猴悶社、柴里社為虎尾溪以南靠山麓地帶之社群，稱為斗六丘陵地域社群；貓兒干社、西螺社及南社等是屬於虎尾溪以北的濁水溪沖積扇地域社群，此二地域的社群在清代亦分別屬於不同的行政單位。此外，其生活文化的表現亦有不同，如房屋的形式、土地所有權等。[9]

雲林縣的古文書大部份流入收藏家手中或流落外縣市，取材十分不易，筆者僅取各社1件古文書作為雲林縣原住民的佐証參考

ㄅ、斗六柴裏社：

親立杜賣盡根契人柴裏社番貓祿、蓋貓系、同有應份承祖父秧跡由仔三坵，坐落南門外，東至鄭宅田，西至鄭宅田，南至溝，北至竹腳路；四至明白為界。今因乏銀別創，情願將田仔三坵出賣，先盡問房親不能承受，外托中引賣與漢人鄭公伯出首承買，當日三面言議著下時價劍銀九大員正。其銀即日同中交收足訖；其田仔三坵，併帶老發埤水分灌溉，隨踏付與銀主掌管，任從銀主耕作，永為己業。一賣

9　《平埔百社古文書》劉澤民著，頁341。

千休，日後子孫不敢言贖言找，亦不異言生端滋事。逐年遵例貼納大租粟一斗。保此田仔果係祿等祖父應份物業，與別房番親人等無干，亦無重張典掛他人財物，及來歷不明等情；如有此情，係祿等出首抵擋，不干銀主之事。此係二比甘願，各無反悔，今欲有憑，親立杜賣盡根契一紙，付執爲照。

　　即日親收過契內銀九大員正完足，再照。

乾隆五十一年一正月　日。

爲中人　阿　　六

知見　　水　　鸞

親立杜賣盡根契番　貓　　祿

蓋貓系

　　內容說明：

　　本件係乾隆五十一年柴裏社貓祿、蓋貓系親杜賣盡根契，柴裏社界祿、蓋貓系因乏銀別創，將土地賣給漢人鄭工伯，價銀九大元，大租粟一斗。從大租粟一斗可看出土地極小，而且從土地四至，可看出四周多爲漢人，顯示其時柴裏社在此地勢力已相當薄弱。[10]

夕、他里霧社：（圖六）

　　內容說明：

　　本件系嘉慶元年他里霧社催娘及嘉娘典園契，催娘因乏銀別創，將座落於將車崙（約在今雲林縣斗南鎮將軍里）土地典給漢人陳耀祿，價銀三百大元，年限十年。但可能因家貧，嘉慶十年即應贖回之土地，至道光元年嘉娘之子仍無力贖回，再會同通事向銀主陳貞記添典得五十大元，再加典限十年。從本件契書可看出該社土地流失之過程，土地先典，無力取贖再添典，終至土地落入漢人之手。另從本契可看出他里霧社以女傳家之習俗，土地由番婦催銀園分得，傳與其女喜娘，喜娘之輪仔似無承接土地之權而由番婦傳治繼承。本件契內有印記九處共三方：「理番分府給他里霧社通事眉景陞長行戳記」、「理番分府給他里霧社土百三元長行記」、「理番分府給他里霧社通事潘庭選

---

10 《平埔百社古文書》劉澤民著，頁 344。

長行戳記」。本件契書內列有社人名十二，對研究該社人名制略有幫助。[11]

ㄇ、貓兒干社：

　　同立契人貓兒顧社土官哮女、大甲、蛤肉、孩武力，甲頭眉斗女、大眉逸、孩勝拔、意務，白番孩女、罵大眉老、武仔、孩沙女等，有承祖荒埔一所，坐落土石匏呂佃水溝垯，東至小溝，西至本社舊園泥墩，南至大溝，北至路土墩；四至明白為界。今因乏銀費用，眾番公議，托中招贌與張方致，時價銀十兩。其銀即日同中交訖；其埔即聽張宅招佃，蓋屋開墾，永為己業，後日不得增貼言贖，而眾番亦不得生端阻擋。及墾耕之後，每年議貼社費銀八兩正。其界內或有別番先稅他人一坵，未請還張宅，每年哮女等只願收貼銀四兩。及至請還界內歸賣之日，始照議約時收銀八兩之數，以貼社費。此埔係承租荒埔，並無重張典掛及交加不明為礙。此乃二比情愿，各無抑勒，口恐無憑，同立贌契一紙，付執為照。

　　即日收過契內銀完足，再照。

中見人通事　　陳　蔭

孩武力

乾隆元年十月　日　　　　大　甲

孩勝拔

眉斗女

立契土官　哮　女

甲頭　大眉逸

　　內容說明：

　　本件資料來自《清代台灣大租調查書》乾隆元年貓而干社土官哮女等契字，貓而干社土官哮女等因乏銀費用，將座落匏呂佃（可能係社人「匏呂」之佃人所耕之土地，因而得名，今地不詳，惟雲林縣崙

11　「走鏢」是平埔族節慶的儀式之一，比喻快跑的人像箭一般，箭的閩南語稱為「鏢」，第一名稱為「鏢頭」。「牽田」是指眾人手牽手繞成一圍跳舞，所圍繞的形狀像一區田，固此叫「牽田」。

背鄉峰榮村有中佃、西佃、東佃之小地名，或與此有關）之土地贌給張方致，價銀十兩，每年議貼社費八兩。契內尙有附帶條綿，「其界內或有別番先稅他人一坵，未請還張宅，每年哮女等只願收貼銀四兩」，等到請還界內歸賣之日，始照議約收銀八兩，顯示在立契時，貓而干社因需錢此急，而立於弱勢。契內「貓而於社」，可能係貓而「干」與「于」相似，轉抄之際再將「于」抄爲「於」；另契內「座落土石匏呂佃」，「土石」爲「土名」之誤；「匏呂佃」可能係由人名而轉化爲地名，如彰化地區有大霞佃亦係由人名轉爲地名。[12]

（圖六）

參、結　言

　　雲林縣原住民的探討過去幾十年來被學者所忽略，尤其雲林縣原住民平埔族過去被漢化嚴重，大量遷移至埔里或他地。因此他們所留下的信仰和祭祀儀式如「走鏢」、「牽田」[13]夜祭等，在雲林縣已找不出痕跡，加上古文書大量遺失或燒毀，因此考據上十分困難。雖然公元 1980 年至 2000 年雲林縣幾處史前遺址被發現，也未受到有關單位重視，作有系統地挖掘分析報告，以致於有關雲林縣原住民的資料無法有系統地整理。

　　雲林縣原住民族群的分佈和內涵的探討，極需有心研究的學者專家努力去分析探討，許多田野中的疑點極需進一步釐清。本文僅錄一些考古、文獻、志書、古文書等資料以供後學參考而已，請多指教。

參考書目

臧振華等

　　1995　臺閩地區考古遺址：《彰化縣、雲林縣、嘉義縣、嘉義市》，內政部委託中央研究院歷史語言研究所執行研究報告。

臧振華、陳仲玉、劉益昌等

　　1993　高速公路後續計畫規劃路線沿線文化遺址調查評估報告》交通部臺灣區國道新建工程局委託中央研究院歷史語言研究所之計畫報告。

劉益昌

　　1992　《臺灣的考古遺址》，臺北縣文化中心。

劉益昌

　　1996　《臺灣的史前文文化與遺址》，臺灣省文獻會、臺灣史蹟源流研究會，南投。

劉益昌、陳木杉

1999　《斗六梅林遺址內涵範圍研究計畫期中報告》雲林縣政府委託雲林科技大學文化資產研究所之研究報告。

劉益昌、陳木杉

1999　《斗六梅林遺址內涵範圍研究計畫期中報告》雲林縣政府委託雲林科技大學文化資產研究所之研究報告。

陳南榮

1998.8.8　〈斗六捕鹿歡呼聲〉聯合報鄉情版。

陳淑華、許朝欽

1998.8.1　《萬年淬鍊的台灣人》經典雜誌（55：79）

1970　《巴達維亞城日記》台中：台灣省文獻委員會。

　　　李壬癸

1992　〈臺灣平埔族的種類及其相互關係〉《台灣風物》42（1）：238-211。

周鍾瑄

1962　《諸羅縣志》臺灣文獻叢刊，台北：臺灣銀行經濟研究室。

　　　林朝榮

1957　《臺灣省通志稿。土地志地理篇》台灣省文獻委員會。

　　　邱正略

1992　《清代台灣中部平埔族遷移埔里拓墾之研究》東海大學歷史研究所碩士論文。

施添福

1990　〈清代臺灣「番黎不諳耕作」的緣由：以竹塹地區為例〉中央研究院民族學研究所集刊 69：67-91。·

郁永河

1959　《裨海紀遊》臺灣文獻叢刊，台北：臺灣銀行經濟研究室。

倪贊元

1959　《雲林縣採訪冊》臺灣文獻叢刊，台北：臺灣銀行經濟研究室。

張耀綺編

1951　《平埔族社名對照表》台北：台灣省文獻委員會。

陳正祥
　　1960　《臺灣地誌》台北：敷明產業地理研究所。
陳衍
　　1961　《台灣通紀》臺灣文獻叢刊，台北：臺灣銀行經濟研究室。
陳祺助
　　1995　〈清代臺灣縣丞與巡檢設置設研究〉《高市文獻》8（1）：
　　　　　1-98。
黃叔璥
　　　　　《台海使槎錄》臺灣文獻業刊，台北：臺灣銀行經濟研究室。
鄭津梁
　　1953　〈雲林沿革史略（三）〉《雲林文獻》2（2）：67-81。
　　1963　《清代臺灣大租調查書》臺灣文獻叢刊，台北：臺灣銀行經
　　　　　濟研究室。
藍鼎元
　　1958　《東征集》臺灣文獻叢刊，台北：臺灣銀行經濟研究室。
劉益昌、潘英海
　　　　　《平埔族群的區域研究論文集》
劉澤民
　　　　　《平埔古文書》圖館台灣文南館出版。
雲林縣政府
　　　　　《來去他里霧》
雲林縣政府
　　　　　《螺陽風華》
雲林縣政府
　　　　　《崙背鄉情》
雲林縣政府
　　　　　《斗六今生今世》
雲林縣政府
　　　　　《雲林縣文獻志稿卷首》
雲林縣政府

《雲林縣志稿・史略篇》

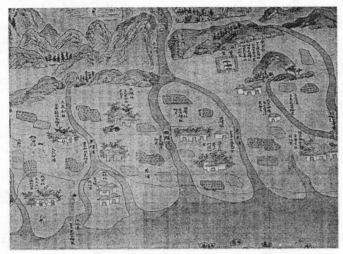

推測完成於清康熙 24-43 年間（西元 1685-1704）的康熙台灣輿圖的一部分，從
「康熙台灣輿圖」上，我們可以看到在現今的雲林縣，有三個有茅草屋和田園景
觀的大部落，分別是茅干社、西螺社和他里霧社。

　　　　　　　雲林地區平埔族分佈圖（圖五）
　　　　　　　（取自康熙台灣輿圖）

本篇附錄：

　　臺番圖說（取自國立中央圖書館、中央研究院歷史語言研究所合編 華南邊疆民族圖錄）宋光宇撰輯。

　　芋、織布、渡河等項，不具備別的意義，讀者可以從圖上的簡單記載，明瞭圖說所要表達的意義。我們在此也就從略。以下就六項有特殊意義的風俗圖，作較為詳細的說明。

1.社　師（圖 2-17）

　　當荷蘭人佔據臺灣的時候，就展開對西拉雅族人的教化工泉。不少西拉雅人會用荷蘭字母寫他們的語言。第一本《臺灣府志》（康熙三十四年，一六九五）卷七，〈土番風俗〉就記載：「有能書紅毛字者，謂之『教冊』。凡出入之數，皆經其手，削鵝毛管罐墨橫書，自左至右，非直行也。」

　　當臺灣納入清朝版圖之後，清朝也逐步展開對各地原住民族的教育工作。雍正十二年，分巡臺灣道張嗣昌（雍正十年至十三年出任）建議，在各番社設置「社師」一人，挑選漢人中通曉文理者，由公家發給薪水，以教番童。並命令各縣的縣學訓導按季考察。乾隆十二年時，各地社學分布情形：

臺灣縣 5 所

鳳山縣 8 所

諸羅縣 11 所

彰化縣 17 所

淡水縣 6 所

　　以後每年派縣學督導到各社查驗，把社師和學童找來，加以測驗。番童學生大都能背《四書》和《毛詩》，也有加科舉考試成功的學童，更有學生可以一字不誤的背誦《詩經》和《易經》，也有工於書法的學生。

　　這種「社師」制度到了乾隆三十九年，臺灣縣只剩三所，廢掉了新港社口和隙仔口兩處社學。彰化縣廢掉兩所，新增四所，成為十九

所。其他各縣不變。

　　《圖說》提到南部的鳳山縣的下淡水、赤山、加藤等社，其中「赤山社」不見於兩本府志的記載。

　　社學到了道光年間已經蕩然不存。道光二十六年（一八四六）知縣周璽修《彰化縣志》時，已經完全不提舊有的番童社學。同治十年（一八七一）陳培桂作《淡水廳志》時提到：同治九年（一八七〇）曾核准臺灣道黎棠的建議，挑選各頭人子弟以及番民子弟中秀異聰穎者，入學讀書，宣講聖諭廣訓，授以朱子、小學，以後再循序漸進，「俾歸化者，親遜成風。」這項教育措施仍因有興趣入學的番童太少，而無法推行。

2．守　隘（圖 2-15）

　　漢人移墾臺灣之後，在漢人與土著之境界要衝處，往往私自設立防「番」壘牆，以資自衛，這就是民隘（私隘）的開始。官隘的開始是以康熙六十一年福建巡撫楊景素勒石於「民番之界」為嚆矢。一面禁止漢人越界侵墾，一面制止土著出入民莊殺害漢人。嗣後，主持開墾番地的業主通常都會設寮於隘，招請兵勇駐守，稱作「隘寮丁」。

　　「隘」為設於漢人與土著之間的防禦土著入侵的一種設施。遠在鄭氏時代設立屯田制度的時候，就有所謂「土牛」「紅線」等設施。「土牛」以土堆積，形狀像一條睡臥著的牛。「紅線」則是由於疊磚為牆，因其色紅，而有這個名稱。每當漢人進入土著地界從事開墾的時候，為了防範土著民族的侵害而有這種防禦措施。耐是有隘丁屯駐的地方，通稱為「隘寮」，又叫「隘樓」。

　　乾隆五十三年福康安在平定林爽文之亂後，奏請仿效四川屯兵制度，創設屯營之例，於是有官方設立的隘寮和隘勇。道光以後，吏制鬆弛，隘政也就逐漸衰敗，最後竟成虛有其名。光緒十二年劉銘傳重新整理「理番設施」，改革原有的隘制，把官隘民隘全部廢除，依仿屯營制度，召募隘勇，配備於中、南、北及東部。興築碉堡無數，以警衛要衝。可是當邵友濂繼任巡撫之後，採取緊縮政策，隘制又告荒廢。

　　中南部各地的隘寮興廢情形，我們不太清楚。十八世紀時的淡水

廳，大概由於位處僻遠，幅員遼闊，以致隘防制度最為發達。《淡水廳志·隘寮》條云：淡地內山，處處迫廷生番，昔以土牛紅線為界。今則生齒日繁，土地日闢。耕民或踰土牛十里至數十里不等，紅線已無蹤跡。非設隘以守，則生番不免滋擾。於是，有隘有丁，有丁有糧。每隘設隘首一名，以理其事。官隘由官設立。乾隆五十三年，奏設官隘六座。……民益則由居民請闢荒地，自行設隘防番。每隘亦設首一名。其隘糧每名亦年給穀三十石，折銀三十圓，就新墾地畝按甲抽租。業戶四成，佃人六成。由隘首派收支應，官不過問。隘首口糧，即在隘丁內抽取。總之，官隘有定，民隘無常。愈墾愈深，不數稔，輒復更易。甚至隘首隘丁半匪徒，吏苦鞭長（莫及）。此地方所以日壞也。

　　守隘是乾隆末年，漢人的開拓急速擴張時期的產物。那時平埔番就夾在漢人墾區和內山生番之間。當官隘民隘相繼設立時，平埔番自然就成為隘丁的最佳人選。

　　《圖說》提到「臺郡各縣」都有「守隘」。但，府志、彰化縣志、鳳山縣志都不曾提到。其中差異，無法考證其對錯。

3．迎　婦（圖 2-13）

　　《圖說》提到，彰化縣的東螺、西螺、大武郡、半線等社的熟番，稱婚娶婦人為「牽手」。可是，「牽手」一詞，在各志中的記載，與《圖說》有所不同。《諸羅縣志》卷八〈風俗志·番俗〉：

　　女將及婚，父母任其婆娑無拘束。番雛雜相要，彈嘴琴挑之，唯意所適。男親送檳榔，女受之，即私焉，謂之「牽手」。……自稱其妻曰「牽手」。漢人對其夫而稱其妻亦曰「牽手」。《重修臺灣府志》卷十四〈番俗〉：

　　臺灣縣：婚姻名曰「牽手」。

　　鳳山縣：意合，女出而招之，曰「牽手」。（只限武洛、搭樓、阿猴、上淡水、下淡水、力力、茄藤、阿加各社）。

　　其他各社各有不同的名稱。從以上的資料，我們知道，「牽手」一詞是今天臺南、高雄一帶的西拉雅族和洪雅族的詞彙。後來成為閩南語中，丈夫稱呼妻子的典雅稱呼。

4. 乘　屋（圖 2-10）

「乘屋」其實就是「建屋」。《諸羅縣志》卷八〈番俗‧盧舍〉條記載，一般平埔熟番的居室規模很小，人要彎腰方能進入。夫妻子女合居一室，衛生條件不佳。但是南社、東螺社、西螺社、新港社、蕭壠社、麻豆社、目加溜灣等社，房屋規模宏大。先做高出地面的台基，然後再建房屋於台基上。屋高約五尺。屋大者可以寬五丈，深十丈左右。屋內正中央用高大的樹幹立起，稱「中柱」或「祖柱」。樑橑、四壁也都用木材建成。前後左右都有門道。屋頂是用茅草蓋成。

住屋之外，有「禾室」，作儲藏粟米之用。禾室的建構是「竹木交加，疊空而起，離地數尺，如小樓；貯粟其上，以避蒸溼黴腐。」在田邊，還建「田寮」，是耕作之時，休息小憩之用的場所。收割時，更是寢食其中。

社中有「社寮」，也就是青年會所。原本是部落的公共集會場所，也是訓練青年的地方。在清代，辦理各項官府的差遣徭役的通事也住在「社寮」中。

建造房屋時，由全社的人合力相助。先砍竹子，做成椽角，形成一個大的蓬蓋。等到樑柱都完成之後，眾人一同舉起事先做成的蓬蓋，架到樑之上。然後再覆蓋茅草。屋子落成之後，主人必需拿出酒食，宴請全社賓客。喝到酩酊大醉，盡歡而罷。

《圖說》所記載的是新港社的建屋情形。從畫面上看，應是比較寬裕的人家。《諸羅番志》同一條資料記載：

新港、蕭壠、麻豆、目加溜灣四社，地邊海空闊。諸番饒裕者，中為室，四旁列種果木，廩囷圈圍，次第井然。環植莿竹，廣至數十畝。

5. 糖　廊（圖 2-8）

荷蘭人佔領臺灣的主要目的之一，就是要種植甘蔗，做成蔗糖，銷往歐洲。清廷領臺之後，蔗糖依然是一種主要的經濟作物。康熙末年成書的《臺灣府志》及鳳山、諸羅兩縣志，都有相同的記載：「糖，煮蔗而成。有黃、白二種。又有冰糖，用白糖再煮，如堅冰。比內地較白，而甜遜之。」早期的方志並沒有記載糖的製作方法與過程。

　　乾隆年間的重修版和續修版《臺灣府志》就有了較詳細的記載。乾隆三十九年的《續修臺灣府志》卷十七〈物產・貨幣〉引《赤崁筆談》和《東寧政事集》中有關糖的產銷情形，讓我們知道十八世紀臺灣製糖業的梗概。

　　通常在五、六月間種植蔗苗，到第二年十二月、正月間就開始採收，直到初夏。在十月間，蔗農就開始建造糖廍（製糖的工場），募請製糖師傅，開始榨蔗製糖。

　　每一糖廍要牛十八條。十二條牛用來牽磨，日夜不停的榨蔗汁。四條牛負責拉牛車，載運甘蔗到工場。兩條牛負責運送甘蔗葉、甘蔗尾給其他的牛隻當草料。

　　蔗田以四甲為一園。每園現種兩甲，留空兩甲，逐年輪種。一條牛負責搬運四甲或三甲半地的甘蔗。

　　工場的人力配置是：糖師兩人；煮蔗汁的火山兩人；把甘蔗放入石車榨汁的車工兩人；趕牛榨汁的女工（牛婆）兩人；砍蔗、去皮、去尾的「剝蔗」七人；收集蔗尾以飼牛的一人；看牛一人。「工價逐月六七十金」，是不錯的收入。

　　煎糖必需要召請有經驗的「糖師」。他必需要「精土脈、精火候、用灰（湯大沸時，撒牡蠣灰止之）、和用油（在將成糖時，灑箄麻油，恰中其節）。」糖煎成後，放貯在糖槽內，用木棍頻頻攪拌，直到冷透，便是「烏糖」。顏色暗紅而鬆的烏糖，賣到蘇州這種繁華大都市；若糖的成色不好，潮溼色黑，則賣到上海、寧波、鎮江等都市。

　　至於白糖的製作過程，就比較複雜。在蔗汁煮成糖的時候，裝入糖漏內，封存半個月，浸出糖水，名為「頭水」。將頭水再裝入漏內，用泥封之。半月後成為「二水」。用同樣的辦法處理二水，成為「三水」。三水就呈白色，曬乾後，用杵舂打成粉末，裝入糖簍。剩下的糖膏可以用來釀酒。每漏可以生產白糖五十餘斤。倘若土質不好，蔗質不佳，或糖師的手藝不佳，做出來的不是上等白糖，就賣不了好價錢。

　　當時的臺灣、鳳山、諸羅三縣，每年可以產糖六十多萬簍，每簍重一百七、八十斤。烏糖每一百斤售價銀八、九錢；白糖每一百斤值

銀一兩三、四錢，是臺灣最重要的經濟作物。《赤崁筆談》云：

全臺仰望資生，四方奔走圖息，莫此爲甚。糖斤未出，客人先行定買。糖一入手，即便裝載。每簍到（州），船價二錢有零。

臺灣蔗糖銷售大陸沿海各地，有公會定下規則，聯合運輸。結果往往彼此牽延，耗費時日。而且，船隻要先到廈門，再轉運到其它港埠。幾翻周折下來，造成「一船所經，兩處護送，八次掛驗，俱不無費，是以船難即行，腳價貴而糖價賤。」的現象。

製糖事業是漢人和平埔族人都參與經營的事業。以前，我們空在有關典籍上讀到「糖廍」之名，不知道實際情景當是如何。這本《圖說》的〈糖廍圖〉讓我們明瞭到那究竟是怎麼一回事。

6 . 捕　鹿（圖 2-2）

對十七、十八世紀的臺灣西部平埔族人來說，「捕鹿」是他們相當重要的經濟活動。

根據 William Campbell 所著的《荷蘭統治下的臺灣》接觸到臺灣的時候，就發現在大員（即今之臺南、安平一帶）、蕭壠等平埔番社內，已經有閩南商人長駐社中，收購鹿肉乾和鹿皮，外銷日本。一六二四年，臺灣就出口一萬八千張鹿皮到日本去。當時，貪婪的荷蘭商人更高估大員等地的鹿皮年產量可達二十萬張。同時，荷蘭人也注意到，平埔番各族有「重貿易、輕農耕」的現象。因爲，平埔各族用鹿皮和鹿脯跟閩南商人換取米、布、以及其它日常生活必需品。當荷蘭人來到之後，也急著要徵收鹿皮鹿脯來跟淡水、宜蘭等地的土著交易他們剩餘的白米。這些資料顯示，十七世紀時，在臺灣南部的平埔族人已經相當商業化了。鹿皮不但是一種重要的商品，也是一種貨幣。

到了十八世紀，在各種方志中，還屢屢提到有關鹿的經濟活動。《諸羅縣志》和《續修臺灣府志》都記載著當時的捕鹿情形：

台未入版圖之前，番惟以射獵爲生，名曰「出草」，至今尚沿其俗。十齡以上，即令演弓矢，練習既熟，三四十步外，取的必中。當春深草茂，則邀集社眾，各持器械，帶獵犬，逐之呼噪，四面圍獵。得鹿，則刺喉吮其血；或擒兔，生啖之。醃其臟腹，令生蛆，名曰「肉筍」，以爲美饌。其皮則以易漢人鹽、米、煙、布等物。

《番俗雜記》則對當時的捕獵情形有所記載：

鹿場多荒草，高丈餘，一望不知其極。逐鹿因風所向，三面縱火焚燒，前留一面。各番負弓矢，持鏢槊，俟其奔逸，圍繞擒殺。

《諸羅雜識》則對當時鹿皮的市場情形有相當詳細的記載：

台灣南北番社，以捕鹿為業。贌社之商（包稅商）以貨物與番民貿易。肉則作脯發賣，皮則交官折餉。日本之人，多用皮以為衣服、包裹及牆壁之飾，歲必需之。紅夷以來，即以鹿皮興販，有牡皮、有母皮、有末皮。鄭氏照斤給價。……一年所得，亦無定數。蓋以鹿生山谷，採捕不能預計也。

那時候，一年所得的鹿皮最多不過五萬張，少則有一萬多張。可見是個相當重要的經濟活動。一直到所有的鹿場都被漢人佔據，開闢成水田，鹿隻經過長年累月的濫捕濫殺而逐漸稀少，捕鹿事業才消沉下去。

《圖說》中有關「捕鹿」的解說，是敘說淡水廳的大甲、後龍、中港、竹塹、霄裡等社的捕鹿情形。可見南部各社已經無鹿可捕，原先的鹿場早已為漢人進佔，依舊是鹿群出沒的場所。這些地方的漢人開發則遲至嘉慶年間。

從以上所講的六項特殊風俗，我們很清楚的看到十七世紀時的平埔族已經相當商業化，跟精於作生意的閩南商人合作，把特產糖和鹿皮外銷歐洲、中國大陸和日本等地。這些史實就成為今日臺灣經濟發展的歷史文化根源之一。

華南邊疆民族圖錄

台番活動圖　資料來源《台番圖說》